여러분의 합격을 응원하는
해커스경찰의 특별 혜택!

JN347924

FREE 경찰헌법 특강

해커스경찰(police.Hackers.com) 접속 후 로그인 ▶ 상단의 [무료강좌 → 경찰 무료강의] 클릭하여 이용

해커스경찰 온라인 단과강의 **20% 할인쿠폰**

E562CA92D3D2B5B2

해커스경찰(police.Hackers.com) 접속 후 로그인 ▶ 상단의 [내강의실] 클릭 ▶
[쿠폰/포인트] 클릭 ▶ 쿠폰번호 입력 후 이용

* 등록 후 7일간 사용 가능(ID당 1회에 한해 등록 가능)

경찰 합격예측 **온라인 모의고사 응시권 + 해설강의 수강권**

BE649E5DD6B9A5AS

해커스경찰(police.Hackers.com) 접속 후 로그인 ▶ 상단의 [내강의실] 클릭 ▶
[쿠폰/포인트] 클릭 ▶ 쿠폰번호 입력 후 이용

* ID당 1회에 한해 등록 가능

쿠폰 이용 관련 문의 **1588-4055**

단기 합격을 위한 해커스경찰 커리큘럼

입문
탄탄한 기본기와 핵심 개념 완성!
누구나 이해하기 쉬운 개념 설명과 풍부한 예시로 부담없이 쌩기초 다지기
TIP 베이스가 있다면 **기본 단계**부터!

기본+심화
필수 개념 학습으로 이론 완성!
반드시 알아야 할 기본 개념과 문제풀이 전략을 학습하고
심화 개념 학습으로 고득점을 위한 응용력 다지기

기출+예상 문제풀이
문제풀이로 집중 학습하고 실력 업그레이드!
기출문제의 유형과 출제 의도를 이해하고 최신 출제 경향을 반영한
예상문제를 풀어보며 본인의 취약영역을 파악 및 보완하기

동형모의고사
동형모의고사로 실전력 강화!
실제 시험과 같은 형태의 실전모의고사를 풀어보며 실전감각 극대화

마무리
시험 직전 실전 시뮬레이션!
각 과목별 시험에 출제되는 내용들을 최종 점검하며 실전 완성

PASS

* 커리큘럼 및 세부 일정은 상이할 수 있으며, 자세한 사항은 해커스경찰 사이트에서 확인하세요.

단계별 교재 확인 및 수강신청은 여기서!
police.Hackers.com

해커스경찰

박철한
경찰헌법

최신 5개년 판례집

해커스

박철한

약력

현 | 해커스경찰 학원 헌법 강의
해커스공무원 학원 헌법 강의

전 | 합격의 법학원 사법시험 헌법 강의
한양대 겸임교수
한양대, 성균관대, 이화여대, 숙명여대, 조선대 특강강사
박문각 남부행정고시학원 헌법 강의
KG패스원 헌법 강의

저서

해커스경찰 박철한 경찰헌법 최신 5개년 판례집
해커스경찰 박철한 경찰헌법 실전문제집
해커스경찰 박철한 경찰헌법 실전동형모의고사
해커스경찰 박철한 경찰헌법 핵심요약집
해커스경찰 박철한 경찰헌법 기출문제집
해커스경찰 박철한 경찰헌법 기본서
해커스공무원 박철한 헌법
단계별기출 핵심지문 박철한 경찰헌법 OX 시즌 3, 법률저널
OLA 올라 헌법 기본서, 경찰공제회
OLA 올라 헌법 핵심 문제풀이, 경찰공제회
박철한 헌법 기출, 법률저널
박철한 핵심 헌법, 법률저널
헌법 기출 오엑스, 훈민정음

서문

헌법이 출제되는 최근 시험에서 '최신 판례'의 비중은 압도적이라고 할 정도로 많이 출제되고 있습니다.

최근 헌법 시험에서 출제되는 판례의 특징

1. 단순히 판례의 결론만 묻는 것이 아니라 결론을 도출하는 과정까지 출제하고 있습니다.
2. 최근 5개년 판례의 비중이 상당히 높습니다.
3. 관련 기본권 또는 위헌이 되는 이유 등 깊은 부분까지 묻고 있습니다.

이 책의 특징

1. 기본적인 판례들은 기본서에 수록되어 있고, 이 책에서는 자주 출제되는 최근 5개년 판례만 엄선하여 수록하였습니다.
2. 주된 쟁점과 결정 요지까지 기술하여 단순히 결론뿐만 아니라 관련 기본권이 무엇이며, 위헌이 되는 이유까지 상세히 담았습니다.
3. 기출 판례와 출제 가능성이 높은 판례는 O× 문제로 구성하여, 많은 지문을 접할 수 있게 하였습니다.

더불어 경찰공무원시험 전문 **해커스경찰(police.Hackers.com)**에서 학원 강의나 인터넷 동영상 강의를 함께 이용하여 꾸준히 수강한다면 학습효과를 극대화할 수 있습니다.

판례가 중요하다는 것은 다시 말할 필요가 없을 정도로 우리 수험생들도 잘 알고 있을 것입니다. 최신 판례집을 통하여 여러분들이 임하는 시험에서 고득점을 받으시기를 바랍니다.

2025년 7월
박철한

목차

제1편 헌법 총론

01 병역준비역에 편입된 복수국적자 국적이탈 제한 … 18
02 병역준비역에 대하여 27세 초과하지 않는 범위에서 단기 국외여행을 허가 … 18
03 외국에 영주할 목적 없이 체류한 직계존속으로부터 태어난 자의 국적이탈 제한 … 19
04 외국에 주소가 있는 경우에만 국적이탈 가능 … 19
05 한국방송공사 수신료 분리징수 사건 … 20
06 재조선 일본인 재산의 처리 및 귀속에 관한 미군정청 법령 … 20
07 지방의회의원에 대한 퇴직연금의 지급을 정지하는 공무원연금법 조항 … 21
08 죄를 증명할 수 있는 과학적 증거가 있는 경우 성범죄 공소시효 연장 … 22
09 민간임대주택에 관한 특별법 … 22
10 미성년자 등에 대한 성폭력범죄 공소시효 특례조항 … 23
11 출퇴근 카풀 … 23
12 상당한 기간 불이행시 이행강제금 부과 … 24
13 대규모 밀반송범의 관세법 및 특정범죄가중법상 처벌 … 24
14 못된 장난 등으로 업무 및 공무를 방해하는 행위를 처벌하는 경범죄 처벌법 … 25
15 전투근무수당에 관한 구 군인보수법 … 25
16 선박 감항성 결함의 미신고행위에 대한 형사처벌 … 26
17 공무원의 직권남용권리행사방해 사건 … 26
18 반사회질서의 법률행위를 무효로 하는 민법 제103조 … 26
19 교원의 정당 및 정치단체 결성·가입 … 27
20 고속도로 등에서 갓길 통행 금지 … 28
21 농지의 위탁경영 원칙적 금지 … 28
22 도서정가제 … 29
23 이자제한법상 최고이자율 상한을 위반하는 행위에 대한 형사처벌 … 29

제2편 기본권

제1장 기본권 총론
- 01 동물장묘업 등록의 지역적 제한사유 미비 … 32
- 02 확성장치 사용에 따른 소음 규제기준 부재 … 32
- 03 당내경선시 운동방법의 제한 … 33

제2장 포괄적 기본권
- 01 특가법상 밀수범의 경우 관세예비를 정범에 준하여 처벌 … 34
- 02 전동킥보드 최고속도 제한 … 34
- 03 선불폰 개통에 필요한 증서 등의 타인제공 금지 및 처벌 … 35
- 04 어린이 보호구역에서 교통사고로 어린이를 상해나 사망에 이르게 한 경우를 가중처벌 … 36
- 05 환각물질 섭취·흡입 금지 및 처벌 … 36
- 06 노동조합 및 노동관계조정법상 양벌규정 … 36
- 07 누구든지 금융회사등에 종사하는 자에게 거래정보등의 제공을 요구하는 것을 금지하고, 위반시 형사처벌 … 37
- 08 교통의 안전과 위험방지를 위하여 필요하다고 인정하는 경우 … 37
- 09 사회복무 업무조항 … 38
- 10 전기통신금융사기의 사기이용계좌에 대한 지급정지 … 38
- 11 지역아동센터 이용아동 구성 제한 … 38
- 12 청원경찰의 품위 손상 … 39
- 13 정보통신망 악성프로그램 유포 금지 … 39
- 14 사회복무요원이 대학에서 수학하는 행위를 제한 … 39
- 15 학습자의 사유로 인한 교습비 반환의무 … 39
- 16 인체면역결핍바이러스(HIV) 전파매개행위죄 사건 … 40
- 17 태아의 성별 고지 제한 사건 … 40
- 18 운전 중 휴대전화 사용 금지 … 41
- 19 장애인의 소규모 소매점에 대한 접근이 어려운 부분 … 41
- 20 휴대폰 충전기 절도 … 42
- 21 학교폭력 가해학생에 대한 서면사과 조치 … 42
- 22 정비사업 조합 임원 선출과 관련하여 후보자가 금품을 제공받는 행위를 금지하고 이에 위반한 경우 처벌 … 42
- 23 육군 장교의 민간법원 약식명령 확정사실 자진신고의무 … 43
- 24 사망사고에 대한 의료분쟁 조정절차 자동개시 … 43
- 25 자본시장법상 부정거래행위에 대한 필요적 벌금 … 43
- 26 혼인한 여성 등록의무자의 등록대상재산 … 44
- 27 국내로 귀환하지 못한 국군포로의 보수지급 청구 … 44
- 28 사망시기가 1945년 이전인가 이후인가에 따른 차별 … 44
- 29 4·19혁명공로자에게 지급되는 보훈급여의 종류를 보상금이 아닌 수당으로 규정 … 45
- 30 사관학교 교육기간의 군인연금법상 복무기간 산입하지 않는 것 … 45
- 31 집합제한 조치로 발생한 손실을 보상하는 규정을 두지 않는 법률 … 46
- 32 식당에서 자신의 우산과 외관이 유사한 타인의 우산을 가져간 절도 사건 … 46
- 33 코로나19 격리자의 가구원이 행정기관 근로자인 경우 생활지원비 지원 제외 … 46
- 34 민사소송에서 문제되는 법정이율 조항 … 47
- 35 학교용지부담금 부과 제외 대상 사건 … 47
- 36 국가유공자의 유족인 자녀 중 연장자 우선 사건 … 47
- 37 정신병원에 한의과 추가 설치를 규정하지 않은 것 … 48
- 38 국가나 지자체와 달리 학교법인이 시행하는 개발사업은 제외 또는 경감대상이 아닌 것 … 48

목차

39 동성동반자에 대한 건강보험 피부양자 불인정 48
40 종교시설에 대한 집합금지 49
41 아동·청소년성착취물 배포행위 처벌 사건 49
42 준강도죄 처벌 49
43 장애인 특별교통수단 49
44 민사소송 등 인지규칙 50
45 외국거주 외국인유족의 퇴직공제금 수급 자격 불인정 50
46 전용면적 85제곱미터 초과 공공건설임대주택의 분양전환가격 자율화 51
47 임대의무기간 10년인 공공건설임대주택의 분양전환가격 산정기준 51
48 7급 공무원 시험에서 가산점 부여 51
49 특정범죄 가중처벌 등에 관한 법률상 운전자폭행치상죄 52
50 신체장애인 운전면허시험용 이륜자동차 52
51 불기소에 대한 항고권자에 범죄피해자가 배제된 조항 52
52 정보통신망법 명예훼손죄 '반의사불벌죄' 사건 52
53 반복적 절도 사범에 대한 가중처벌 53
54 외국인 국민건강보험급여 제한 53
55 2회 이상 음주운전시 가중처벌 54
56 2회 이상 음주운전시 필요적 면허취소 54
57 노인성 질병의 경우 일률적으로 활동지원급여 신청자격 제한 55
58 5억 이상 국세징수권의 소멸시효는 10년으로 55
59 국가를 상대로 한 당사자소송에서의 가집행선고 제한 55
60 전기판매사업자에게 약관의 명시·교부의무를 면제 56
61 근로자의 날을 관공서 공휴일에 포함시키지 않은 규정에 대한 사건 56

62 '주택'과 '주거용 오피스텔'에 관한 구 지방세법상 취득세율 57
63 피해자가 처벌불원 의사를 밝힌 이후 다시 처벌을 희망한 폭행 사건 57
64 6·25전몰군경자녀수당 수급권자 1인 한정 및 연장자 우선 57
65 난민인정자 긴급재난지원금 지급대상 제외 58
66 초·중등법상 교원의 아동학대범죄 가중처벌 58
67 국공립어린이집과 달리 민간어린이집에는 보육교직원 인건비를 미지원 58
68 회계관계직원의 국고손실 가중처벌 59
69 공직선거법상 장기 공소시효 59

제3장 자유권

01 낙태죄 60
02 응급진료 방해 행위의 금지 및 처벌 60
03 형법상 강제추행죄 61
04 의학적 효능이 있는 것으로 오인될 우려가 있는 것을 판매 금지 61
05 기소유예처분 후 유리하게 형벌법규가 변경된 경우 62
06 16세 미만 미성년자 의제강간죄 62
07 허위재무제표작성죄와 허위감사보고서작성죄에 대하여 배수벌금형을 규정하면서도, '그 위반행위로 얻은 이익 또는 회피한 손실액이 없거나 산정하기 곤란한 경우'에 관한 벌금 상한액을 규정하지 아니한 것 62
08 테러단체 가입을 타인에게 권유 또는 선동하는 자를 처벌하는 '국민보호와 공공안전을 위한 테러방지법' 조항 63
09 사람의 항거불능 상태를 이용하여 간음 또는 추행 63
10 업무상 군사기밀 누설 처벌 64
11 집단급식소 영양사 직무미수행 처벌사건 64

#	제목	쪽
12	게임물을 통한 경품제공행위 규제	64
13	법정대기실 내 쇠창살 격리시설에서 수갑 착용	65
14	가짜석유제품 판매하여 조세 포탈시 형사처벌	65
15	폭행죄로 2회 이상 징역형을 받은 사람이 다시 같은 죄를 범하여 누범으로 처벌하는 경우 가중처벌	65
16	소방시공과 감리의 하자시 형사처벌	66
17	자산유동화계획의 내용 중 여유자금의 투자	66
18	상당한 기간	67
19	사행성의 의미	67
20	군형법 추행 사건	67
21	강제추행죄	68
22	단체 또는 집단의 구성원으로 활동한 사람을 2년 이상 유기징역	68
23	군사기지·군사시설에서 군인 상호간 폭행죄에 '반의사불벌죄' 적용 배제	68
24	편의시설부정이용죄	68
25	보안관찰처분대상자에 대한 신고의무 부과	69
26	불처분결정된 소년부송치 사건 자료 사망시까지 보존	69
27	100분의 30 이상의 해제요청으로 정비예정구역 해제	70
28	긴급체포	70
29	영창의 위헌성	70
30	강제퇴거대상자에 대한 보호기간의 상한 없는 보호 사건	71
31	변호사 접견 불허	71
32	소송대리인이 되려는 변호사에 대한 소송대리인 접견신청 불허	72
33	소송사건의 대리인인 변호사와 수형자의 접견 제한 (소명자료 제출)	72
34	금지물품 확인을 위해 수용자에게 온 서신을 개봉한 행위	73
35	70세 이상인 불구속 피의자에 대한 법률구조	73
36	법원이 열람·등사 허용 결정을 하였음에도 검사가 열람·등사를 거부한 행위	74
37	변호사시험 합격자 명단 공고	74
38	보조금 부정수급한 어린이집 명단 공표	75
39	통계를 위한 정보주체의 동의 없는 정보제공	75
40	코로나19 관련 이태원 기지국 접속자 정보수집 사건	75
41	양형자료 통보	76
42	문화예술계 블랙리스트	76
43	카메라등이용촬영죄로 유죄판결이 확정된 성범죄자의 신상정보 등록	77
44	공중밀집장소추행죄를 범한 자에 대한 신상정보 등록	77
45	간통목적 주거침입	78
46	도청목적 주거침입	78
47	내부출입문을 손으로 두드린 행위는 주거침입으로 보기 어렵다.	78
48	외교부장관의 허가 없이 여행금지국가를 방문한 사람을 처벌하는 여권법	79
49	이동통신서비스 가입 본인확인	79
50	인터넷개인방송의 경우 감청	80
51	수사기관 등에 의한 통신자료 제공요청	81
52	양심적 예비군 훈련 거부	82
53	대체복무제 사건	82
54	'공익신고자 보호법'상 보상금 제한	83
55	종교인소득 비과세 혜택	84
56	종교시설 안에서의 명함 배부 및 지지호소로 인한 기소유예	84
57	종교단체 내 직무상 지위 이용 선거운동 제한	84

목차

58	신앙의 자유는 절대적 기본권	85
59	간호조무사 시험 토요일 시행	85
60	육군훈련소 내 종교행사 참석 강제	85
61	방송편성 간섭 금지 및 처벌 사건	86
62	임시조치	86
63	공연한 방법으로 상관을 모욕	87
64	공연히 허위의 사실을 적시하여 명예를 훼손	87
65	사실 적시 명예훼손죄	87
66	국가보안법상 이적행위 및 이적표현물 제작행위 등 처벌규정	88
67	대북 전단 등의 살포 금지·처벌 사건	88
68	공공기관등 게시판 본인확인제	89
69	정보통신망 이용 거짓 사실 적시 명예훼손죄	89
70	한국의료기기산업협회	90
71	의료기기법상 의료기기 광고에 대한 사전심의	90
72	불법 인터넷 사이트 접속차단 사건	90
73	공정위의 열람·복사 요구에 대한 거부	91
74	국회정보위원회 회의 비공개로 규정	91
75	아동학대행위자의 식별정보 보도금지	91
76	가습기살균제 제품의 표시·광고에 관한 공정거래위원회의 사건처리	92
77	음란 영상 전시·공연 금지	92
78	사회복무요원의 정치적 목적을 지닌 행위 금지	92
79	직사살수	93
80	대통령 관저 100미터 인근 예외 없는 집회금지 사건	93
81	인천애(愛)뜰 잔디마당의 사용을 제한하는 인천광역시 조례 조항	94
82	외교기관 100미터 이내 옥외집회의 금지	94
83	국회의장 공관 100미터 인근 예외 없는 집회금지 사건	95
84	감염병의 예방 및 관리를 위해 여러 사람의 집합을 제한	95
85	운송사업자 연합회 강제 가입	96
86	서울대학교는 행정심판 인용재결에 기속	96
87	총장선출에 있어 교원과 직원의 차별	96
88	농협중앙회 회장선거를 중앙선거관리위원회에 위탁	97
89	서울대학교 정시모집 교과이수 가산점	97
90	서울대학교 저소득학생 특별전형에 관한 사건	97
91	경북대 총장 후보자의 기탁금(3천만원)과 반환기준	98
92	기탁금의 일부만을 반환하도록 한 대학 규정(당선된 경우에도)	98
93	총장 후보자 선정에 관한 규정(강사 제외)	99
94	사립학교 교비회계 전용 금지	99
95	신규성 상실의 예외를 제한하는 디자인보호법 조항	100
96	대학평의원회의 구성조항(평의원이 1/2 초과 ×)	100
97	사망일시금	101
98	공익법인 주식등의 보유기준 초과시 가산세 부과	101
99	문화재보호구역에 있는 부동산에 대한 재산세 경감	101
100	지방의회의원에 대한 퇴직연금의 지급을 정지하는 공무원연금법 조항	102
101	환매권 발생기간 제한	102
102	주택재건축사업상 매도청구권	103
103	상가임대차 계약갱신요구권 행사기간 연장	103
104	대항력 확보한 경우 우선변제권 부여	103
105	전자세금계산서 미발급시 가산세 부과	104

106	면세유류 구입카드등 교부·발급 관리 부실에 대한 가산세	104	128	대지사용권을 가지지 아니한 구분소유자에게 철거청구권자가 매도청구권 부여	112
107	개별공시지가 산정 및 개발부담금의 종료시점지가 산정	104	129	행정중심복합도시 예정지역 이전기관 종사자 주택특별공급제도를 폐지하는 법령	112
108	토지구획정리사업상 학교교지 유상취득	105	130	주택임대차보호법상 임차인의 계약갱신요구권 및 차임증액 제한 사건	112
109	공무원 징계에 따른 승진, 승급, 정근수당 제한	105	131	간이한 소유권이전등기절차를 규정한 구 부동산소유권 이전등기에 관한 특별조치법	112
110	집합건물 하자담보청구권 제척기간	106	132	상업지역의 도시정비형 재개발사업을 직권해제 대상에서 제외	113
111	부당이득반환청구권 등 채권 소멸시효	106	133	전유부분과 대지사용권 분리 처분 금지	113
112	상가임대차 권리금 회수기회 보호규정 적용 제외	106	134	환경개선부담금	113
113	공무원범죄에 관한 몰수 특례법	107	135	물이용부담금을 부과하는 한강수계법	113
114	지방의회의원에 취임한 퇴역연금 수급자의 연금 전부 지급 정지	107	136	회원제 골프장 재산세 중과	114
115	수용된 토지 등의 인도의무 위반시 형사처벌	107	137	건설업 등록증 대여시 필요적 말소	114
116	주택공급계약을 취소한 경우 선의의 제3자 보호규정 미비	107	138	세무사 자격 자동부여 폐지	114
117	댐사용권은 재산권 보장의 대상	108	139	방치폐기물 처리이행보증보험계약 갱신명령을 불이행한 건설폐기물 처리업자의 허가취소	114
118	부동산을 사실상 취득한 경우 취득세를 부과	108	140	금융감독원 직원 취업 제한	115
119	상대보호구역에서 복합유통게임제공업 원칙적 금지	108	141	안경사가 아닌 자의 안경업소 개설 등 금지	115
120	공유물분할청구	109	142	비약사 자연인의 약국 개설 금지	115
121	상가임차인의 권리금 회수기회 보호의 예외사유	109	143	행정사의 경우 연수의무 부과	116
122	초고가 아파트 구입용 주택담보대출 금지	109	144	정부광고 업무 한국언론진흥재단 위탁	116
123	수사기관의 수사결과 사무장병원으로 확인된 의료기관에 대한 요양급여비용 지급보류	110	145	생활폐기물 수집·운반 대행계약 대상 제외	116
124	2020년, 2021년 귀속 종합부동산세에 관한 사건	110	146	집행유예를 선고받은 유예기간 중에는 특수 경비원이 될 수 없다는 규정	117
125	가축 살처분 보상금 수급권의 귀속주체는 사육농가	111	147	의약품 판매는 원칙적으로 약국에서	117
126	해외 파생상품 거래 양도소득세 과세	111	148	비의료인 문신시술 금지	117
127	골프장 입장행위에 부과되는 개별소비세	111	149	3년 이내에 등록기준을 갖추도록 한 규정	118

목차

150 강제추행죄 벌금형 확정시 체육지도자의 필요적 자격 취소 … 118

151 고용·산재보험 보험사무대행기관 자격 제한 … 119

152 국민권익위원회 심사보호국 공무원의 취업 제한 … 119

153 변호사 광고에 관한 규정 … 119

154 대형트롤어업 동경 128도 이동수역 조업금지 … 120

155 외끌이 대형저인망어업의 조업구역 규제 … 120

156 세안용 비누를 수입·판매하려는 자에게 등록을 하고, 책임판매관리자를 의무적으로 두도록 하는 것 … 121

157 아동학대관련범죄전력자 어린이집 일률적으로 10년의 취업 제한 … 121

158 형의 종류·형량에 따라 차등을 두어 의료기관에 취업 제한 … 121

159 어린이집 원장 및 보육교사 자격취소 … 122

160 아동 성적 학대행위자에 대한 일률적·영구적으로 공무원 결격사유 … 122

161 공조조업 금지 … 122

162 변호사시험 응시한도 … 123

163 코로나바이러스감염증-19의 예방을 위한 방역조치를 명하는 서울특별시고시 … 123

164 변호사시험에서 코로나19 확진환자의 응시를 금지하고, 자가격리자 및 고위험자의 응시를 제한 … 124

165 중등교사 임용시험에서 코로나19 확진자의 응시를 금지하고, 자가격리자 및 접촉자의 응시를 제한한 강원도 교육청 공고 … 124

166 비급여 진료비용의 보고 및 공개에 관한 사건 … 124

167 집단민원현장에 일반 경비원 배치하는 경우 허가받도록 한 경우 … 125

168 게임머니 등의 환전업 등 금지 … 125

169 악취관리지역 지정요건 … 125

170 매립대상 건설폐기물 절단을 위한 임시보관장소 수집·운반행위 금지 … 125

171 승합자동차의 임차인에 대한 운전자 알선 요건을 규정 … 126

172 법무법인의 영리행위 겸업금지 … 126

173 상조회사에 선수금 보전의무를 부여 … 126

174 여자대학 약학대학 입학정원 배정 … 126

175 운전면허 부정 취득시 모든 운전면허 필요적 취소 … 127

176 만성신부전증환자에 대한 외래 혈액투석을 정액수가로 규정 … 127

177 부정경쟁행위 … 127

178 어린이통학버스 동승보호자 … 128

179 경비원의 비경비업무 수행 금지 및 위반시 경비업 전체 허가 취소 … 128

180 외국인근로자 사업장 변경 제한 … 129

181 입찰 참가 자격 제한 … 129

182 수의사 등 처방대상 동물용의약품 사건 … 129

183 성폭력 범죄자의 택시운전자격 취소 … 130

184 아동·청소년의 성범죄로 인한 택시운전자격 필요적 취소 … 130

185 전자상거래 등을 통한 콘택트렌즈 판매 금지 … 130

제4장 기타 기본권

01 복수 당적 보유 금지 사건 … 131

02 정당법 제59조 제2항 등 … 131

03 정당의 내부조직인 시·도당의 법정당원수 … 132

04 정치자금법상 회계보고된 자료의 열람기간을 3개월로 … 132

05 정치자금법상 후원회지정권자 … 132

번호	제목	페이지
06	지방의회의원의 후원회지정 금지	133
07	당원협의회 위원장을 후원회지정권자에서 제외	133
08	국회의원의 정치자금법상 부정수수죄 차별 ×	134
09	선거범죄로 인한 선거권·공무담임권 제한	134
10	지방공사 상근직원의 경선운동 금지	134
11	지방공사 상근직원 선거운동 금지	135
12	당내경선은 선거운동이 아님	135
13	지방자치단체의 장선거의 예비후보자에 대한 기탁금 반환사유(컷오프)	136
14	선거권연령 산정 기준일을 선거일로	136
15	기타 어떠한 방법으로도 연설·대담장소 등의 질서를 문란하게 하면 안 됨	136
16	인쇄물 살포를 선거일 전180일 동안 금지하는 공직선거법 조항	137
17	선거권 연령 제한	137
18	선거운동기간 중 인터넷게시판 실명확인	138
19	지방공단 상근직원의 경선운동 금지	138
20	공무원의 지위이용 선거운동 처벌	139
21	공직선거법상 선거운동기간 제한 및 처벌	139
22	선거에 영향을 미치게 하기 위한 시설물 설치 등 금지	140
23	사전선거운동 금지조항	140
24	표시물 사용 선거운동 금지	140
25	현수막, 그 밖의 광고물 설치·게시, 그 밖의 표시물 착용, 벽보 게시, 인쇄물 배부·게시, 확성장치사용을 금지	141
26	선거기간 중 선거에 영향을 미치게 하기 위한 집회나 모임(향우회·종친회·동창회·단합대회·야유회가 아닌 것에 한정) 개최 금지	141
27	후보자와 후보자가 되고자 하는 자는 허위사실 공표 금지	142
28	집회나 모임(향우회·종친회·동창회·단합대회·야유회가 아닌 것에 한정) 개최, 현수막 그 밖의 광고물 게시, 광고, 문서·도화 첩부·게시, 확성장치사용을 금지하는 공직선거법	142
29	중소기업중앙회 회장선거 관련 선거운동 제한	142
30	바코드방식의 일련번호	143
31	사전투표용지 인쇄날인	143
32	신체장애가 있는 선거인은 투표보조인을 반드시 2인 이상 동반	144
33	대선토론회 시청금지 및 투표소 설치	144
34	재외투표기간 개시일 이후에 귀국한 재외선거인의 귀국투표 부정	145
35	공직선거법상 기부행위 금지 및 허위사실공표 금지	145
36	화환 설치를 금지하는 공직선거법	145
37	준연동형 비례대표제	146
38	신용협동조합 임원 선거운동 제한 위반시 형사처벌	146
39	지방공무원의 정치운동죄에 관한 위헌소원	146
40	지방자치단체의 장의 선거운동 금지	147
41	공무원 지위이용 선거운동죄, 이해유도죄	147
42	공직선거법상 허위사실공표죄 및 후보자비방죄	147
43	공직선거법상 선거권 제한 규정	148
44	장교의 집단 진정 또는 서명행위 금지	148
45	공무원의 중립성	148
46	법원조직법 제42조 제2항, 검찰청법 제29조 제2호 (임용자격조항)의 공무담임권 침해 여부	149
47	아동·청소년이용음란물소지죄로 형이 확정된 자에 대한 공무원 결격사유	149
48	별정우체국 직원의 복무·징계에 관한 부분	149
49	관련 자격증 소지자에게 가산점을 부여	150

목차

50 교육위원후보자의 경우 교육경력 요구 … 150
51 '과거 3년 이내 당원 경력'과 '법관 임용 결격사유' … 150
52 수석교사의 경우 교육연구사 제한 … 151
53 일정한 기간 동안 일정 수 이상의 국민의 동의를 요구하는 국회법 … 151
54 서울교통공사의 직원은 공무의 범위가 아님 … 152
55 관세직 국가공무원의 선발예정인원을 정한 인사혁신처 공고 … 152
56 국민권익위원회 공무원 취업 제한 … 152
57 성범죄자의 교원 임용결격 … 153
58 새로 만들어진 공유수면 매립지 … 153
59 형사소송비용 피고인 부담 … 153
60 배심원 연령 제한 … 154
61 성폭력범죄 피해아동 영상녹화물 … 154
62 피고인의 반대신문권을 보장하지 않는 것 … 155
63 친족상도례(형 면제) 사건 … 155
64 민사소송 전자적 송달 간주 … 156
65 변론종결시까지만 청구의 취지 또는 원인을 변경 … 156
66 문서등의 위·변조시 재심 가능 … 157
67 가사소송 재심 제기기간 30일 … 157
68 약식에서 정식재판 청구시 형종상향 금지로 개정 … 157
69 전과자는 선고유예 불가능 … 158
70 치료감호 종료시 3년의 보호관찰 시작 … 158
71 통고처분을 행정쟁송에서 제외 … 158
72 기피신청을 당한 법관이 종국판결을 선고 … 158
73 민사소송과 행정소송의 재심기간제한조항이 동일 … 159
74 교원소청심사결정에 대한 공공단체(총장)의 행정소송 제소권한 부인 … 159
75 특수임무수행자 재판상 화해 간주 … 160
76 5·18 광주민주화 운동 관련자 보상 … 160
77 국가배상법상의 과실입증 … 160
78 형사소송법상 형사비용보상권의 제척기간 … 161
79 군사법원법상 비용보상청구권의 제척기간 … 161
80 초과 구금에 대한 형사보상을 규정하지 않은 형사보상법 … 162
81 보호처분을 받아 수용되거나 법률상 근거 없이 송환대기실에 수용되었던 외국인에 대하여 보상을 지급하는 법률을 제정하지 아니한 입법부작위에 관한 사건 … 162
82 공무원 유족연금 감액 … 162
83 개선입법을 소급적용하지 않도록 규정한 국민연금법 … 163
84 미성년자에 대한 생활자금 대출상환의무 부과 … 163
85 재요양 당시의 임금을 기준으로 휴업급여를 산정 … 164
86 교도소·구치소에 수용 중인 자에 대하여 의료급여 수급 자격을 부여 × … 164
87 공무원의 휴업급여·상병보상연금 미도입 사건 … 165
88 소득월액보험료 체납자에 대한 건강보험급여 제한 … 165
89 국민연금 보험료 미납자에 대한 유족연금 지급 제한 … 165
90 육아휴직 급여 12개월 이내 청구 … 165
91 자사고를 후기학교로 규정하고 중복지원을 금지 … 166
92 공통 교육과정 … 167
93 재외국민 특별전형 중 부모의 해외체류요건 … 167
94 연차 유급휴가 미사용 수당 … 167
95 축산업 근로자에 대하여 근로기준법상 근로시간, 휴일 조항의 적용을 제외 … 168
96 초단시간근로자 퇴직급여 제한 … 168

97	택시운전근로자 최저임금산입 특례조항	168	122	안장 대상자 배우자의 국립묘지 합장	179
98	특수경비원의 일체의 쟁의행위 금지	169	123	입양신고시 불출석 당사자의 신분증명서 제시	179
99	부당노동행위에 대한 형사처벌	169	124	8촌 이내 혈족 사이의 혼인 금지 및 무효	180
100	교섭창구 단일화 사건	170	125	'혼인 중 여자와 남편 아닌 남자 사이에서 출생한 자녀'에 대한 출생신고 사건	180
101	최저임금 산입범위 및 취업규칙 변경	170			
102	최저임금 적용을 위한 임금의 시간급 환산방법	170	126	피상속인의 4촌 이내의 방계혈족을 4순위 법정상속인으로 규정한 민법	181
103	가사사용인에 대한 퇴직급여법 적용 제외	171	127	사실혼 배우자의 상속권 및 재산분할청구권	181
104	단체협약 위반행위인 징계의 사유에 관한 사항 위반	171	128	이혼한 배우자의 분할연금 수급요건을 16년 이후 이혼한 사람부터 적용	182
105	영화근로자에 대한 근로시간 명시의무 사건	171	129	가정폭력처벌법상 피해자보호명령	182
106	주 52시간 상한제 사건	172	130	사회복무요원의 겸직 제한	182
107	국가공무원법상 공무원의 집단행위 금지	172	131	예비역 복무의무자의 범위에서 일반적으로 여성을 제외	183
108	특수경비원의 일체의 쟁의행위 금지	172			
109	전국교직원노동조합에 대한 법외노조 통보	173	132	공중보건의사 군사교육소집기간의 복무기간 미산입	183
110	비사업용자동차의 타인광고 제한	173	133	공중보건의사의 군사교육소집기간 보수 미지급	184
111	학교의 마사토 운동장에 대한 유해중금속 등 유해물질의 유지ㆍ관리 기준 부재	173	134	코로나바이러스 백신 미접종자 음성확인 의무화	184
112	기후위기 대응을 위한 국가 온실가스 감축목표 사건	174	135	2021년 검사 신규임용 계획 공고	184
113	광장 벤치 흡연금지	175	136	재외국민 2세의 지위 상실	184
114	가정폭력 가해자의 증명서 발급	175			
115	배우자나 직계혈족에게 가족관계증명서 교부	176			
116	혼인무효판결로 정정된 가족관계등록부의 재작성	176			
117	유류분 전반	177			
118	상속분가액지급청구권에 대한 10년 제척기간	177			
119	미성년 자녀가 있는 성전환자도 성별정정을 허용	178			
120	피성년후견인 국가공무원 당연퇴직 사건	178			
121	재혼으로 인한 유족연금수급권 상실 사건	179			

목차

제3편 통치구조

01 공수처법 위헌확인 … 188
02 사개특위(사법개혁특위) 위원 개선 … 188
03 법관에 대한 탄핵 … 189
04 탄핵소추안 철회 및 재발의 권한쟁의 … 189
05 방송통신위원회 위원장(이진숙) 탄핵 … 190
06 검사탄핵사건 … 190
07 법무부장관 탄핵 … 190
08 대통령 탄핵 … 191
09 명의신탁이 증여로 의제되는 경우 증여세 신고의무 … 192
10 전기요금약관 … 192
11 종합문화재수리업을 하려는 자에게 요구되는 기술능력의 등록요건을 대통령령에 위임 … 193
12 가축사육 제한구역 지정에 관한 위임 법률 … 193
13 보건의료기관개설자에 대한 대불비용 부담금 부과 … 194
14 대한적십자사 회비모금 목적의 자료제공 … 195
15 노인장기요양 급여비용 산정 … 195
16 공무원범죄로 퇴직연금 감액시 특별사면 및 복권을 달리 규정하지 아니한 공무원연금법 … 195
17 개성공단 전면중단 조치 … 196
18 금융회사 등 임직원의 수재행위 처벌 … 197
19 주거침입준강제추행 … 197
20 성폭법상 주거침입강제추행·준강제추행죄 … 198
21 야간주거침입절도미수범의 준강제추행죄 … 198
22 대마 수입 행위를 처벌하는 마약류관리법 … 198
23 주거침입강제추행치상죄 … 199
24 금융회사 등 임직원의 금품약속행위 처벌 … 199
25 대량의 마약 소지 가중처벌 … 199
26 공갈죄의 이득액에 따른 가중처벌 … 200
27 법관의 명예퇴직수당 정년잔여기간 산정방식 … 200
28 분묘기지권 시효취득 … 200
29 대한민국과 미합중국 간의 상호방위조약 … 200
30 정부의 가상통화 거래 실명제 … 201
31 재판취소 사건 … 201
32 조세감면 규제법 재판취소 사건 … 201
33 일제의 강제동원으로 인한 피해 부분 … 202
34 과거사정리법에 따른 진실규명사건의 피해자, 가족 및 유족에 대한 피해의 배상·보상, 명예회복 및 가해자와의 화해를 위한 적절한 조치 이행의무 … 202
35 검사 징계위원회의 위원 구성 조항 … 202
36 양육비 대지급제 … 203
37 헌법재판소법 장래효조항과 재심사유조항 … 203
38 국회의장의 무제한토론 거부행위와 공직선거법 본회의 수정안의 가결선포행위에 관한 권한쟁의 … 203
39 국회 정개특위 안건조정위원회 활동기간 관련 권한쟁의 … 204
40 국회 행안위 제천화재관련평가소위원회 위원장과 국회 행안위 위원장 간의 권한쟁의 … 204
41 신속처리대상안건 지정(패스트트랙) … 205
42 공유수면 매립지에 관한 권한쟁의 … 205
43 경상남도와 전라남도 사이의 해상경계 획정 … 206
44 남양주시와 경기도 간의 권한쟁의 … 206
45 남양주시 특별조정교부금 배분에 관한 권한쟁의 사건 … 207
46 검사의 수사권을 제한하는 검찰청법 등 개정과 관련된 권한쟁의 사건 … 207

47	검사의 수사권 축소 등에 관한 권한쟁의 사건	208
48	행정안전부장관의 소속청장 지휘에 관한 규칙 권한쟁의 사건	208
49	남해군과 통영시 사이의 해상경계 권한쟁의	208
50	법사위 위원장은 중립위반	209
51	검사의 수사권 및 소추권을 조정·배분	209
52	본회의 부의 요구행위는 법률안 심의·표결권을 침해하지 않는다.	209
53	임기만료로 인한 심판절차 종료 사건	210
54	송파구와 문화재청 간의 권한쟁의	210
55	대통령 권한대행 국무총리 탄핵소추안 의결에 관한 권한쟁의	210

해커스경찰
police.Hackers.com

제1편
헌법 총론

제1편 | 헌법 총론

01 병역준비역에 편입된 복수국적자 국적이탈 제한 [헌법불합치]

▶ 주요 쟁점

명확성의 원칙에 위배되지 않으나, 청구인의 국적이탈의 자유를 침해한다.

▶ 결정 요지

외국에서만 주로 체류·거주하면서 대한민국과는 별다른 접점이 없는 사람도 있을 수 있는데, 심판대상법률조항은 전혀 예외를 인정하지 않고 위 시기가 경과하면 병역의무에서 벗어나는 경우에만 국적이탈이 가능하도록 규정하고 있는바, 이 결정에서 헌법재판소는 그러한 일률적인 제한에 위헌성이 있다고 하였다(헌재 2020.9.24, 2016헌마889).
⇨ 판례가 변경되었다.

확인 OX

1. 복수국적자에 대하여 병역준비역에 편입된 날부터 3개월 이내에 대한민국 국적을 이탈하지 않으면 병역의무를 해소한 후에야 이를 가능하도록 한 국적법 조항은 국적선택제도를 통하여 병역의무를 면탈하지 못하게 하려는 것으로 복수국적자의 국적이탈의 자유를 침해한다고 볼 수 없다. (×) 22. 변호사

2. 복수국적자에 대하여 제1국민역에 편입된 날부터 3개월 이내에 대한민국 국적을 이탈하지 않으면 병역의무를 해소한 후에야 이를 가능하도록 한 국적법 조항은 복수국적자의 국적이탈의 자유를 침해한다. (○) 21. 경정승진

02 병역준비역에 대하여 27세 초과하지 않는 범위에서 단기 국외여행을 허가 [합헌]

예외적인 경우가 아니라면 27세까지만 징집연기가 가능하다. 징집연기가 가능한 범위에서 국외여행의 자유를 최대한 보장하기 위함이다. 따라서 청구인의 거주·이전의 자유를 침해하지 않는다(헌재 2023.2.23, 2019헌마1157).

확인 OX

병역법령에 의할 때 예외적인 경우가 아니면 27세까지만 징집연기가 가능하다는 점을 고려하여, 병역준비역에 대하여 27세를 초과하지 않는 범위에서만 단기 국외여행을 허가하도록 규정하는 것은 단기 국외여행허가를 받고자 하는 27세가 넘은 병역준비역의 거주·이전의 자유를 침해한다. (×) 24. 경찰승진

03 외국에 영주할 목적 없이 체류한 직계존속으로부터 태어난 자의 국적이탈 제한 [합헌]

병역기피 목적의 국적이탈에 대하여 사후적 제재를 가하거나 생활근거에 따라 국적이탈을 제한하는 방법으로는 국적이탈을 통해 병역의무 그 자체를 어떻게든 면탈하려는 행동을 충분히 차단할 수 있다고 단정하기 어렵다. 대한민국이 국가 공동체로서 존립하기 위해 공평한 병역분담에 대한 국민적 신뢰를 보호하여 국방역량이 훼손되지 않도록 하려는 것이므로 매우 중요한 국익이다(헌재 2023.2.27, 2019헌바462).

확인 OX

직계존속이 외국에서 영주할 목적 없이 체류한 상태에서 출생한 자는 병역의무를 해소한 경우에만 국적이탈 신고할 수 있도록 하는 구 국적법 제12조 제3항은 출입국 등 거주·이전 그 자체에 제한을 가하고 있으므로, 출입국에 관련하여 그 출생자의 거주·이전의 자유가 침해되는지 여부가 문제된다. (×)
⇨ 거주·이전의 자유가 아니라 국적이탈의 자유가 관련 기본권이다.

04 외국에 주소가 있는 경우에만 국적이탈 가능 [합헌]

외국에 생활근거 없이 주로 국내에서 생활하며 대한민국과 유대관계를 형성한 자가 단지 법률상 외국 국적을 지니고 있다는 사정을 빌미로 기회주의적 국적을 이탈하려는 행위를 제한하기 위한 것으로 헌법에 위반되지 아니한다(헌재 2023.2.23, 2020헌바603).

확인 OX

복수국적자로서 외국 국적을 선택하려는 자는 외국에 주소가 있는 경우에만 국적이탈을 신고할 수 있도록 정한 국적법 조항은 과잉금지원칙에 위배되어 국적이탈의 자유를 침해한다. (×) 24. 경찰승진

05 한국방송공사 수신료 분리징수 사건 [기각]

1. 청구인은 공영방송 법인, 즉 kbs의 기본권 주체성을 인정
2. 제한되는 기본권: 방송운영의 자유
3. 법률유보원칙
   심판대상조항은 수신료의 구체적인 고지방법에 관한 규정인바, 이는 수신료의 부과·징수에 관한 본질적인 요소로서 법률에 직접 규정할 사항이 아니므로 이를 법률에서 직접 정하지 않았다고 하여 의회유보원칙에 위반된다고 볼 수 없다.
4. 입법재량의 한계 일탈 여부
   심판대상조항은 수신료의 통합징수를 금지할 뿐이고, 수신료의 금액이나 납부의무자, 미납이나 연체시 추징금이나 가산금의 금액을 변경하는 것은 아니므로, 규범적으로 청구인의 수신료 징수 범위에 어떠한 영향을 끼친다고 볼 수 없다.
5. 신뢰보호원칙 위배 여부
   개정 전 법령이 전기요금과 수신료를 통합하여 징수하는 방식만을 전제로 하였다거나 그러한 수신료 징수방식에 대한 신뢰를 유도하였다고 볼 수 없다(헌재 2024.5.30, 2023헌마820).

확인 OX

1. 수신료 징수업무를 지정받은 자가 수신료를 징수하는 데, 그 고유업무와 관련된 고지행위와 결합하여 이를 행해서는 안 된다고 규정한 방송법 시행령 조항은 수신료의 구체적인 고지방법에 관한 규정인바, 이를 법률에서 직접 정하지 않았다고 하여 의회유보원칙에 위반된다고 볼 수 없다. (O) 24. 지방직 7급

2. 수신료 징수업무를 지정받은 자가 수신료를 징수하는 때 그 고유업무와 관련된 고지행위와 결합하여 이를 행해서는 안 된다고 규정한 방송법 시행령 조항으로 인하여, 한국방송공사가 징수할 수 있는 수신료의 금액이나 범위의 변경은 없고 오로지 그 징수방법이 기존 전기요금과 통합하여 납부통지하던 것에서 이를 분리하여 납부통지하는 것으로 변경될 뿐, 위 조항이 신뢰보호원칙에 위배된다고 볼 수 없다. (O) 25. 순경1차

06 재조선 일본인 재산의 처리 및 귀속에 관한 미군정청 법령 [합헌]

▶ 주요 쟁점

1. 폐지된 법률도 헌법소원의 대상이 될 수 있다.
2. 진정소급입법도 예외적으로 정당화될 수 있다.

▶ **결정 요지**

1. 심판대상조항은 1945.9.25, 1945.12.6. 각 공포되었음에도 1945.8.9.을 기준으로 하여 일본인 소유의 재산에 대한 거래를 전부 무효로 하고, 그 재산을 전부 1945.9.25.로 소급하여 미군정청의 소유가 되도록 정하고 있어서, 소급입법금지원칙에 위반되는지 여부가 문제된다(진정소급입법).
   남한 내에 미군정이 수립되고 일본인의 사유재산에 대한 동결 및 귀속조치가 이루어지기까지 법적 상태는 매우 혼란스럽고 불확실하였다. 따라서 1945.8.9. 이후 조선에 남아 있던 일본인들이, 일본의 패망과 미군정의 수립에도 불구하고 그들이 한반도 내에서 소유하거나 관리하던 재산을 자유롭게 거래하거나 처분할 수 있다고 신뢰하였다 하더라도 그러한 신뢰가 헌법적으로 보호할 만한 가치가 있는 신뢰라고 보기 어렵다.

2. 일본인들이 불법적인 한일병합조약을 통하여 조선 내에서 축적한 재산을 1945.8.9. 상태 그대로 일괄 동결시키고 그 산일과 훼손을 방지하여 향후 수립될 대한민국에 이양한다는 공익은, 한반도 내의 사유재산을 자유롭게 처분하고 일본 본토로 철수하고자 하였던 일본인이나 일본의 패망 직후 일본인으로부터 재산을 매수한 한국인들에 대한 신뢰보호의 요청보다 훨씬 더 중대하다. 따라서 심판대상조항은 소급입법금지원칙에 대한 예외로서 헌법 제13조 제2항에 위반되지 아니한다(헌재 2021.1.28, 2018헌바88).

확인 OX

미군정청의 법령에 따라 발령 전 재산에 대한 거래를 전부 무효로 하고 대한민국으로 이양시키는 것은 진정소급입법에 해당하여 헌법에 위반된다. (×)

07 지방의회의원에 대한 퇴직연금의 지급을 정지하는 공무원연금법 조항 [헌법불합치]

1. 연금 지급을 정지하기 위해서는 '연금을 대체할 만한 소득'이 전제되어야 한다. 지방의회의원이 받는 의정비 중 의정활동비는 의정활동 경비 보전을 위한 것이므로, 연금을 대체할 만한 소득이 있는지 여부는 월정수당을 기준으로 판단하여야 한다. 선출직 공무원으로서 받게 되는 보수가 기존의 연금에 미치지 못하는 경우에도 연금 전액의 지급을 정지하도록 한 것은 재산권을 과도하게 제한하여 헌법에 위반된다.

2. 청구인들은 이 사건 구법 조항이 재산권을 소급적으로 박탈하고 있다거나 신뢰보호원칙을 위반하고 있다고 주장한다. 그런데 위에서 본 바와 같이 이 사건 구법 조항이 과잉금지원칙에 위반되어 재산권을 침해하고 있다고 판단한 이상, 이 주장에 대해서는 더 나아가 판단하지 않는다(헌재 2022.1.27, 2019헌바161).

확인 OX

공무원연금법상 퇴직연금수급자가 지방의회의원으로 선출되어 받게 되는 보수가 기존의 연금에 미치지 못하는 경우에도 연금 전액의 지급을 정지하도록 한 규정은 그에 해당하는 지방의회의원의 재산권을 침해한다. (○) 22. 법무사

08 죄를 증명할 수 있는 과학적 증거가 있는 경우 성범죄 공소시효 연장 [합헌]

1. 과학적 증거란 범죄의 증거로 정확성과 타당성이 담보되어 기간이 경과하더라도 객관적 가치를 유지할 수 있는 증거를 의미한다.
2. 연장조항 시행 전에 범한 죄로 아직 공소시효가 완성되지 아니한 것에 대하여도 연장조항을 적용하는 조항이 형벌불소급의 원칙, 신뢰보호원칙에 위배되지 않는다(헌재 2023.5.25, 2020헌바309).

확인 OX

죄를 증명할 수 있는 과학적 증거가 있는 경우 성범죄의 공소시효를 연장하는 것은 신뢰보호원칙에 위배되지 않는다.
(○)

09 민간임대주택에 관한 특별법 [기각]

헌법재판소는 민간임대주택의 영역에서 기존의 법적 규율 상태가 앞으로도 동일한 형태로 존속할 것이라는 임대사업자의 기대 또는 신뢰의 보호가치는, 임대주택제도의 개편 필요성, 주택시장 안정화 및 임대주택에 거주하는 임차인의 장기적이고 안정적인 주거 환경 보장이라는 공익보다 크다고 보기 어렵다는 이유를 들어 신뢰보호원칙에 위배되지 않는다(헌재 2024.2.28, 2020헌마1482). ⇨ 기존 여러 가지 세제혜택 등을 집값상승 등 투기 등 억제 등을 이유로 변경

확인 OX

주택 임대차와 관련한 임차인의 보호 및 주택의 이용에 관한 정책은 입법자가 정책적으로 결정하여야 할 사항으로 원칙적으로 광범위한 입법형성의 자유가 인정되므로, 특단의 사정이 없는 한 구법상의 기대이익을 존중하여야 할 입법자의 의무가 있는 것은 아니라고 할 것이어서 신뢰보호원칙에 위배되는지 여부는 문제되지 않는다. (×) 25. 순경1차

10 미성년자 등에 대한 성폭력범죄 공소시효 특례조항 [합헌]

▶ **주요 쟁점**

1. 형벌불소급과 공소시효의 관계
2. 공소시효가 완성되지 않은 것에 대하여도 개정법을 적용하도록 한 부분이 신뢰보호의 원칙에 반하는지 여부

▶ **결정 요지**

1. 형벌불소급의 원칙은 '행위의 가벌성'에 관한 것이기 때문에 소추가능성에만 연관될 뿐이고 가벌성에는 영향을 미치지 않는 공소시효에 관한 규정은 원칙적으로 그 효력범위에 포함되지 않는다.
2. 전부개정 법률 시행 당시 아직 공소시효가 완성되지 아니한 성폭력범죄에 대하여 전부개정된 공소시효 특례를 적용하도록 부진정소급효를 규정한 심판대상조항이 13세 미만의 사람에 대한 강제추행 등이 갖는 범죄의 중대성, 미성년자에 대한 성폭력범죄의 특수성 등을 고려하였을 때 신뢰보호원칙에 위반되지 않는다(헌재 2021.6.24, 2018헌바457).

확인 OX

미성년자에 대한 성폭력범죄의 특수성 등을 고려하였을 때 공소시효의 특례조항을 규정한 것은 신뢰보호의 원칙에 위반되지 않는다. (○)

11 출퇴근 카풀 [합헌]

'운전자가 출근 또는 퇴근을 주된 목적으로 삼아 주거지와 근무지 사이를 통상적인 경로를 통해 이동하면서, 출퇴근 경로가 일부 또는 전부 일치하는 사람을 승용차에 동승시키고 금전적 대가를 받는 행위'에 한하여 자가용자동차의 유상운송 제공을 허용한다고 해석된다(헌재 2021.4.29, 2018헌바100). ⇨ 즉, 명확성의 원칙에 반하지 않는다.

확인 OX

운전자가 출근 또는 퇴근을 주된 목적으로 삼아 통상적인 경로로 카풀을 허용하는 것은 명확성의 원칙에 반하지 않는다. (○)

12 상당한 기간 불이행시 이행강제금 부과 [합헌]

토지소유자로서는 이행강제금의 사전계고를 받기 전에 시정명령을 이미 받은 상태에 있었을 것이며, 그와 더불어 이행강제금은 1년에 2회를 초과하여 부과하지 못한다는 제한이 있으므로 이를 감안하면 이행강제금 부과의 사전계고시에 부여될 이행기간이 어느 정도일지를 대략 예측할 수 있다. 이러한 점들을 종합하면, 사전계고조항은 불명확한 규정이라고 할 수 없다(헌재 2023.2.23, 2019헌바550).

확인 OX

개발제한구역의 지정 및 관리에 관한 특별조치법 위반으로 인해 시정명령을 받고도 이를 이행하지 아니한 위반행위자 등에 대해, 이를 상당한 기간까지 이행하지 않으면 이행강제금을 부과·징수한다는 뜻을 토지소유자에게 미리 문서로 계고하도록 하는 규정에서 '상당한 기간' 부분은 명확성원칙에 위배되지 않는다. (O) 24. 경찰승진

13 대규모 밀반송범의 관세법 및 특정범죄가중법상 처벌 [합헌]

관세법상 반송의 정의조항이 죄형법정주의의 명확성원칙에 위반되지 아니하고, 관세법상 반송신고의무 부과조항이 환승 여행객의 일반적 행동자유권을 침해하지 아니하며, 미신고 반송행위에 대한 관세법상 처벌조항 및 특정범죄가중법상 가중처벌조항이 책임과 형벌 간의 비례원칙 및 평등원칙에 위배되지 아니한다(헌재 2023.6.29, 2020헌바177). ⇨ 반송은 국내에 도착한 외국물품이 다시 외국으로 반출되는 것으로 규정

확인 OX

1. 물품을 반송하려면 세관장에게 신고하도록 하는 관세법의 해당 조항 중 '반송'에 관한 부분은 과잉금지원칙에 반하여 환승 여행객의 일반적 행동자유권을 침해하지 않는다. (O) 24. 법원행시

2. 국내에 도착한 외국물품을 수입통관절차를 거치지 않고 다시 외국으로 반출하려면, 해당 물품의 품명·규격·수량 및 가격 등을 세관장에게 신고하도록 하는 관세법 조항은 환승 여행객인 청구인의 일반적 행동자유권을 제한한다. (O) 24. 순경1차

14 못된 장난 등으로 업무 및 공무를 방해하는 행위를 처벌하는 경범죄 처벌법 [기각]

1. 관련 기본권

   이는 의사표현을 직접 제한하는 조항이 아닌바, 심판대상조항으로 인하여 주로 제한되는 기본권은 일반적 행동자유권이라 봄이 타당하다.

2. 명확성원칙 위반

   '못된 장난'은 일반적으로 상대방의 수인한도를 넘어 괴롭고 귀찮게 하는 고약한 행동을 의미한다. 형법상 공무집행방해죄에 이르지 아니하는 경미한 소란행위와 같이 형법상 처벌되는 행위보다 불법성이 경미하지만 이를 규제하지 않을 경우 국가기능의 수행에 어려움을 초래할 수 있는 행위를 금지하여야 할 필요성도 존재한다(헌재 2022.11.24, 2021헌마426).

15 전투근무수당에 관한 구 군인보수법 [합헌]

전시·사변 등 국가비상사태에 있어서 전투에 종사하는 자에 대하여는 각령이 정하는 바에 의하여 전투근무수당을 지급하도록 한 구 군인보수법 제17조는 명확성원칙 및 평등원칙에 위반되지 않는다(헌재 2023.8.31, 2020헌바594). ⇨ 국가비상사태다 보니 베트남 참전 등이 빠지게 되었다. 그러나 이 경우 특수근무수당을 지급하니 평등에 반하지 않는다.

확인 OX

전시·사변 등 국가비상사태에 있어서 전투에 종사하는 자에 대하여 각령(閣令)이 정하는 바에 의하여 전투 근무수당을 지급하도록 한 구 군인보수법 해당 조항 중 '전시·사변 등 국가비상사태' 부분은 각 문언 자체의 의미 등에 비추어 명확성원칙에 위반되지 않는다. (O) 24. 법원행시

16 선박 감항성 결함의 미신고행위에 대한 형사처벌 [합헌]

'감항성'의 의미에 관한 선박안전법의 정의규정 및 '선박의 감항성 유지 및 안전운항에 필요한 사항을 규정'하고자 하는 선박안전법의 목적, 선박이 건조되어 운항하는 동안 받아야 하는 각종 검사에 관한 선박안전법 조항의 내용 등을 종합하면 '선박의 감항성의 결함'의 의미가 무엇인지 명확하게 해석할 수 있고, 막대한 인명피해를 초래할 위험성이 큰 선박 사고를 예방하여야 할 필요성 등에 비추어 보면 '선박의 감항성의 결함'을 발견하고도 이를 신고하지 아니한 행위를 형사처벌하는 것이 부당하다고 볼 수도 없다(헌재 2024.5.30, 2020헌바234).

확인 OX

누구든지 선박의 감항성의 결함을 발견한 때에는 해양수산부령이 정하는 바에 따라 그 내용을 해양수산부장관에게 신고하여야 한다고 규정한 구 선박안전법 조항 중 '선박의 감항성의 결함'에 관한 부분은 명확성원칙에 위배된다.

(×) 25. 경찰간부

17 공무원의 직권남용권리행사방해 사건 [기각]

죄형법정주의 명확성원칙에 위반되지 아니함을 다시금 확인하면서 직권남용행위의 상대방인 '사람'에 관한 해석도 명확하다고 판단하였고, 공무원의 직권남용행위를 행정상 제재가 아닌 형사처벌로 규율하는 것이 책임과 형벌 간의 비례원칙에 위반되지 않는다(헌재 2024.5.30, 2021헌바55).

18 반사회질서의 법률행위를 무효로 하는 민법 제103조 [합헌]

1. 민사법규는 사회현실에 나타나는 여러 가지 현상에 관하여 일반적으로 흠결 없이 적용될 수 있어야 하므로, 형벌법규보다는 상대적으로 더 추상적인 표현을 사용할 수 있을 것이다.
2. 헌법재판소는 민법 제103조의 '선량한 풍속 기타 사회질서에 위반한 사항'이 다소 추상적이고 광범위한 의미를 가진 것으로 보이는 용어이기는 하나, 그 문언의 의미, 민법 제103조의 입법목적과 기능, 개별적·구체적 사안에서 문제되는 법률행위가 선량한 풍속 기타 사회질서에 위반한 것인지는 헌법을 최고규범으로 하는 법 공동체의 객관적 관점에 의하여 판단될 수 있다는 점 등을 종합하면 명확성원칙에 위반된다고 볼 수 없다고 판단하였다(헌재 2023.9.26, 2020헌바552).

19 교원의 정당 및 정치단체 결성·가입 [위헌, 기각]

▶ 주요 쟁점

1. 정당가입의 자유 침해 여부(소극)
2. 정치적 표현의 자유 및 결사의 자유 침해 여부(적극)

▶ 결정 요지

1. 정당법 조항 및 국가공무원법 조항 중 '정당'에 관한 부분인 국가공무원이 정당의 발기인 및 당원이 되는 것을 금지하는 것은 헌법에 위반되지 않는다.
2. 초·중등학교의 교육공무원이 정치단체의 결성에 관여하거나 이에 가입하는 행위를 금지한 것은 표현의 자유 및 결사의 자유를 침해한다. 이는 그 밖의 정치단체라는 불명확한 개념을 사용하고 있고, 이는 표현의 내용에 근거한 규제이므로 엄격한 기준의 명확성의 원칙에 부합하여야 한다. 모든 사회적 활동은 정치와 관련이 되는데 정치단체와 비정치단체를 구별할 기준을 도출해 낼 수도 없다(헌재 2020.4.23, 2018헌마551).

확인 O X

1. 국가공무원법 제65조 제1항에서 초·중등 교원인 교육공무원의 가입 등이 금지되는 '정치단체', '특정 정당이나 특정 정치인을 지지·반대하는 단체로서 그 결성에 관여하거나 가입하는 경우 공무원의 정치적 중립성 및 교육의 정치적 중립성을 훼손할 가능성이 높은 단체'로 한정할 수 있으므로, '정치단체'의 의미 내지 범위가 지나치게 광범위하다거나 법관의 해석에 의하여 무한히 확대될 위험이 있다고 보기 어렵다. (×) 21. 변호사

2. 대학의 교원인 공무원에게 정당가입의 자유를 허용하면서도 초·중등학교의 교원에게는 이를 금지하는 것은, 양자 간 직무의 본질이나 내용 그리고 근무 태양이 다른 점을 고려한 합리적인 차별이다. (O) 21. 국회직 8급

20 고속도로 등에서 갓길 통행 금지 [합헌]

▶ 주요 쟁점

명확성원칙과 비례의 원칙 위반 여부

▶ 결정 요지

자동차가 고속도로 등을 통행하는 중에는 다양한 상황이 발생할 수 있으므로, 법률에 구체적이고 일의적인 기준이 제시될 경우 갓길 통행이 불가피한 예외적인 사정이 포섭되지 않는 등으로 인하여 오히려 비상상황에서 적절한 대처를 할 수 없게 될 가능성을 배제하기 어렵다. 금지 조항은 이러한 점을 감안하여 갓길 통행이 허용되는 예외적인 경우를 규정하면서 다양한 상황을 포섭할 수 있는 '부득이한 사정'이라는 용어를 사용한 것으로 보인다(헌재 2021.8.31, 2020헌바100).

" 확인 OX "

도로교통법 조항 중 "자동차의 운전자는 고속도로 등에서 자동차의 고장 등 부득이한 사정이 있는 경우를 제외하고는 갓길로 통행하여서는 아니 된다." 부분 중 '부득이한 사정' 부분은 죄형법정주의의 명확성원칙에 위반되지 않는다.
(O) 22. 입법고시

21 농지의 위탁경영 원칙적 금지 [기각]

농지소유자로서는 곡류의 경작·판매를 대신할 사람을 구하여 농지경영을 전담하게 하는 것이 농지를 보다 효율적으로 사용·수익하는 방안이 될 수 있다. 그러나 농지에 대한 위탁경영을 널리 허용할 경우 농지가 투기 수단으로 전락할 수 있고, 식량 생산의 기반으로서 농지의 공익적 기능이 저해될 가능성을 배제하기 어렵다. 따라서 원칙적 금지는 재산권을 침해하지 않는다(헌재 2020.5.27, 2018헌마362).

" 확인 OX "

농지의 사회성과 공공성은 일반적인 토지의 경우보다 더 강하다고 할 수 있으므로 농지재산권을 제한하는 입법에 대한 헌법심사의 강도는 다른 토지재산권을 제한하는 입법에 대한 것보다 완화된다.
(O) 21. 입법고시

22 도서정가제 [기각]

헌법재판소는 출판문화산업에서 존재하고 있는 자본력, 협상력 등의 차이를 간과하고 이를 그대로 방임할 경우 우리 사회 전체의 문화적 다양성 축소로 이어지게 되고, 지식문화 상품인 간행물에 관한 소비자의 후생이 단순히 저렴한 가격에 상품을 구입함으로써 얻는 경제적 이득에만 한정되지는 않는 점 등에 비추어 이 사건 심판대상조항이 청구인의 직업의 자유를 침해하지 않는다고 판단하였다(헌재 2023.7.20, 2020헌마104).

" 확인 OX "

간행물 판매자에게 정가 판매 의무를 부과하고, 가격할인의 범위를 가격할인과 경제상의 이익을 합하여 정가의 15퍼센트 이하로 제한하는 법률 조항은 과잉금지원칙에 위배되어 직업의 자유를 침해한다고 할 수 없다. (○) 24. 법원행시

23 이자제한법상 최고이자율 상한을 위반하는 행위에 대한 형사처벌 [합헌]

고금리 채무로 인한 국민의 이자 부담을 경감하고 과도한 이자를 받아 국민의 경제생활을 피폐하게 하는 등의 폐해를 방지하기 위해서는 형사처벌과 같은 제재 수단이 필요함을 부인하기 어렵고, 심판대상조항이 규정하고 있는 형벌이 '1년 이하의 징역 또는 1천만원 이하의 벌금'이라는 점까지 고려하면, 입법자가 민사상의 효력을 제한하는 것 이외에 형사처벌까지 규정하였다고 하여 이를 두고 과도한 제한이라고 보기는 어렵다는 점 등을 고려하여, 심판대상조항이 과잉금지원칙에 위반되지 않는다고 판단하였다(헌재 2023.2.23, 2022헌바22).

" 확인 OX "

이자제한법상 최고이자율 상한을 위반하는 행위를 입법자가 민사상의 효력을 제한하는 것 이외에 형사처벌까지 규정하였다고 하여 이를 두고 과도한 제한이라고 볼 수 있다. (×)

해커스경찰
police.Hackers.com

제2편
기본권

제1장 기본권 총론
제2장 포괄적 기본권
제3장 자유권
제4장 기타 기본권

제2편 | 기본권

제1장 기본권 총론

01 동물장묘업 등록의 지역적 제한사유 미비 [기각]

동물장묘업 등록에 관하여 다른 지역적 제한사유를 규정하지 않았다는 사정만으로 청구인들의 환경권을 보호하기 위한 입법자의 의무를 과소하게 이행하였다고 평가할 수는 없다(헌재 2020.3.26, 2017헌마1281).

확인 OX

동물장묘업 등록에 관하여 장사 등에 관한 법률 제17조 외에 다른 지역적 제한사유를 규정하지 않은 것은 국가의 기본권 보호의무를 과소하게 이행한 것이다. (×) 21. 국회직 8급

02 확성장치 사용에 따른 소음 규제기준 부재 [위헌]

선거운동의 자유를 감안하여 선거운동을 위한 확성장치를 허용할 공익적 필요성이 인정된다고 하더라도 정온한 생활환경이 보장되어야 할 주거지역에서 출근 또는 등교 이전 및 퇴근 또는 하교 이후 시간대에 확성장치의 최고출력 내지 소음을 제한하는 등 사용시간과 사용지역에 따른 수인한도 내에서 확성장치의 최고출력 내지 소음 규제기준에 관한 규정을 두지 아니한 것은, 국민이 건강하고 쾌적하게 생활할 수 있도록 노력하여야 할 국가의 기본권 보호의무를 과소하게 이행한 것으로서, 청구인의 건강하고 쾌적한 환경에서 생활할 권리의 침해를 가져온다(헌재 2019.12.27, 2018헌마730).

확인 OX

1. 공직선거법이 주거지역에서의 최고출력 내지소음을 제한하는 등 대상지역에 따른 수인한도 내에서 공직선거운동에 사용되는 확성장치의 최고출력 내지 소음 규제기준을 두고 있지 않았다고 하여 국가의 기본권 보호의무를 과소하게 이행한 것은 아니다. (×) 21. 소방간부

2. 공직선거법이 정온한 생활환경이 보장되어야 할 주거지역에서 출근 또는 등교 이전 및 퇴근 또는 하교 이후 시간대에 확성장치의 최고출력 내지 소음을 제한하는 등 사용기간과 사용지역에 관한 규정을 두지 아니한 것은 청구인의 건강하고 쾌적한 환경에서 생활할 권리를 침해한다. (○) 22. 순경 공채

3. 공직선거법이 선거운동을 위해 확성장치를 사용할 수 있는 기간과 장소, 시간, 사용 개수 등을 규정하고 있는 이상, 확성장치의 소음 규제기준을 정하지 않았다고 하여 기본권 보호의무를 과소하게 이행하였다고 볼 수는 없다. (×) 21. 5급 공채

03 당내경선시 운동방법의 제한 [합헌]

건전한 상식과 통상적 법감정을 가진 사람이라면 경선후보자는 경선운동방법 제한조항에서 정한 방법에 의해서만 경선운동을 할 수 있고, 거기에 열거되지 않은 확성장치를 사용하여 지지호소 행위를 할 수 없다는 점을 명확히 알 수 있다고 할 것이다(헌재 2019.4.11. 2016헌바458). ⇨ 명확성의 원칙과 표현의 자유를 침해하지 않는다.

확인 OX

경선후보자는 경선운동방법 제한조항에서 정한 방법에 의해서만 경선운동을 할 수 있고, 거기에 열거되지 않은 확성장치를 사용하여 지지호소 행위를 할 수 없게 한 것은 기본권 보호의무를 위반한 것이다. (×)

제2장 포괄적 기본권

01 특가법상 밀수범의 경우 관세예비를 정범에 준하여 처벌 [위헌]

▶ 주요 쟁점

1. 책임과 형벌 사이의 비례원칙 위반 여부
2. 평등원칙 위반 여부

▶ 결정 요지

1. 예비행위의 위험성은 구체적인 사건에 따라 다름에도 심판대상조항에 의하면 위험성이 미약한 예비행위까지도 본죄에 준하여 처벌하도록 하고 있어 행위자의 책임을 넘어서는 형벌이 부과되는 결과가 발생한다.
2. 조세포탈범의 경우에는 특가법에서 예비죄에 대한 별도의 처벌규정을 두고 있지 않으면서 밀수입의 예비죄에 대해서만 과중한 처벌을 해야 할 필요가 있는지 의문이다(헌재 2019.2.28, 2016헌가13).

▶ 비교 판례

특가법상 밀수범이 아닌 그냥 관세범의 경우 국제성을 갖춘 영리범이라는 특성을 갖고 있어 쉽게 근절되기 어려울 뿐아니라 범행의 인지·범인의 체포 등이 극히 어렵고 특히 기수와 미수, 미수와 예비를 엄격하게 구별하기 어려워 이 범죄에 대하여 철저하게 대처해야 할 필요성이 있다는 이유로 합헌결정하였다(헌재 2010.7.29, 2008헌바88).

" 확인 OX "

밀수입 예비행위를 본죄에 준하여 처벌하도록 규정한 특정범죄 가중처벌 등에 관한 법률 조항은 구체적 행위의 개별성과 고유성을 고려한 양형판단의 가능성을 배제하는 가혹한 형벌로서 책임과 형벌 사이의 비례의 원칙에 위배된다.

(O) 23. 국회직 8급

02 전동킥보드 최고속도 제한 [기각]

▶ 주요 쟁점

1. 신체의 자유, 평등권을 제한하는지 여부(소극)
2. 소비자의 자기결정권과 일반적 행동자유권을 침해하는지 여부(소극)

▶ 결정 요지

1. 전동킥보드의 최고속도는 25km/h를 넘지 않아야 한다고 규정한 구 '안전확인대상생활용품의 안전기준' 부속서 32 제2부 5.3.2.는 소비자의 자기결정권 및 일반적 행동자유권을 침해하지 않는다.
2. 심판대상조항은 청구인의 신체의 자유를 제한하는 것은 아니다. 심판대상조항은 청구인의 소비자로서의 자기결정권 및 일반적 행동자유권을 제한할 뿐, 그 외에 신체의 자유와 평등권을 침해할 여지는 없다(헌재 2020.2.27, 2017헌마1339).

확인 OX

1. 전동킥보드의 최고속도를 25km/h 이내로 제한하는 것은 소비자가 그보다 빠른 제품을 구매하지 못하여 겪는 자기결정권 및 일반적 행동자유권의 제약에 비하여, 소비자의 생명·신체에 대한 위해 및 도로교통상의 위험을 방지하고 향후 자전거도로 통행이 가능해질 경우를 대비하여 소비자의 편의를 도모한다는 공익이 중대하므로 과잉금지원칙에 위반되지 않는다. (O) 22. 5급 공채

2. 전동킥보드의 최고속도는 25km/h를 넘지 않아야 한다고 규정한 조항은 소비자의 자기결정권 및 일반적 행동자유권을 제한할 뿐, 신체의 자유를 제한하는 것은 아니다. (O) 22. 법원직

03 선불폰 개통에 필요한 증서 등의 타인제공 금지 및 처벌 [합헌]

심판대상조항은 이동통신사업자가 제공하는 전기통신역무를 타인의 통신용으로 제공하는 자를 형사처벌함으로써 명의자와 실제 이용자가 다른 차명휴대전화, 이른바 대포폰이 보이스피싱(Voice Phishing) 등 범죄의 범행도구로 악용되는 것을 방지하여 이동통신시장질서를 교란하는 행위 등을 막기 위한 취지의 조항으로 입법목적이 정당하고, 대포폰 개통에 필요한 증서 등을 제공하는 방법으로 이동통신서비스를 타인의 통신용으로 제공한 자를 형사처벌하는 것은 이러한 입법목적을 달성하기 위한 적합한 수단이다(헌재 2022.6.30, 2019헌가14). ⇨ 일반적 행동자유권을 침해하지 않는다.

확인 OX

이동통신사사업자가 제공하는 전기통신역무를 타인의 통신용으로 제공하는 것을 원칙적으로 금지하고 위반 시에는 형사처벌하는 전기통신사업법 조항은 이동통신서비스 이용자의 일반적 행동자유권을 침해한다. (×) 24. 경찰승진

04 어린이 보호구역에서 교통사고로 어린이를 상해나 사망에 이르게 한 경우를 가중처벌 [기각]

어린이의 통행이 빈번한 초등학교 인근 등 제한된 구역을 중심으로 어린이 보호구역을 설치하고 엄격한 주의의무를 부과하여 위반자를 엄하게 처벌하는 것은 어린이에 대한 교통사고 예방과 보호를 위해 불가피한 조치이다(헌재 2023.2.23, 2020헌마460). ⇨ 상해의 경우 1년 이상, 사망의 경우 3년 이상의 징역에 처하게 되어 있다.

확인 OX

어린이 보호구역에서 교통사고로 어린이를 상해나 사망에 이르게 한 경우를 가중처벌하는 것은 헌법에 위반되지 않는다.
(○)

05 환각물질 섭취·흡입 금지 및 처벌 [합헌]

마약류 관리에 관한 법률상 마약류가 아닌 부탄가스 또는 본드와 같은 환각물질의 섭취·흡입을 금지하고 처벌하는 화학물질관리법에 대해 개인적 쾌락이나 만족의 제한보다 국민건강 증진 및 사회적 위험 감소라는 공익이 월등히 중대하므로 합헌으로 결정하였다(헌재 2021.10.28, 2018헌바367).

06 노동조합 및 노동관계조정법상 양벌규정 [위헌, 합헌]

1. 부당노동행위를 한 때에는 그 법인에 대하여도 벌금형을 과하도록 한 '노동조합 및 노동관계조정법' 제94조 중 법인의 대리인·사용인 기타의 종업원이 그 법인의 업무에 관하여 제90조 가운데 '제81조 제1호, 제2호 단서 후단, 제5호를 위반한 경우'에 관한 부분은 헌법에 위반된다.
2. 법인의 대표자가 그 법인의 업무에 관하여 '노동조합 및 노동관계조정법' 제81조 제1호를 위반하여 부당노동행위를 한 때에는 그 법인에 대하여도 벌금형을 과하도록 한 '노동조합 및 노동관계조정법' 제94조 중 법인의 대표자가 그 법인의 업무에 관하여 제90조 가운데 '제81조 제1호를 위반한 경우'에 관한 부분은 헌법에 위반되지 아니한다(헌재 2020.4.23, 2019헌가25).

확인 OX

노동조합 및 노동관계조정법 제94조는 양벌규정으로서 "법인 또는 단체의 대표자, 법인·단체 또는 개인의 대리인·사용인 기타의 종업원이 그 법인·단체 또는 개인의 업무에 관하여 제89조 내지 제93조의 위반행위를 한 때에는 행위자를 벌하는 외에 그 법인·단체 또는 개인에 대하여도 각 해당 조의 벌금형을 과한다."라고 규정하고 있는데, 위 규정 중 '법인의 대리인·사용인 기타의 종업원' 관련 부분은 책임주의원칙에 위배되지만, '법인의 대표자' 관련 부분은 책임주의원칙에 위배되지 않는다.
(○) 21. 법무사

07 누구든지 금융회사등에 종사하는 자에게 거래정보등의 제공을 요구하는 것을 금지하고, 위반시 형사처벌 [위헌]

1. 금융거래의 비밀보장이 중요한 공익이라는 점은 인정할 수 있으나, 심판대상조항이 정보제공요구를 하게 된 사유나 행위의 태양, 요구한 거래정보의 내용을 고려하지 아니하고 일률적으로 일반 국민들이 거래정보의 제공을 요구하는 것을 금지하고 그 위반시 형사처벌을 하는 것은 그 공익에 비하여 지나치게 일반 국민의 일반적 행동자유권을 제한하는 것으로 법익의 균형성을 갖추지 못하였다. 따라서 일반적 행동자유권을 침해하므로 헌법에 위반된다(헌재 2022.2.24, 2020헌가5).
2. 알 권리는 심판대상조항에 의해 제한되는 기본권에 해당하지 않는다.

확인 OX

누구든지 금융회사등에 종사하는 자에게 타인의 금융거래의 내용에 관한 정보 또는 자료를 요구하는 것을 금지하고, 이를 위반시 형사처벌하는 법률조항은 과잉금지원칙에 반하여 일반적 행동자유권을 침해한다. (O) 23. 법원행시

08 교통의 안전과 위험방지를 위하여 필요하다고 인정하는 경우 [합헌]

1. '교통의 안전과 위험방지를 위하여 필요하다고 인정하는 경우'란 음주운전을 제지하지 않고 방치할 때 초래될 도로교통상 안전에 대한 침해 또는 위험을 미리 방지하기 위해 필요한 경우를 의미함을 충분히 알 수 있다.
2. 심판대상조항은 음주단속 시간이나 장소 등 그 절차나 방법을 구체적으로 규정하고 있지는 않으나, 경찰공무원의 음주단속이 일반예방적 효과와 실효성을 갖기 위해서는 불시의 시간과 장소에서 불특정 다수를 대상으로 이루어져야 할 필요가 있는 점 등을 고려하면, 심판대상조항은 과잉금지원칙에 위배되어 일반적 행동자유권을 침해하지 아니한다(헌재 2023.10.26, 2019헌바91).

확인 OX

경찰공무원이 교통의 안전과 위험방지를 위하여 필요하다고 인정하는 경우 운전자가 술에 취하였는지를 호흡조사로 측정할 수 있도록 하고 운전자는 이러한 경찰공무원의 측정에 응하여야 하도록 규정한 도로교통법 조항은 운전자인 청구인의 일반적 행동의 자유를 제한한다. (O) 24. 순경1차

09 사회복무 업무조항 [기각]

사회복무 업무조항은 공평한 병역의무 부과와 잉여 병역자원의 효율적인 활용, 사회서비스업무 및 행정업무의 질 향상 등에 기여하기 위한 목적에서 규정된 조항이다. 사회복무 업무조항이 규정한 사회복무요원의 업무는 넓은 의미의 안보 개념 내지 병역의무의 내용과 무관하다고 볼 수 없다. 또한 사회복무요원은 군사교육소집 대상이 되고 전시에 병력동원소집 대상이 되며 복무 후 예비군에 편성되는 등 군사적 역무와의 관련성이 명확하다. 따라서 비록 사회복무요원이 사회복무 업무조항으로 인하여 원하지 않는 업무를 수행하더라도, 이는 국방의 의무의 일환으로 부여되는 것이므로 과잉금지원칙을 위반하여 일반적 행동자유권을 침해한다고 볼 수 없다(헌재 2023.10.26, 2019헌마392).

10 전기통신금융사기의 사기이용계좌에 대한 지급정지 [기각]

1. 전기통신금융사기의 피해자가 피해구제 신청을 하는 경우 사기이용계좌를 지급정지하는 것은 재산권을 침해하지 않는다.
2. 지급정지가 이루어진 사기이용계좌 명의인의 전자금융거래를 제한하는 경우도 일반적 행동자유권을 침해하지 않는다(헌재 2022.6.30, 2019헌마579).

" 확인 OX "

전기통신금융사기의 피해자가 피해구제 신청을 하는 경우, 피해자의 자금이 송금·이체된 계좌 및 해당 계좌로부터 자금의 이전에 이용된 계좌를 지급정지하는 전기통신금융사기 피해 방지 및 피해금 환급에 관한 특별법 조항은 과잉금지원칙을 위반하여 청구인의 재산권을 침해한다. (×) 23. 순경2차

11 지역아동센터 이용아동 구성 제한 [기각]

돌봄에 취약한 환경에 놓인 아동들에게 지역아동센터가 제공하는 돌봄서비스를 우선적으로 제공할 정당성과 필요성이 인정된다고 하면서, 지역아동센터 운영자의 직업수행의 자유 및 지역아동센터 이용아동의 인격권을 침해한다고 볼 수 없다고 하였다(헌재 2022.1.27, 2019헌마583).

" 확인 OX "

지역아동센터의 시설별 신고정원의 80% 이상을 돌봄취약아동으로 구성하도록 한 보건복지부 '2019년 지역아동센터 지원 사업안내' 관련 부분은 돌봄취약아동과 일반아동을 분리함으로써 아동들의 인격권을 침해한다. (×) 23. 순경1차

12 청원경찰의 품위 손상 [합헌]

청원주로 하여금 청원경찰이 품위를 손상하는 행위를 한 때에는 대통령령으로 정하는 징계절차를 거쳐 징계처분을 하도록 규정한 청원경찰법은 과잉금지의 원칙에 위반되어 일반적 행동의 자유를 침해한다고 보기도 어렵다(헌재 2022.5.26, 2019헌바530).

> **확인 OX**
>
> 청원경찰법상 품위손상행위란 청원경찰이 경찰관에 준하여 경비 및 공안업무를 하는 주체로서 직책을 맡아 수행해 나가기에 손색이 없는 인품에 어울리지 않는 행위를 함으로써 국민이 가지는 청원경찰에 대한 정직성, 공정성, 도덕성에 대한 믿음을 떨어뜨릴 우려가 있는 행위라고 해석할 수 있으므로 명확성원칙에 위배되지 않는다. (O)

13 정보통신망 악성프로그램 유포 금지 [합헌]

정보통신망의 이용이 급증하는 현실에서 정보통신망을 건전하고 안전하게 이용할 수 있는 환경 조성 및 이용자 보호를 위하여 심판대상조항이 정보통신시스템 등의 정상적인 운용을 방해할 수 있는 악성프로그램을 유포하는 행위를 금지·처벌하는 것은 명확성원칙과 일반적 행동의 자유를 침해하지 않는다(헌재 2021.7.15, 2018헌바428).

14 사회복무요원이 대학에서 수학하는 행위를 제한 [기각]

사회복무요원이 대학에서 수학하는 행위를 제한하는 구 병역법 시행령 제65조의3 제4호 중 고등교육법 제2조 제1호의 '대학'에 관한 부분은 청구인의 교육을 통한 자유로운 인격발현권을 침해하지 않는다(헌재 2021.6.24, 2018헌마526).

15 학습자의 사유로 인한 교습비 반환의무 [합헌]

1. '학습자가 수강을 계속할 수 없는 경우'란 질병이나 이사 등 학습자에게 불가피한 수강불능사유가 발생한 경우만이 아니라, 단순변심을 포함하여 학습자 측의 사유로 수강을 계속할 수 없는 모든 경우를 의미하는 것임을 충분히 예측할 수 있다.
2. 교습계약 당사자들이 교습비등의 반환 여부 및 반환금액 등을 자유롭게 정하도록 한다면, 학원설립·운영자보다 상대적으로 불리한 지위에 놓이는 학습자에게 계약해지로 인한 위험이 전가될 수 있다. / 따라서 법규로 규정한 것은 계약의 자유를 침해하지 않는다(특히 할인이 문제됨)(헌재 2024.8.29, 2021헌바74).

> **확인 OX**

단순변심을 포함하여 학습자가 수강을 계속할 수 없는 사유가 발생한 경우 학원설립·운영자로 하여금 학습자로부터 받은 교습비 등을 반환하도록 하면서, 그 반환 사유 및 반환 금액 등을 대통령령으로 정하도록 한 학원의 설립·운영 및 과외 교습에 관한 법률 조항은 과잉금지원칙에 위배되어 학원설립·운영자의 계약의 자유를 침해한다. (×) 25. 입법고시

16 인체면역결핍바이러스(HIV) 전파매개행위죄 사건 [합헌]

1. '의학적 치료를 받아 인체면역결핍바이러스의 전파가능성이 현저히 낮은 감염인이 상대방에게 자신이 감염인임을 알리고 한 행위'에는 본법이 적용되지 않는 것으로 해석함이 타당하다.
2. 감염인의 제한 없는 방식의 성행위 등과 같은 사생활의 자유 및 일반적 행동자유권이 제약되는 것에 비하여 국민의 건강 보호라는 공익을 달성하는 것은 더욱 중대하다. 따라서 심판대상조항은 과잉금지원칙을 위반하여 감염인의 사생활의 자유 및 일반적 행동자유권을 침해하지 아니한다(헌재 2023.10.26, 2019헌가30).

> **확인 OX**
>
> 1. 의료인이 처방한 치료법을 성실히 이행하는 인체면역결핍바이러스 감염인의 경우 콘돔 사용 등의 예방조치 없이도 전파매개행위를 통해 타인을 바이러스에 감염시킬 가능성이 없음은 의·과학적으로 인정되는 사실인바, 이러한 경우도 금지 및 처벌의 대상으로 삼는 것은 입법목적 달성에 필요한 정도를 넘어서는 과도한 국가형벌권의 행사이다. (×) 24. 법원행시
> 2. "감염인은 혈액 또는 체액을 통하여 다른 사람에게 전파 매개 행위를 하여서는 아니 된다."라고 규정한 후천성면역결핍증 예방법 해당 조항 중 '전파매개행위'는 타인을 인체면역결핍바이러스에 감염시킬 가능성이 있는 행위에 국한될 것임을 예측할 수 있어 명확성원칙에 반하지 않는다. (○) 24. 법원행시

17 태아의 성별 고지 제한 사건 [위헌]

태아의 성별 고지를 제한하는 것은 태아의 생명 보호라는 입법목적을 달성하기 위한 수단으로 적합하지 않고, 부모가 태아의 성별 정보에 대한 접근을 방해받지 않을 권리를 필요 이상으로 제약하여 침해의 최소성에 반하여 헌법에 위반된다는 것이다(헌재 2024.2.28, 2022헌마356).

> **확인 O X**

태아의 성별고지 행위는 그 자체로 태아를 포함하여 누구에게도 해가 되는 행위가 아니지만, 보다 풍요롭고 행복한 가족생활을 영위하도록 하기 위해 진료과정에서 알게 된 태아에 대한 성별 정보는 낙태방지를 위하여 임신 32주 이전에는 고지하지 못하도록 금지하여야 할 이유가 있다. (×) 24. 순경2차

18 운전 중 휴대전화 사용 금지 [합헌]

헌법재판소는 운전 중 휴대전화의 사용 금지 필요성, 운전 중 휴대전화의 사용 금지 범위, 운전 중 휴대전화 사용 단속 자료 등을 면밀히 고려하여 이 사건 법률조항이 과잉금지원칙에 반하여 청구인의 일반적 행동의 자유를 침해하지 않는다고 판단하였다(헌재 2021.6.24, 2019헌바5).

> **확인 O X**

일반적 행동자유권의 보호영역에는 가치 있는 행동뿐만 아니라 개인의 생활방식과 취미에 관한 사항도 포함되며, 여기에는 위험한 스포츠를 즐길 권리와 같은 위험한 생활방식으로 살아갈 권리도 포함된다. 따라서 운전 중 휴대용 전화를 사용할 자유는 헌법 제10조의 행복추구권에서 나오는 일반적 행동자유권의 보호영역에 속한다. (O) 22. 순경 공채

19 장애인의 소규모 소매점에 대한 접근이 어려운 부분 [인용]

장애인의 접근권은 장애인이 헌법의 최고가치인 인간의 존엄을 실질적으로 보장받기 위한 초석이 되는 헌법상 기본권의 일종이고, 장애인등편의증진법, 장애인차별금지법 및 장애인의 권리에 관한 협약은 피고에게 장애인의 접근권을 실질적으로 보장할 의무를 거듭하여 부과하였다. 따라서 행정청이 장애인등편의증진법 제7조의 위임에 따라 행정입법을 통해 장애인 편의시설 설치의무 대상시설의 범위를 정할 재량이 있다고 하더라도, 그 재량은 장애인등편의증진법 제4조 등에서 요구하고 있는 것과 같이 장애인이 비장애인과 동등하게 시설과 설비를 이용할 수 있도록 함으로써 인간으로서의 존엄과 가치 및 평등권을 보장받을 수 있도록 장애인의 접근권을 단계적으로 확대하여 실현하는 방향으로 행사되어야 한다는 내재적 한계가 있다(대판 2024.7.18, 2023두36800).

20 휴대폰 충전기 절도 [인용]

청구인이 카페 내 콘센트에 꽂혀 있던 피해자 소유의 휴대폰 충전기를 가져간 사건에서, 청구인에게 절도의 고의 내지 불법영득의사를 인정할 증거가 부족함에도 절도혐의가 인정됨을 전제로 청구인에게 한 기소유예처분이 자의적인 검찰권 행사로써 청구인의 평등권과 행복추구권을 침해한다(헌재 2022.9.29, 2022헌마819).

21 학교폭력 가해학생에 대한 서면사과 조치 [합헌]

1. 헌법재판소는 사죄광고나 사과문 게재를 명하는 조항에 대하여 양심의 자유와 인격권 침해를 인정하여 왔으나, 이 사건에서는 가해학생의 선도와 피해학생의 피해회복 및 정상적인 교육관계회복을 위한 특별한 교육적 조치로 보아 피해학생에 대한 서면사과 조치가 가해학생의 양심의 자유와 인격권을 침해하지 않는다고 판단하였다.
2. 의무화 규정은 학교폭력의 축소·은폐를 방지하고 피해학생의 보호 및 가해학생의 선도 교육을 위하여, 학부모들의 자치위원회 참여를 확대 보장하고 자치위원회의 회의소집과 가해학생에 대한 조치 요청, 학교의 장의 가해학생에 대한 조치를 모두 의무화한 것으로 가해학생의 인격권을 침해하지 않는다(헌재 2023.2.23, 2019헌바93).

확인 OX

1. 가해학생에 대한 조치로 피해학생에 대하여 서면사과를 하도록 규정한 것은 내심의 윤리적 판단·감정 내지 의사의 표현으로 외부에서 강제할 수 있는 성질의 것이 아닌 '사과'를 강제하는 것으로 가해학생의 양심의 자유를 침해한다. (×) 24. 법원행시

2. 가해학생에 대한 조치로 피해학생에 대한 서면사과를 규정한 조항은 가해학생의 양심의 자유와 인격권을 과도하게 침해한다고 본다. (×) 23. 경찰 경채

3. 피해학생이 가해학생과 동일한 학급 내에 있으면서 지속적으로 학교폭력의 위험에 노출된다면 심대한 정신적, 신체적 피해를 입을 수 있으므로 가해학생에 대한 조치로 학급교체를 규정한 조항은 가해학생의 일반적 행동자유권을 과도하게 침해한다고 보기 어렵다. (O) 23. 경찰 경채

22 정비사업 조합 임원 선출과 관련하여 후보자가 금품을 제공받는 행위를 금지하고 이에 위반한 경우 처벌 [합헌]

1. 문언해석과 입법목적, 법원의 해석례 등에 비추어 보면 '조합 임원의 선출과 관련하여'는 '조합 임원의 선출에 즈음하여, 조합 임원의 선출에 관한 사항을 동기로 하여'라는 의미로 봄이 타당하다.
2. 정비사업에 참여하는 시공사 및 협력업체와 정비사업 조합 임원 후보자 사이에 금품이 오가게 되면 협력업체 선정이나 대금증액 문제 등 정비사업 진행과정에 부당한 영향을 미칠 우려가 있다(헌재 2022.10.27, 2019헌바324).

23 육군 장교의 민간법원 약식명령 확정사실 자진신고의무 [합헌]

청구인들이 자진신고의무를 부담하는 것은, 수사 및 재판 단계에서 의도적으로 신분을 밝히지 않은 행위에서 비롯된 것으로서 이미 예상가능한 불이익인 반면, 인사상 불균형을 방지함으로써 군 조직의 내부 기강 및 질서를 유지하고자 하는 공익은 매우 중대하다(헌재 2021.8.31, 2020헌마12).

확인 OX

육군 장교가 민간법원에서 약식명령을 받아 확정되면 자진신고할 의무를 규정한, '2020년도 장교 진급 지시'의 해당 부분 중 '민간법원에서 약식명령을 받아 확정된 사실이 있는 자'에 관한 부분은 청구인인 육군 장교의 일반적 행동의 자유를 침해한다. (×) 22. 순경 공채

24 사망사고에 대한 의료분쟁 조정절차 자동개시 [기각]

헌법재판소는 사망 등의 결과가 발생한 경우에 조정절차를 자동으로 개시하는 것은 환자의 입장에서는 피해를 신속·공정하게 구제받을 수 있도록 하고, 보건의료인의 입장에서도 분쟁을 원만하게 해결할 수 있는 절차를 마련하였다는 점에서 그 의의가 있다고 판단하였다(헌재 2021.5.27, 2019헌마321).

확인 OX

의료분쟁 조정신청의 대상인 의료사고가 사망에 해당하는 경우 한국의료분쟁조정중재원의 원장은 지체 없이 조정절차를 개시해야 한다고 규정한 의료사고 피해구제 및 의료분쟁 조정 등에 관한 법률 제27조 제9항 전문 중 '사망'에 관한 부분이 청구인의 일반적 행동의 자유를 침해한다고 할 수 없다. (○) 22. 순경 공채

25 자본시장법상 부정거래행위에 대한 필요적 벌금 [합헌]

금융투자상품의 매매, 그 밖의 거래와 관련하여 허위 공시를 하거나 위계를 사용하는 등의 부정거래행위는 불특정 다수의 투자자들에게 경제적 피해를 입게 하고, 자본시장의 공정성·신뢰성 및 효율성을 저해하여 자본시장의 본질적인 기능을 위협하는 중대한 범죄이다. 이러한 범죄를 통해 얻은 수익을 보유하게 하는 것은 국민의 법감정에 반하고, 국가의 형사사법기능 전체에 대한 불신의 요인이 된다. 따라서 범행으로 인한 수익을 초월하는 재산형을 필요적으로 징역형에 병과하는 이 조항은 합리적인 이유가 있다(헌재 2020.12.23, 2018헌바230).

26 혼인한 여성 등록의무자의 등록대상재산 [위헌]

1. 혼인한 남성 등록의무자와 일부 혼인한 여성 등록의무자 간에 등록대상재산의 범위에 차이가 발생하게 되었으므로, 이에 대하여는 엄격한 심사척도를 적용하여 비례성원칙에 따른 심사를 행하여야 할 것이다.
2. 혼인한 남성 등록의무자와 혼인한 여성 등록의무자의 등록대상재산의 범위를 다르게 정하는 것을 정당화할 수 있는 목적을 발견하기 어렵다. 헌법재판소는 개정 전 공직자윤리법 조항에 따라 재산등록을 마친 혼인한 여성 등록의무자의 경우에만 본인이 아닌 배우자의 직계존·비속의 재산을 등록하도록 정하고 있는 것이 위헌임을 선언하였다.
3. 절차상 편의의 도모, 행정비용의 최소화 등의 이유만으로 성별에 의한 차별 금지, 혼인과 가족생활에서의 양성의 평등을 천명하고 있는 헌법에 반하는 제도를 정당화할 수는 없다(헌재 2021.9.30, 2019헌가3).

확인 OX

1. 개정 전 공직자윤리법 조항에 따라 이미 배우자의 직계존·비속의 재산을 등록한 혼인한 여성 등록의무자는 종전과 동일하게 계속해서 배우자의 직계존·비속의 재산을 등록하게 하는 것은 목적의 정당성을 인정할 수 없다. (O)
2. 개정 전 공직자윤리법 조항에 따라 이미 배우자의 직계존·비속의 재산을 등록한 혼인한 여성 등록의무자는 종전과 동일하게 계속해서 배우자의 직계존·비속의 재산을 등록하게 하는 공직자윤리법 조항은 엄격한 비례심사가 적용된다. (O)

27 국내로 귀환하지 못한 국군포로의 보수지급 청구 [합헌]

귀환하지 못한 국군포로의 경우 등록을 할 수가 없고, 억류지 출신 포로가족이 대신 등록을 신청하는 경우 억류기간 중의 행적 파악에 한계가 있고, 대우와 지원을 받을 대상자가 현재 대한민국에 존재하지 않아 보수를 지급하는 것의 실효성이 인정되기 어렵다(헌재 2022.12.22, 2020헌바39).

28 사망시기가 1945년 이전인가 이후인가에 따른 차별 [기각]

1. 1945년 이전에 사망한 경우 희생의 정도가 크다. 따라서 시기에 따른 차별은 합헌이다.
2. 손자녀 1명으로 한정하나 보상금을 지급받지 못하는 손자녀들에 대한 생활보호 대책과 손자녀 간의 형평을 도모할 합리적인 방안도 마련되어 있다(헌재 2022.1.27, 2020헌마594).

주의 복수의 손자녀에게 지급하지 않는다 해서 그 자체로 위헌은 아니다. 생활수준을 고려하거나 대책 마련시 합헌일 수도 있다.

확인 OX

1945년 8월 15일 이후에 사망한 독립유공자의 유족으로 최초로 등록할 당시 자녀까지 모두 사망하거나 생존 자녀가 보상금을 지급받지 못하고 사망한 경우에 한하여 독립유공자의 손자녀 1명에게 보상금을 지급하도록 하는 '독립유공자예우에 관한 법률'은 독립유공자의 사망시기를 기준으로 보상금 지급을 달리하여 평등권을 침해한다. (×) 23. 법원행시

29 4·19혁명공로자에게 지급되는 보훈급여의 종류를 보상금이 아닌 수당으로 규정 [기각]

입법자가 4·19혁명공로자의 희생과 공헌의 정도를 건국포장을 받은 애국지사와 달리 평가하여 이 사건 법률조항에서 4·19혁명공로자에 대한 보훈급여의 종류를 수당으로 정하고, 이 사건 시행령조항에서 보훈급여의 지급금액을 애국지사보다 적게 규정한 것이 합리적인 이유가 없는 차별이라 할 수 없다(헌재 2022.2.24, 2019헌마883).

확인 OX

3·1운동의 정신과 4·19민주이념이 헌법 전문에 함께 규정되어 있는 점을 감안하여 보면, 4·19혁명공로자에 대한 보훈 수준은 애국지사와 동일하게 설정되어야 한다. (×) 22. 법무사

30 사관학교 교육기간의 군인연금법상 복무기간 산입하지 않는 것 [기각]

1. 군인연금법은 어떤 형태의 군 복무이든 가리지 않고 그 복무기간을 군 복무기간으로 인정하는 것이 아니라 실역 복무기간으로 인정해도 좋을 만한 군 복무기간을 한정하여 산입하고 있다.
2. 사관학교 재학 중에는 본인이 의사에 따라 퇴교하여 그 신분에서 벗어날 수도 있고, 교육에 필요한 비용을 국가가 부담하는 등 다양한 경제적 혜택을 받는다.
3. 사관학교에서의 교육기간을 현역병 등의 복무기간과 달리 연금 산정의 기초가 되는 복무기간에 산입하도록 규정하지 않은 것이 현저히 자의적인 차별이라고 볼 수는 없다. 따라서 평등권을 침해하지 않는다(헌재 2022.6.30, 2019헌마150).

확인 OX

사관생도의 사관학교 교육기간을 현역병 등의 복무기간과 달리 연금 산정의 기초가 되는 군 복무기간으로 산입할 수 있도록 규정하지 아니한 구 군인연금법상 조항은 현저히 자의적인 차별이라고 볼 수 없다. (○) 24. 경찰간부

31 집합제한 조치로 발생한 손실을 보상하는 규정을 두지 않는 법률 [기각]

1. 사용수익 및 처분권을 제한받는 것은 아니므로, 재산권을 제한한다고 볼 수 없다.
2. 다양한 지원을 하였고, 포장·배달을 통한 영업은 가능하였다. 따라서 손실을 보상하는 규정을 두고 있지 않다고 하여 평등권을 침해하지는 않는다(헌재 2023.6.29, 2020헌마1669).

확인 OX

감염병예방법에 근거한 집합제한 조치로 인하여 일반음식점 영업이 제한되어 영업이익이 감소되었다고 하더라도, 일반음식점 운영자가 소유하는 영업시설·장비 등에 대한 구체적인 사용·수익 및 처분권한을 제한받는 것은 아니므로, 보상규정의 부재가 일반음식점 운영자의 재산권을 제한한다고 볼 수 없다. (O) 23. 법학경채

32 식당에서 자신의 우산과 외관이 유사한 타인의 우산을 가져간 절도 사건 [인용]

청구인의 연령 및 건강상태, 청구인의 우산과 피해자의 우산의 외관상 유사성, 사건 전후의 정황 등을 고려하면 청구인이 피해자의 우산을 자신이 가져온 우산으로 착오하여 가져갔을 가능성이 있음에도 불구하고, 피청구인이 추가 수사 없이 청구인에게 절도의 고의가 인정됨을 전제로 한 기소유예처분을 한 것은 자의적인 검찰권 행사로서 청구인의 평등권과 행복추구권을 침해한다(헌재 2024.8.29, 2023헌마79).

33 코로나19 격리자의 가구원이 행정기관 근로자인 경우 생활지원비 지원 제외 [기각]

1. 관련 기본권: 평등권, 행복추구(자유권 ×), 연좌제 ×, 인간다운 생활은 따로 판단 안 함
2. 질병관리청장이 생활지원비 지원의 취지, 국가 및 지방자치단체의 재정부담 능력, 감염병 확산 상황 등 제반 사정을 고려하여 지원 대상의 범위 등 설정에 관한 광범위한 입법재량을 가진다는 전제하에, 행정기관 근로자가 속한 가구는 가구원이 격리하더라도 생계곤란을 겪을 위험이 현저히 낮다는 점 등을 고려하여 해당 가구의 격리자를 지원제외 대상으로 정한 것은 합리적 이유가 인정된다(헌재 2024.8.29, 2021헌마450).

확인 OX

정부조직법에 따른 각급 행정기관의 근로자가 가구원인 경우 해당 가구의 격리자를 생활지원비 지원제외 대상으로 정한 코로나바이러스감염증-19관련 입원·격리자 생활지원비 지원사업 안내 2-5판 규정이 행정기관 근로자가 가구원인 경우 해당 가구의 격리자에게 생활지원비를 지원하지 않는 것에 합리적 이유가 없으므로, 평등권을 침해한다. (×) 24. 비상기획관

34 민사소송에서 문제되는 법정이율 조항 [합헌]

소송지연과 상소권 남용 방지, 사실심 판결 선고 후 채무의 신속한 이행 확보라는 입법목적, 위임의 상한과 하한이 명확하게 정해져 있는 점 등에 비추어 소송촉진법 제3조 제1항 본문이 과잉금지원칙, 평등원칙, 포괄위임금지원칙에 반한다고 볼 수 없다(헌재 2025.4.10, 2021헌바278등).

35 학교용지부담금 부과 제외 대상 사건 [합헌]

주택법상 주택건설사업은 기존의 주택을 재건축하는 것이 아니라 사업주체가 택지를 매입하여 신규 주택을 건설·공급하는 것이고 기존 세대가 사업을 주도하는 것도 아니어서 사업시행 이후 기존 세대가 이전하고 인구가 새로 유입되는 상황을 예정하고 있다. 따라서 가구 수의 증감과 관계없이 신축된 공동주택 전체 가구 수를 기준으로 학교용지부담금을 부과할 수 있도록 정한 것은 이와 같은 주택법상 주택건설사업의 실질을 고려한 것으로 합리적인 이유가 있다(헌재 2025.4.10, 2020헌바363등).

36 국가유공자의 유족인 자녀 중 연장자 우선 사건 [합헌, 헌법불합치]

1. 협의로 지정된 자녀가 없는 경우 국가유공자를 주로 부양한 자녀를 선순위 유족으로 정하는 같은 항 제2호 중 '자녀 중 국가유공자를 주로 부양한 사람을 선순위자로 정하는 부분'은 헌법에 위반되지 아니한다.
2. 협의로 지정되거나 주로 부양한 자녀가 없는 경우 나이가 많은 자녀를 선순위 유족으로 정하는 같은 항 제3호 전문 전단 중 '자녀 중 나이가 많은 사람을 선순위자로 정하는 부분'은 헌법에 합치되지 아니한다(헌재 2025.4.10, 2024헌가12등).

> **확인 OX**
>
> 보훈보상 대상자의 부모에 대한 유족보상금 지급 시, 부모 중 수급권자를 나이가 많은 1인에 한정하고 어떠한 예외도 두지 않는 보훈보상대상자 지원에 관한 법률 규정은 보상금을 지급받지 못하는 부모 일방의 평등권을 침해하지 않는다.
> (×) 24. 경찰승진

37 정신병원에 한의과 추가 설치를 규정하지 않은 것 [헌법불합치]

다른 병원급 의료기관에서 정신건강의학과 등 의과와 한의과의 협진이 이루어지고 있는 상황에서, 정신병원에 대하여만 이를 허용하지 않을 만한 사유를 찾아보기 어려우므로, 이는 헌법상 평등의 원칙에 위반된다(헌재 2025.1.23, 2021헌마886).

38 국가나 지자체와 달리 학교법인이 시행하는 개발사업은 제외 또는 경감대상이 아닌 것 [합헌]

'국가'는 개발이익의 환수 주체이고, '지방자치단체'는 개발이익의 배분 대상이므로, 이들이 시행하는 개발사업의 경우 그 개발이익을 환수할 필요성이 없거나 낮다. '공공기관'이 시행하는 개발사업의 경우, 그 개발이익을 공공기관이 일단 보유하고 있다가 추후 국가사업을 대행하거나 위임받아 수행할 때 다시 사용하도록 할 수 있다는 점에서, 개발이익을 전부 환수할 필요성이 낮다. 따라서 국가 등이 시행하는 개발사업은, 개발부담금 제외 또는 경감 대상으로 규정할 이유가 있다(헌재 2024.5.30, 2020헌바179).

확인 OX

국가, 지방자치단체, 공공기관의 운영에 관한 법률에 따른 공공기관이 시행하는 개발사업과 달리, 학교법인이 시행하는 개발사업은 그 일체를 개발부담금의 제외 또는 경감 대상으로 규정하지 않은 개발이익 환수에 관한 법률 해당 조항 중 공공기관의 운영에 관한 법률에 따른 공공기관에 관한 부분은 평등원칙에 위반된다. (×) 25. 경찰간부

39 동성동반자에 대한 건강보험 피부양자 불인정 [인용]

甲이 동성인 乙과 교제하다가 서로를 동반자로 삼아 함께 생활하기로 합의하고 동거하던 중 결혼식을 올린 뒤 국민건강보험공단에 건강보험 직장가입자인 乙의 사실혼 배우자로 피부양자 자격취득 신고를 하여 피부양자 자격을 취득한 것으로 등록되었는데, 이 사실이 언론에 보도되자 국민건강보험공단이 甲을 피부양자로 등록한 것이 '착오 처리'였다며 甲의 피부양자 자격을 소급하여 상실시키고 지역가입자로 甲의 자격을 변경한 후 그동안의 지역가입자로서의 건강보험료 등을 납입할 것을 고지한 사안에서, 위 처분이 행정절차법 제21조 제1항과 헌법상 평등원칙을 위반하여 위법하다(대판 2024.7.18, 2023두36800). / 건강보험은 사실혼 관계에 있는 경우 피부양자로 인정

40 종교시설에 대한 집합금지 [기각]

甲 광역시장이 관내 코로나바이러스감염증-19 누적 확진자 수 급증과 특정 교회에서의 집단감염 사례 등 확진자 증가 사실을 알리면서, 사회적 거리두기를 2단계로 유지하되 사실상 3단계에 준하는 집합금지 확대 등의 조치를 취한다는 취지의 발표와 함께, 구 감염병의 예방 및 관리에 관한 법률 제49조 제1항 제2호에 따라 '관내 종교시설에 대한 집합금지' 등을 명하는 예방 조치를 하자, 관내 乙 교회 및 그 대표자인 목사가 위 처분이 비례의 원칙 등을 위반하여 자신들의 종교의 자유를 침해한다며 처분의 취소를 구한 사안에서, 甲 시장이 위 처분을 하면서 비례의 원칙과 평등의 원칙을 위반하여 乙 교회 등의 종교의 자유를 침해했다고 보기 어렵다(대판 2024.7.18, 2022두43528).

41 아동·청소년성착취물 배포행위 처벌 사건 [합헌]

헌법재판소는 재판관 전원일치의 의견으로, 보호법익의 중요성, 아동·청소년 대상 성범죄의 불법성과 죄질의 정도, 형사정책적 측면, 법관의 양형재량의 범위 등을 고려할 때 아동·청소년이 등장하는 아동·청소년성착취물 배포행위에 대해 3년 이상의 징역에 처하도록 한 아동·청소년의 성보호에 관한 법률 조항이 책임과 형벌 간의 비례원칙에 위반되지 않으며, 위 조항에 규정된 범죄의 성질 등을 고려할 때 다른 범죄의 법정형과 단순히 평면적으로 비교하여 법정형의 경중을 논할 수는 없다고 보아 평등원칙에 위반되지 않는다고 판단하였다(헌재 2022.11.24, 2021헌바144).

42 준강도죄 처벌 [합헌]

절도범행의 실행 중 또는 실행 직후에 발각되었을 때 폭행·협박의 범행을 유발할 수도 있는 특별한 위험상황을 배제할 수 없고 그와 같은 상황이 일어난다면 그 행위의 죄질이 강도와 등가로 평가할 수 있기 때문이다(헌재 2023.5.25, 2022헌바264).

43 장애인 특별교통수단 [헌법불합치]

심판대상조항은 교통약자의 이동편의를 위한 특별교통수단에 표준휠체어만을 기준으로 휠체어 고정설비의 안전기준을 정하고 있어 표준휠체어를 사용할 수 없는 장애인(예 침대형 휠체어 사용 장애인)은 특별교통수단을 이용할 수 없게 만들고 있는바, 이는 평등권을 침해한 것이다. 국가가 표준휠체어를 사용할 수 없는 장애인을 위한 특별교통수단을 마련해야 하는지의 문제에 있어서는 국가의 재정부담능력이 고려되어야 하겠으나, 제반 상황을 살펴보면 국가에 감당할 수 없을 정도의 부담을 지우는 것으로 보기는 어렵다(헌재 2023.5.25, 2019헌마1234).

> **확인 OX**
>
> 교통약자의 이동편의를 위한 특별교통수단에 표준휠체어만을 기준으로 휠체어 고정설비의 안전기준을 정하고 있어 표준 휠체어를 사용할 수 없는 장애인은 특별교통수단을 이용할 수 없게 만들고 있는바, 이는 평등권을 침해한 것이다. (○)

44 민사소송 등 인지규칙 [기각]

소송에서는 실체적 법률관계에 관한 심리를 할 필요가 없다. 이와 같이 시효중단을 위한 확인소송은 단지 시효중단을 위한 재판상의 청구가 있다는 점에 대하여만 확인을 구하는 극히 단순한 형태의 소송으로서 별다른 다툼의 여지가 없는 소송이라는 점에서 실체적 심리가 이루어지는 시효중단을 위한 이행소송과는 차이가 있다고 할 수 있다. 따라서 이는 청구인의 평등권을 침해하지 않는다(헌재 2024.8.29, 2021헌마101).

> **확인 OX**
>
> 판결로 확정된 채권의 소멸시효 중단을 위한 재판상의 청구가 있다는 점에 대하여만 확인을 구하는 소송을 제기한 경우 그 소가를 전소 확정판결에서 인정된 권리 가액의 10분의 1로 정한 민사소송 등 인지규칙 제18조의3은 시효중단을 위한 이행소송에 비해 시효중단을 위한 확인소송의 소가를 낮게 정함으로써 양소송의 소가를 달리 산정한 것에 합리적인 이유가 있다고 보기 어려우므로, 평등권을 침해한다. (×) 24. 비상기획관

45 외국거주 외국인유족의 퇴직공제금 수급 자격 불인정 [위헌]

건설근로자가 사망한 경우 '외국거주 외국인유족'은 자신이 거주하는 국가에서 발행하는 공신력 있는 문서로서 '퇴직공제금을 지급받을 유족의 자격'을 충분히 입증할 수 있어 건설근로자공제회의 퇴직공제금 지급 업무에 특별한 어려움이 초래될 일도 없다는 점에서 '외국거주 외국인유족'을 퇴직공제금을 지급받을 유족의 범위에서 제외할 이유가 없다(헌재 2023.3.23, 2020헌바471).

> **확인 OX**
>
> 구 건설근로자의 고용개선 등에 관한 법률 제14조 제2항 중 구 산업재해보상보험법 제63조 제1항 가운데 '그 근로자가 사망할 당시 대한민국 국민이 아닌 자로서 외국에서 거주하고 있던 유족은 제외한다'를 준용하는 부분은 합리적 이유 없이 외국거주 외국인유족을 대한민국 국민인 유족 및 국내거주 외국인유족과 차별하는 것으로 평등원칙에 위반된다.
> (○) 23. 순경2차

46 전용면적 85제곱미터 초과 공공건설임대주택의 분양전환가격 자율화 [기각]

분양전환제도의 목적은 임차인이 일정 기간 거주한 이후 우선 분양전환을 통하여 당해 임대주택을 소유할 권리를 부여하는 것이지 당해 임대주택의 소유를 보장하기 위한 것은 아니다. 이를 고려하면, 소형임대주택과 동일한 분양전환가격 산정기준을 적용받지 않는다고 하여 중·대형임대주택의 임차인이 합리적 이유 없이 차별 취급되고 있다고 보기 어렵다(헌재 2021.4.29, 2020헌마923).

47 임대의무기간 10년인 공공건설임대주택의 분양전환가격 산정기준 [기각]

10년 임대주택과 5년 임대주택에 동일한 분양전환가격 산정기준을 적용하면 전자의 공급이 감소되는 결과로 이어진다. 심판대상조항이 10년 임대주택의 분양전환가격의 상한만을 정하되 상한을 감정평가금액으로 규정한 것은 임대사업자에게 일정한 수익성을 보장하고 감정평가법인을 통하여 분양전환 당시의 객관적 주택가격을 충실히 반영하기 위함이다(헌재 2021.4.29, 2019헌마202).

확인 OX

임대의무기간이 10년인 공공건설임대주택의 분양전환가격을 임대의무기간이 5년인 공공건설임대주택의 분양전환가격과 서로 다른 기준으로 산정하는 구 임대주택법 시행규칙 조항은 10년 임대주택에 거주하는 임차인의 평등권을 침해한다.
(×) 22. 경찰간부

48 7급 공무원 시험에서 가산점 부여 [기각]

공무원 공개경쟁채용시험에서 자격증에 따른 가산점을 인정하는 목적은 공무원의 업무상 전문성을 강화하기 위함인바, 세무 영역에서 전문성을 갖춘 것으로 평가되는 자격증(변호사·공인회계사·세무사) 소지자들에게 세무직 7급 시험에서 가산점을 부여하는 것은 그 목적의 정당성이 인정된다(헌재 2020.6.25, 2017헌마1178).

확인 OX

세무 영역에서 전문성을 갖춘 것으로 평가되는 자격증(변호사·공인회계사·세무사) 소지자들에게 세무직 7급 시험에서 가산점을 부여하는 것은 그 목적의 정당성이 인정된다.
(○)

49 특정범죄 가중처벌 등에 관한 법률상 운전자폭행치상죄 [합헌]

운행 중인 자동차의 운전자를 폭행하거나 협박하여 사람을 상해에 이르게 한 경우를 3년 이상의 유기징역에 처하도록 한 '특정범죄 가중처벌 등에 관한 법률'은 헌법에 위반되지 아니한다(헌재 2020.11.26, 2020헌바281).

50 신체장애인 운전면허시험용 이륜자동차 [기각]

서울 서부운전면허시험장에 청구인의 제2종 소형 운전면허 취득을 위한 기능시험 응시에 사용할 수 있는 특수제작·승인된 이륜자동차를 마련하지 않은 부작위에 대하여, 청구인의 평등권을 침해하는 위헌적인 공권력의 불행사라는 재판관 5인의 위헌의견과 구체적 작위의무가 인정되지 않는 공권력의 불행사를 대상으로 한 것이라는 재판관 4인의 각하의견으로 나뉜 결과, 심판청구를 기각하는 결정을 선고하였다(헌재 2020.10.29, 2016헌마86).

51 불기소에 대한 항고권자에 범죄피해자가 배제된 조항 [기각]

심판대상조항이 고소하지 않은 범죄피해자를 검찰항고권자로 정하지 않은 것은 검찰항고를 거쳐 재정신청에 이르는 일련의 제도를 고려한 것이다. 고소하지 않은 범죄피해자는 헌법소원심판을 청구함으로써 부당한 불기소처분에 대한 시정을 구할 수 있다. 따라서 심판대상조항은 고소하지 않은 범죄피해자의 평등권을 침해하지 않는다(헌재 2024.7.18, 2021헌마248).

확인 OX

검사의 불기소 처분에 대한 항고권자를 고소인·고발인으로 한정한 검찰청법 제10조 제1항 전문은 고소하지 않은 범죄피해자가 검찰항고를 하지 못하게 하므로 재판청구권을 제한한다. (×) 25. 순경1차

52 정보통신망법 명예훼손죄 '반의사불벌죄' 사건 [합헌]

국가소추주의의 예외로서 친고죄·반의사불벌죄를 인정하더라도 어떤 범죄를 친고죄로 정하고 어떤 범죄를 반의사불벌죄로 정할 것인지는 입법자에게 광범위한 형성의 자유가 인정되는 영역이므로, 입법자가 개별 범죄의 불법성과 피해자의 의사에 따른 공소권 제한으로 얻을 수 있는 이익의 조화 등을 종합적으로 형량한 다음, 형법상 모욕죄·사자명예훼손죄와 달리 정보통신망법 제70조 제2항의 명예훼손죄를 반의사불벌죄로 정한 것이 형벌체계상 균형을 상실하여 평등원칙에 위반되지 아니한다(헌재 2021.4.29, 2018헌바113).

53 반복적 절도 사범에 대한 가중처벌 [합헌]

전범과 후범이 모두 동종의 절도 고의범일 것이라는 실질적 관련성을 요구하고 있고, 전범에 대하여 '3회 이상의 징역형'을 선고받아 형이 아직 실효되지 아니하여야 하며, 후범을 '누범'으로 처벌하는 경우여야 하는 등 상당히 엄격한 구성요건을 설정하고 있다. 이와 같이 선례 조항의 구성요건을 충족시키는 행위는 3차례에 걸친 전범에 대한 형벌의 경고기능을 모두 무시하고 다시 동종의 범죄를 저지른 것이라는 점에서 행위책임이 더욱 가중되어 그 불법성과 비난가능성이 대단히 높아 비례원칙에 위반되지 아니한다(헌재 2023.2.23, 2022헌바273).

확인 OX

반복적으로 범행을 저지르는 절도 사범에 관한 가중처벌 규정인 특정범죄가중처벌 등에 관한 법률(2016.1.6. 법률 제13717호로 개정된 것) 제5조의4 제5항 제1호는 불법성의 정도가 같다고 보기 어려운 형법상 절도죄, 야간주거침입 절도죄, 특수절도죄를 동등하게 취급하는 것으로 평등원칙에 위반된다. (×) 23. 법무사

54 외국인 국민건강보험급여 제한 [헌법불합치]

1. 외국인 지역가입자에 대하여 납부할 월별 보험료의 하한을 전년도 전체 가입자의 평균을 고려하여 정하는 구 장기체류 재외국민 및 외국인에 대한 건강보험 적용기준은 평등원칙에 위반되지 않는다.
2. 내국인등과 달리 세대단위를 그의 배우자 및 미성년 자녀로 한정한 구성조항은 평등권을 침해하지 않는다.
3. 보험급여제한조항의 위헌성은 보험급여 제한을 실시하는 것 그 자체에 있는 것이 아니라, 외국인에 대하여 체납횟수와 경제적 사정을 고려하여 보험급여 제한을 하지 않을 수 있는 예외를 전혀 인정하지 않고, 보험료 체납에 따른 보험급여 제한이 실시된다는 통지절차도 전혀 마련하지 않은 것에 있다(헌재 2023.9.26, 2019헌마1165).

확인 OX

1. 내국인 및 영주(F-5)·결혼이민(F-6)의 체류자격을 가진 외국인과 달리 외국인 지역가입자에 대하여 납부할 월별 보험료의 하한을 전년도 전체 가입자의 평균을 고려하여 정하는 구 장기체류 재외국민 및 외국인에 대한 건강보험 적용기준 제6조 제1항에 의한 별표2 제1호 단서는 합리적인 이유 없이 외국인을 내국인 등과 달리 취급한 것으로서 평등권을 침해한다. (×) 24. 국회직 8급

2. 내국인등 지역가입자와 달리 외국인 지역가입자가 보험료를 체납한 경우에는 다음 달부터 곧바로 보험급여를 제한하는 국민건강보험법 조항은, 외국인 지역가입자에 대하여 체납횟수와 경제적 사정 등을 전혀 고려하지 않고 예외 없이 1회의 보험료 체납사실만으로도 보험급여를 제한하고 있어 외국인 지역가입자의 평등권을 합리적 이유 없이 침해한다. (○) 24. 지방직 7급

55 2회 이상 음주운전시 가중처벌 [위헌]

▶ **주요 쟁점**

1. 명확성의 원칙 위반 여부(소극)
2. 책임과 형벌 간의 비례원칙 위반 여부(적극)

▶ **결정 요지**

1. '술에 취한 상태에서 운전한 사람'을 의미함을 충분히 알 수 있으므로, 심판대상조항은 죄형법정주의의 명확성원칙에 위반된다고 할 수 없다.
2. 과거의 위반 전력은 가중처벌하기 위한 요건일 뿐 그 자체가 처벌대상이 되는 것은 아니다. 따라서 일사부재리의 원칙에 위반되지 아니한다.
3. 가중요건이 되는 과거 음주운전 금지규정 위반행위와 처벌대상이 되는 재범 음주운전 금지규정 위반행위 사이에 아무런 시간적 제한이 없고, 과거 위반행위가 형의 선고나 유죄의 확정판결을 받은 전과일 것을 요구하지도 않는다. 일률적으로 가중처벌하도록 하고 있으므로 형벌 본래의 기능에 필요한 정도를 현저히 일탈하는 과도한 법정형을 정한 것이다(헌재 2021.11.25, 2019헌바446).

" 확인 OX "

1. 2회 이상 음주운전을 한 자에 대해 2년 이상 5년 이하의 징역에 처하도록 한 도로교통법은 죄형법정주의의 명확성원칙에 위반된다고 할 수 없다. (○)

2. 2회 이상 음주운전을 한 자에 대해 2년 이상 5년 이하의 징역에 처하도록 한 도로교통법은 책임과 형벌 간의 비례원칙에 위반된다고 할 수 없다. (×)

56 2회 이상 음주운전시 필요적 면허취소 [합헌]

반복된 음주운전을 용인하는 문화를 교정하고자 운전면허 필요적 취소의 요건을 완화하였다. 음주운전자를 대상으로 한 교육·치료, 차량의 몰수·폐기, 음주시 시동방지장치 강제 부착 등 다른 행정제재가 고려될 수 있으나, 입법자는 이러한 대안만으로 반복적인 음주운전이 방지되기 어렵다. 따라서 필요적 면허취소는 과잉금지에 위반되지 않는다(헌재 2023.6.29, 2020헌바182등).

" 확인 OX "

2회 이상 음주운전시 필요적 면허취소는 과잉금지에 위반되지 않는다. (○)

57 노인성 질병의 경우 일률적으로 활동지원급여 신청자격 제한 [헌법불합치]

장애인활동법상의 활동지원급여와 노인장기요양보험법상의 장기요양급여는 서로 취지를 달리하며, 급여의 내용에도 큰 차이가 있는데, 최근 수급액 편차까지 급격히 커진 상황이다. 그런데 심판대상조항에 의하여 65세 미만의 장애인 중 일정한 노인성 질병이 있는 사람은 장기요양인정을 신청할 수 있을 뿐, 일률적으로 활동지원급여 신청자격이 제한되었다. 이 결정은 심판대상의 이러한 신청자격 제한에 합리적 이유가 없어 평등원칙에 위반된다(헌재 2020.12.23, 2017헌가22).

> **확인 OX**
>
> 65세 미만의 일정한 노인성 질병이 있는 사람의 장애인 활동지원급여 신청자격을 제한하는 장애인활동 지원에 관한 법률 제5조 제2호 본문 중 '노인장기요양보험법 제2호 제1호에 따른 노인 등' 가운데 '65세 미만의 자로서 치매, 뇌혈관성질환 등 대통령령으로 정하는 노인성 질병을 가진 자'에 관한 부분은 합리적 이유가 있다고 할 것이므로 평등원칙에 위반되지 않는다. (×) 22. 순경 공채

58 5억 이상 국세징수권의 소멸시효는 10년으로 [합헌]

심판대상조항은 고액체납자의 조세 회피를 방지하고 세금 징수를 확보하기 위하여, 5억원 이상의 국세징수권에 대하여 장기의 소멸시효기간을 적용한 것이다. 10년의 소멸시효기간은 민법상 일반채권의 소멸시효기간에 비추어 볼 때 과도하게 긴 기간이라고 보기 어렵고, 5억원 이상의 납세의무를 지는 고액체납자는 상당한 규모의 경제활동을 하였음에도 그 세액을 납부하지 않은 것이므로 10년의 소멸시효기간이 적용된다고 하여 지나치게 가혹한 것이라고 보기도 어렵다(헌재 2023.6.29, 2019헌가27).

59 국가를 상대로 한 당사자소송에서의 가집행선고 제한 [위헌]

가집행의 선고는 불필요한 상소권의 남용을 억제하고 신속한 권리실행을 하게 함으로써 국민의 재산권과 신속한 재판을 받을 권리를 보장하기 위한 제도이다. 보상금증액 청구라는 동일한 성격인 공법상 금전지급 청구소송임에도 피고가 누구인지에 따라 가집행선고를 할 수 있는지 여부가 달라진다면 상대방 소송당사자인 원고로 하여금 불합리한 차별을 받도록 하는 결과가 된다. 따라서 평등의 원칙에 반한다(헌재 2022.2.24, 2020헌가12).

" 확인 OX "

1. 국가를 우대할 합리적인 이유가 있으므로 국가를 상대로 하는 당사자소송의 경우에는 가집행선고를 할 수 없다고 규정한 행정소송법 제43조는 평등원칙에 위배되지 않는다.　　　　　　　　　　　　　　　　　　　　　　(×) 23. 소방간부

2. 국가를 상대로 하는 당사자소송의 경우에는 가집행선고를 할 수 없다고 규정한 행정소송법 조항은 평등의 원칙에 반한다.　　　　　　　　　　　　　　　　　　　　　　　　　　　　　　　　　(○) 22. 법무사

60 전기판매사업자에게 약관의 명시·교부의무를 면제 [합헌]

전기판매사업자에게 일반적인 약관 거래와 동일하게 약관의 명시·교부의무를 부과하게 되면, 상당한 비용이 수반될 것이 예상되고, 신속하고 효율적인 업무 처리가 저해될 우려가 있다. 나아가 전기사용자는 전기판매사업자인 한국전력공사의 사업소와 인터넷 홈페이지를 통해 공급약관을 확인할 수 있다. 따라서 심판대상조항이 일반 사업자와 달리 전기판매사업자에 대하여 약관의 명시·교부의무를 면제하더라도, 그러한 차별을 정당화할 합리적인 이유가 존재한다고 볼 수 있으므로, 심판대상조항은 평등원칙에 위반되지 않는다(헌재 2024.4.25, 2022헌바65).

" 확인 OX "

전기판매사업자에게 약관의 명시·교부의무를 면제한 약관의 규제에 관한 법률 해당 조항 중 '전기사업'에 관한 부분은 일반 사업자와 달리 전기판매사업자에 대하여 약관의 명시·교부의무를 면제하고 있더라도 평등원칙에 위반되지 아니한다.　　　　　　　　　　　　　　　　　　　　　　　　　　　　　　　　(○) 25. 경찰간부

61 근로자의 날을 관공서 공휴일에 포함시키지 않은 규정에 대한 사건 [기각]

1. 공무원의 근로조건을 정할 때에는 공무원의 국민전체에 대한 봉사자로서의 지위 및 직무의 공공성을 고려할 필요가 있다.
2. 심판대상조항이 근로자의 날을 공무원의 유급휴일에 해당하는 관공서의 공휴일로 규정하지 않았다고 하더라도 일반근로자에 비해 현저하게 부당하거나 합리성이 결여되어 있다고 볼 수 없어, 헌법재판소의 위 선례의 입장은 그대로 타당하고, 심판대상조항은 청구인들의 평등권을 침해한다고 볼 수 없다(헌재 2022.8.31, 2020헌마1025).

" 확인 OX "

근로자의 날을 관공서의 공휴일에 포함시키지 않은 '관공서의 공휴일에 관한 규정'은 공무원의 평등권을 침해한다.　　(×) 23. 소방간부

62 '주택'과 '주거용 오피스텔'에 관한 구 지방세법상 취득세율 [합헌]

'취득 당시의 가액이 6억원 이하인 주택'에 관한 '주택법 제2조 제1호에 따른 주택으로서 건축법 제38조에 따른 건축물대장에 주택으로 기재' 부분 등이 주거 목적으로 '오피스텔'을 취득한 경우를 합리적 이유 없이 차별하지 아니하여 모두 헌법에 위반되지 않는다(헌재 2020.3.26, 2017헌바363). ⇨ 오피스텔의 경우 세금이 1천분의 40이나, 주택의 경우 1천분의 10이다.

63 피해자가 처벌불원 의사를 밝힌 이후 다시 처벌을 희망한 폭행 사건 [인용]

반의사불벌죄에서 처벌을 원하지 않는다는 피해자의 의사가 명백하고 믿을 수 있는 방법으로 표현된 이상 피해자가 다시 처벌을 희망하더라도 이미 이루어진 처벌불원의 의사표시의 효력에는 아무런 영향이 없음에도 불구하고, 피청구인이 청구인에게 공소권없음 처분을 하지 않고 폭행 피의사실이 인정됨을 전제로 한 기소유예처분을 한 것은 자의적인 검찰권 행사로서 청구인의 평등권과 행복추구권을 침해한다(헌재 2020.7.16, 2019헌마1120).

확인 OX

반의사불벌죄에서 처벌을 원하지 않는다는 피해자의 의사가 명백하고 믿을 수 있는 방법으로 표현된 이상 피해자가 다시 처벌을 희망하더라도 이미 이루어진 처벌불원의 의사표시의 효력에는 아무런 영향이 없다. (O)

64 6·25전몰군경자녀수당 수급권자 1인 한정 및 연장자 우선 [헌법불합치]

1. 국가유공자법상 보훈급여금은 국가유공자 등에 대한 국가보은적 성격과 생활보호를 위하여 지급된다는 측면에서 사회보장적 성격을 겸하고 있다. 국가가 국가유공자 등에 대한 예우에 있어서 최소한의 합리적인 내용도 이행하지 않거나 현저히 자의적으로 의무를 이행한다면, 그러한 국가의 작위 또는 부작위는 헌법상 기본권을 침해하는 것이 된다.
2. 이 사건 법률조항이 6·25전몰군경자녀 중 나이가 많은 자를 이 사건 수당의 선순위 수급권자로 정하는 것은 이 사건 수당이 가지는 사회보장적 성격에 부합하지 아니하고, 나이가 많다는 우연한 사정을 기준으로 이 사건 수당의 지급순위를 정하는 것으로 합리적인 이유가 있다고 볼 수 없다(헌재 2021.3.25, 2018헌가6).

확인 OX

6·25전몰군경자녀 중 나이가 많은 자를 이 사건 수당의 선순위 수급권자로 정하는 것은 합리적인 이유가 있다고 볼 수 없다. (O)

65 난민인정자 긴급재난지원금 지급대상 제외 [인용]

코로나19로 인하여 경제적 타격을 입었다는 점에 있어서는 영주권자, 결혼이민자, 난민인정자 간에 차이가 있을 수 없으므로 그 회복을 위한 지원금 수급대상이 될 자격에 있어서 역시 이들 사이에 차이가 발생한다고 볼 수 없다. 따라서 이는 합리적 이유 없는 차별로서 난민인정자인 청구인의 평등권을 침해함을 선언한 것이다(헌재 2024.3.28, 2020헌마1079).

"확인 OX"

외국인만으로 구성된 가구 중 영주권자 및 결혼이민자만을 긴급재난지원금 지급대상에 포함시키고 난민인정자를 제외한 관계부처합동 '긴급재난지원금 가구구성 및 이의신청 처리기준(2차)' 중 해당부분은, '영주권자 및 결혼이민자'와 '난민인정자' 간 합리적 차별이라 할 것이므로 난민인정자의 인간다운 생활을 할 권리를 침해하지 아니한다. (×) 24. 순경2차

66 초·중등법상 교원의 아동학대범죄 가중처벌 [합헌]

성장과정에 있는 아동에 대하여 직접적인 보호의무를 지는 주체로서 아동학대를 방지하고 아동을 보호하여야 할 초·중등학교 교원이 오히려 자신이 보호하는 아동에 대하여 아동학대범죄를 저지르는 행위에 대해서는 높은 비난가능성과 불법성이 인정된다(헌재 2021.3.25, 2018헌바388).

"확인 OX"

초·중등학교 교원이 자신이 보호하는 아동에 대하여 아동학대 범죄를 범한 때에는 그 죄에 정한 형의 2분의 1까지 가중하여 처벌하도록 한 아동학대범죄의 처벌 등에 관한 특례법 조항은 책임과 형벌 사이의 비례원칙에 위배되지 않는다.
(○) 23. 경찰승진

67 국공립어린이집과 달리 민간어린이집에는 보육교직원 인건비를 미지원 [기각]

1. 심판대상조항은 국공립어린이집 등에 보육교직원 인건비를 지원하는 수혜적 내용을 규정하고 있을 뿐이므로 기본권 제한의 경우 문제되는 법률유보원칙이 아니라 수혜대상의 범위를 정함에 있어 그 혜택에서 배제된 자를 자의적으로 차별하고 있는지 여부가 문제된다. 따라서 이 사건의 쟁점은 심판대상조항이 민간어린이집을 운영하는 청구인의 평등권을 침해하는지 여부이다.
2. 민간어린이집은 영리를 추구하는 것이 일반적으로 그 성격상 차이가 있으며, 보육예산이 한정되어 있어 당장 확대하기는 어렵다(헌재 2022.2.24, 2020헌마177).

확인 OX

국공립어린이집, 사회복지법인어린이집, 법인·단체등어린이집 등과 달리 민간어린이집에는 보육교직원 인건비를 지원하지 않는 '2020년도 보육사업안내(2020.1.10. 보건복지부지침)'상 조항은 합리적 근거 없이 민간어린이집을 운영하는 청구인을 차별하여 청구인의 평등권을 침해한다. (×) 24. 경찰간부

68 회계관계직원의 국고손실 가중처벌 [합헌]

1. '그 밖에 국가의 회계사무를 처리하는 사람'을 회계관계직원으로 규정한 회계직원책임법 조항, 위 회계관계직원이 국고손실을 입힐 것을 알고서 횡령의 죄를 범하고 손실이 1억원 이상인 경우 가중처벌을 하는 특정범죄가중법 조항 및 이 사건 형법 조항이 타인의 재물을 보관하는 자가 제3자의 이익을 위하여 횡령행위를 하는 경우를 자기의 이익을 위하여 횡령행위를 하는 경우와 동일한 법정형으로 처벌하는 점에 대하여 판단하였다.
2. 헌법재판소는 이 사건 회계직원책임법 조항과 이 사건 특정범죄가중법 조항이 죄형법정주의 명확성원칙에 위반되지 아니하고, 이 사건 특정범죄가중법 조항이 형벌체계상의 균형을 잃어 평등원칙에 위배된다고 할 수 없으며, 이 사건 형법조항이 평등원칙에 위배되지 않는다(헌재 2024.4.25, 2021헌바21).

확인 OX

회계관계직원 등의 책임에 관한 법률 제2조 제1호 카목의 그 밖의 국가의 회계사무를 처리하는 사람은 그 의미가 불명확하므로 명확성원칙에 위배된다. (×) 25. 경찰간부

69 공직선거법상 장기 공소시효 [합헌]

공무원이 지위를 이용하여 범한 공직선거법위반죄의 경우 선거의 공정성을 중대하게 저해하고 공권력에 의하여 조직적으로 은폐되어 단기간에 밝혀지기 어려울 수도 있어 단기 공소시효에 의할 경우 처벌규정의 실효성을 확보하지 못할 수 있다. 이러한 취지에서 공무원이 지위를 이용하여 범한 공직선거법위반죄의 경우 해당 선거일 후 10년으로 공소시효를 정한 입법자의 판단은 합리적인 이유가 인정되므로 평등원칙에 위반되지 않는다(헌재 2022.8.31, 2018헌바440).

제3장 자유권

01 낙태죄 [헌법불합치]

1. 태아가 모체를 떠난 상태에서 독자적으로 생존할 수 있는 시점인 임신 22주 내외에 도달하기 전이면서 동시에 임신 유지와 출산 여부에 관한 자기결정권을 행사하기에 충분한 시간이 보장되는 시기까지의 낙태에 대해서는 국가가 생명보호의 수단 및 정도를 달리 정할 수 있다고 봄이 타당하다.
2. 낙태갈등 상황에서 형벌의 위하가 임신한 여성의 임신종결 여부 결정에 미치는 영향이 제한적이라는 사정과 실제로 형사처벌되는 사례도 매우 드물다는 현실에 비추어 보면, 자기낙태죄 조항이 낙태갈등 상황에서 태아의 생명보호를 실효적으로 하지 못하고 있다고 볼 수 있다.
3. 다양하고 광범위한 사회적·경제적 사유를 이유로 낙태갈등 상황을 겪고 있는 경우까지도 예외 없이 전면적·일률적으로 임신의 유지 및 출산을 강제하고, 이를 위반한 경우 형사처벌하고 있다.
4. 과잉금지원칙을 위반하여 임신한 여성의 자기결정권을 침해하는 위헌적인 규정이다(헌재 2019.4.11, 2017헌바127).

확인 OX

1. 형법상 자기낙태죄 조항은 입법목적을 달성하기 위하여 필요한 최소한의 정도를 넘어 임신한 여성의 자기결정권을 제한하고 있어 침해의 최소성을 갖추지 못하였고, 태아의 생명 보호라는 공익에 대하여만 일방적이고 절대적인 우위를 부여함으로써 법익균형성의 원칙도 위반하였으므로 과잉금지원칙을 위반하여 임신한 여성의 자기결정권을 침해한다. (O) 22. 5급 공채

2. 자기낙태죄는 임신한 여성의 자기결정권에 대한 과도한 제한이라고 보기 어려워 헌법에 위반되지 않는다. (×) 20. 국회직 9급

3. 형법 제269조 제1항의 자기낙태죄 조항은 태아의 생명을 보호하기 위한 것으로서 그 입법목적은 정당하지만, 낙태를 방지하기 위하여 임신한 여성의 낙태를 형사처벌하는 것은 이러한 입법목적을 달성하는 데 적절하고 실효성 있는 수단이라고 할 수 없다. (×) 22. 순경 공채

02 응급진료 방해 행위의 금지 및 처벌 [합헌]

▶ 주요 쟁점

1. 명확성원칙 위반 및 과잉형벌인지 여부(소극)
2. 응급환자의 자기결정권 내지 일반적 행동자유권 제한(소극)

▶ **결정 요지**

누구든지 응급의료종사자의 응급환자에 대한 진료를 폭행, 협박, 위계, 위력, 그 밖의 방법으로 방해하는 행위를 금지하는 것과 이를 위반한 경우 형사처벌하는 규정은 헌법에 위반되지 않는다(헌재 2019.6.28, 2018헌바128).

확인 OX

1. 응급의료에 관한 법률 조항 중 '누구든지 응급의료종사자의 응급환자에 대한 진료를 폭행, 협박, 위계, 위력, 그 밖의 방법으로 방해하여서는 아니 된다.'는 부분 가운데 '그 밖의 방법' 부분은 죄형법정주의의 명확성원칙에 위반되지 않는다.
(O) 22. 입법고시

2. 응급의료종사자의 응급환자에 대한 진료를 폭행, 협박, 위계, 위력, 그 밖의 방법으로 방해하는 것을 금지하고 이에 위반하는 자를 형사처벌하는 응급의료에 관한 법률 조항은 해당 응급환자인 청구인의 일반적 행동의 자유를 제한한다.
(×) 24. 순경1차

03 형법상 강제추행죄 [합헌]

건전한 상식과 통상적 법감정을 가진 사람이라면 어떠한 행위가 강제추행죄 구성요건에 해당하는지 합리적으로 파악할 수 있고, 심판대상조항이 폭행행위 자체가 추행행위라고 인정되는 경우까지 처벌 대상으로 삼고 있다고 하더라도 단지 이를 가지고 곧 입법목적의 달성에 필요한 범위를 넘는다고 할 수는 없다(헌재 2020.6.25, 2019헌바121).

04 의학적 효능이 있는 것으로 오인될 우려가 있는 것을 판매 금지 [합헌]

의약외품이 아닌 것을 용기·포장 또는 첨부 문서에 의학적 효능·효과 등이 있는 것으로 오인될 우려가 있는 표시를 하거나, 이와 같은 의약외품과 유사하게 표시된 것을 판매하는 것을 금지하는 약사법은 죄형법정주의의 명확성의 원칙에 위배되지 않으며, 직업의 자유를 침해하지 않는다(헌재 2024.4.25, 2022헌바204).

확인 OX

의약외품이 아닌 것을 용기·포장 또는 첨부 문서에 의학적 효능·효과 등이 있는 것으로 오인될 우려가 있는 표시를 하거나, 이와 같은 의약외품과 유사하게 표시된 것을 판매하는 것을 금지하는 구 약사법 조항 가운데 '표시' 및 '표시된 것의 판매'에 관한 부분을 준용하는 부분의 '의학적 효능·효과 등'이라는 표현은 명확성원칙에 위배된다. (×) 25. 경찰간부

05 기소유예처분 후 유리하게 형벌법규가 변경된 경우

기소유예처분 후 형벌법규가 행위자에게 유리하게 변경된 경우 헌법소원 심판 결정 당시 시행 중인 신법을 기준으로 기소유예처분의 위헌 여부를 판단하여야 한다(헌재 2023.2.23, 2020헌마1739).

> **확인 OX**
>
> 기소유예처분 후 형벌법규가 행위자에게 유리하게 변경된 경우 헌법소원 심판 결정 당시 시행 중인 신법을 기준으로 기소유예처분의 위헌 여부를 판단하여야 한다. (O) 24. 군무원

06 16세 미만 미성년자 의제강간죄 [합헌]

19세 이상의 사람이 13세 이상 16세 미만인 사람을 상대로 성행위를 한 경우, 설령 그것이 피해자의 동의에 의한 것이라 하더라도, 강간죄, 유사강간죄 또는 강제추행죄의 예에 따라 처벌하도록 한 것은 헌법에 위반되지 아니한다(헌재 2024.6.27, 2022헌바106등).

> **확인 OX**
>
> 13세 이상 16세 미만의 사람에 대하여 간음 또는 추행을 한 19세 이상의 자를 강간죄, 유사강간죄, 강제추행죄의 예에 따라 처벌하도록 한 형법조항은 개인의 성생활이라는 내밀한 사적 생활영역에서의 행위를 제한하므로 사생활의 비밀과 자유를 제한한다. (O) 25. 소방간부

07 허위재무제표작성죄와 허위감사보고서작성죄에 대하여 배수벌금형을 규정하면서도, '그 위반행위로 얻은 이익 또는 회피한 손실액이 없거나 산정하기 곤란한 경우'에 관한 벌금 상한액을 규정하지 아니한 것 [헌법불합치]

심판대상조항이 허위재무제표작성죄 및 허위감사보고서작성죄에 대하여 배수벌금형을 규정하면서도, '그 위반행위로 얻은 이익 또는 회피한 손실액이 없거나 산정하기 곤란한 경우'에 관한 벌금상액을 별도로 규정하지 않음으로써, 그와 같은 경우 법원으로 하여금 죄질과 책임에 상응하는 벌금형을 선고할 수 없도록 한 것이 법원의 양형재량권을 침해하고, 피고인의 이익에도 반하기 때문에 책임과 형벌 간의 비례원칙에 위배된다(헌재 2024.7.18, 2022헌가6).

> **확인 OX**

허위재무제표작성 및 허위감사보고서작성을 처벌하는 주식회사 등의 외부감사에 관한 법률 조항 중 그 위반행위로 얻은 이익 또는 회피한 손실액의 2배 이상 5배 이하의 벌금은 명확성원칙에 위배되지 않는다. (O) 25. 경찰간부

08 테러단체 가입을 타인에게 권유 또는 선동하는 자를 처벌하는 '국민보호와 공공안전을 위한 테러방지법' 조항 [합헌]

가입선동조항과 관련하여, ① 관련 조항의 체계적 해석과 대법원 판례 등을 종합하면 명확히 해석되므로 죄형법정주의의 명확성원칙에 위반되지 않고, ② 그 조항의 내용이 명확성의 원칙을 침해하지 않고 처벌의 정도도 과중하지 아니하여 결국 과잉금지원칙에 위반되지 않는다(헌재 2025.1.23, 2019헌바317).

▶ **참고판례**

'테러단체'는 국제연합이 지정한 테러단체를 의미하므로(테러방지법 제2조 제2호) 테러단체와 연관 관계가 없는 단체의 가입을 선동하는 행위는 테러단체 가입 선동에 해당하지 않는다. '선동'의 사전적 의미는 타인을 부추겨 어떤 일이나 행동에 나서도록 하는 것으로, 가입선동조항이 금지하는 테러단체 가입 선동이란 피선동자의 테러단체 가입이 실행되는 것을 목표로 하여 피선동자에게 테러단체 가입을 결의·실행하도록 하는 일체의 행위로 이해할 수 있다.

09 사람의 항거불능 상태를 이용하여 간음 또는 추행 [합헌]

1. '항거불능'의 상태란 가해자가 성적인 침해행위를 함에 있어 별다른 유형력의 행사가 불필요할 정도로 피해자의 판단능력과 대응·조절능력이 결여된 상태를 말한다고 볼 수 있다. 심판대상조항이 그 의미를 예측하기 곤란하다거나, 법 집행기관의 자의적 해석이나 적용가능성이 있는 불명확한 개념이라고 보기 어렵다.
2. 정신적인 장애로 항거불능 또는 항거곤란 상태에 있음을 이용하여 사람을 간음한 사람을 무기징역 또는 7년 이상의 징역에 처하도록 규정한 성폭력범죄의 처벌 등에 관한 특례법조항은 별도의 법률상 감경사유가 없는 한 법관이 작량감경을 하더라도 집행유예를 선고할 수 없게 되어 있지만 범죄의 죄질 및 행위자의 책임에 비하여 지나치게 가혹하다고 할 수 없어 책임과 형벌의 비례원칙에 반하지 않는다(헌재 2022.1.27, 2017헌바528).

> **확인 OX**

정신적인 장애로 항거불능 또는 항거곤란 상태에 있음을 이용하여 사람을 간음한 사람을 무기징역 또는 7년 이상의 징역에 처하도록 규정한 성폭력범죄의 처벌 등에 관한 특례법조항은 별도의 법률상 감경사유가 없는 한 법관이 작량감경을 하더라도 집행유예를 선고할 수 없게 되어 있지만 범죄의 죄질 및 행위자의 책임에 비하여 지나치게 가혹하다고 할 수 없어 책임과 형벌의 비례원칙에 반하지 않는다. (O) 22. 국가직 7급

10 업무상 군사기밀 누설 처벌 [합헌]

심판대상조항의 구체적 내용은 군사기밀을 보호하여 국가안전보장에 기여하고자 하는 '군사기밀 보호법'의 입법목적을 고려하여 법관이 해석·적용함으로써 보완될 수 있으므로, 심판대상조항이 죄형법정주의 명확성원칙에 위반된다고 볼 수 없다(헌재 2020.5.27, 2018헌바233).

11 집단급식소 영양사 직무미수행 처벌사건 [위헌]

1. 재판관 5인의 위헌의견은, 처벌조항은 그 구성요건이 불명확하거나 그 적용범위가 지나치게 광범위한 관계로 어떠한 것이 범죄인가를 법제정기관인 입법자가 법률로 확정하는 것이 아니라 사실상 법 운영 당국이 재량으로 정하는 결과가 되어 죄형법정주의 명확성원칙에 위반된다고 판단하였다.
2. 재판관 2인의 위헌의견은, 처벌조항이 집단급식소에 근무하는 영양사가 직무수행조항에 정한 직무를 수행하지 아니한 행위 일체를 처벌대상으로 삼고 있음이 분명하므로 죄형법정주의 명확성원칙에 위반되지는 않지만, 처벌대상의 광범성이 과잉금지원칙 위반 문제를 야기한다고 보았다. 즉, 형사처벌할 필요성이 없는 행위까지 형사처벌의 대상으로 삼고 있다(헌재 2023.3.23, 2019헌바141).

" 확인 OX "

집단급식소의 영양사의 직무수행조항을 위반한 자를 처벌하는 조항은 헌법에 위반된다. (O)

12 게임물을 통한 경품제공행위 규제 [합헌]

'사행성'이란 '우연한 사정에 기하여 금전적인 손실 또는 이익을 가져오고 그와 같은 결과가 사회적 상당성을 결여하여 행위자에게 사행심을 유발하는 경향이나 성질'이라고 할 것이고, '사행성을 조장한다'는 것은 '위와 같은 경향이나 성질이 더 심해지도록 부추긴다'는 의미라고 할 것이다(헌재 2020.12.23, 2017헌바463).

" 확인 OX "

'사행성'이란 '우연한 사정에 기하여 금전적인 손실 또는 이익을 가져오고 그와 같은 결과가 사회적 상당성을 결여하여 행위자에게 사행심을 유발하는 경향이나 성질'로 명확성의 원칙에 반하지 않는다. (O)

13 법정대기실 내 쇠창살 격리시설에서 수갑 착용 [기각]

수형자가 도주나 자해, 다른 사람에 대한 위해와 같은 교정사고를 저지르는 것을 예방하고, 법원 내 질서 유지에 협력하기 위한 것으로 신체의 자유를 침해하지 아니한다(헌재 2023.6.29, 2018헌마1215).

확인 OX

수형자가 민사재판에 출정하여 법정 대기실 내 쇠창살 격리시설 안에 유치되어 있는 동안 교도소장이 출정계호 교도관을 통해 수형자에게 양손수갑 1개를 앞으로 사용한 행위는 신체의 자유를 침해한 것이다. (×) 24. 경찰승진

14 가짜석유제품 판매하여 조세 포탈시 형사처벌 [합헌]

가짜석유제품 제조·판매와 관련된 조세 포탈은 그 규모가 막대하고 방법이 교묘한 점, 계속된 제재에도 불구하고 근절되지 않고 있는 점, '사기 기타 부정한 행위'가 수반되는 경우만 처벌하던 시기에는 처벌의 공백이 발생하였던 점 등을 고려할 때, 입법자가 '사기나 그 밖의 부정한 행위' 유무를 불문하고 행정적 제재를 넘어 형사처벌이라는 수단을 선택한 것이 헌법적 한계를 넘은 것이라고 보기 어렵다(헌재 2023.6.29, 2019헌바433).

확인 OX

가짜석유제품을 제조 또는 판매하여 조세를 포탈한 경우 '사기나 그 밖의 부정한 행위' 유무와 관계없이 형사처벌하는 한편, 법정형을 5년 이하의 징역 또는 포탈한 세액의 5배 이하의 벌금으로 정한 조세범 처벌법의 해당 조항은 책임과 형벌 간의 비례원칙에 위배되지 않는다. (O) 24. 국회직

15 폭행죄로 2회 이상 징역형을 받은 사람이 다시 같은 죄를 범하여 누범으로 처벌하는 경우 가중처벌 [합헌]

심판대상조항의 법정형인 7년 이하의 징역은 동종의 범행으로 두 번 이상 징역형을 받은 사람이 다시 누범기간 내에 범한 폭력범죄의 불법성과 비난가능성을 무겁게 평가하여 징벌의 강도를 높여 이와 같은 범죄를 예방하여야 한다는 형사정책적 판단에 따른 것으로, 이와 같은 입법자의 입법정책적 결단이 입법재량의 범위를 벗어난 것이라고 볼 수 없다(헌재 2023.6.29, 2022헌바178).

확인 OX

폭행죄로 2회 이상 징역형을 받은 사람이 다시 같은 죄를 범하여 누범으로 처벌하는 경우 가중처벌하도록 규정한 폭력행위 등 처벌에 관한 법률 해당 조항은 책임과 형벌 간의 비례원칙에 위배되지 않는다. (O) 24. 국회직

16 소방시공과 감리의 하자시 형사처벌 [합헌]

소방시설공사업자가 소방시설을 법령과 화재안전기준에 맞게 시공하지 않았거나 소방공사감리업자가 그러한 시공을 지도·감독하지 못한 경우, 하자의 경중이나 고의·과실 여부를 불문하고 일률적으로 1년 이하의 징역 또는 1천만원 이하의 벌금에 처하도록 규정하고 있다. 이는 소방시설이 법령이나 화재안전기준에 맞지 않게 시공될 경우에는 설령 그 하자가 경미한 것이라고 할지라도, 화재 발생시 사람의 생명, 신체 및 재산상 피해가 초래되거나 그러한 피해가 확대될 위험이 있음을 고려한 것이다. 심판대상조항은 책임과 형벌 간의 비례원칙에 위배되지 아니한다(헌재 2023. 6.29, 2020헌바489).

확인 OX

소방시설을 법령과 화재안전기준에 맞게 시공할 의무를 위반한 소방시설공사업자와, 공사업자가 한 소방시설등의 시공이 설계도서와 화재안전기준에 맞는지에 대한 지도·감독 의무를 위반한 소방공사감리업자를 각 처벌하는 소방시설공사업법의 해당 조항은 책임과 형벌 간의 비례원칙에 위배되지 않는다. (O) 24. 국회직

17 자산유동화계획의 내용 중 여유자금의 투자 [합헌]

심판대상조항의 수범자는 유동화전문회사의 임직원이거나 자산유동화거래 업무와 관련된 전문 지식과 경험을 가진 자로 한정될 것인데, 이들은 자산유동화계획의 내용 중 여유자금의 투자에 관한 사항이 무엇인지, 그리고 어떠한 행위가 '자산유동화계획에 의하지 않은 여유자금 투자'인지를 충분히 파악하고 예측할 수 있는 지위에 있다. 따라서 심판대상조항이 수범자의 입장에서 예측가능성 내지 명확성을 결여한 조항이라고 보기 어렵다(헌재 2023.10.26, 2023헌가1).

확인 OX

자산유동화계획에 의하지 아니하고 여유자금을 투자한 자를 처벌하는 자산유동화에 관한 법률 제40조 제2호 중 '제22조의 규정에 위반하여 자산유동화계획에 의하지 아니하고 여유자금을 투자한 자' 부분은 죄형법정주의 명확성원칙에 위배되지 않는다. (O) 24. 국회직 8급

18 상당한 기간 [합헌]

이 경우 상당한 기간이 어느 정도의 기간을 의미하는지를 수범자가 예측할 수 있는가에 관한 문제는 여전히 남아 있는데, 토지소유자로서는 이행강제금의 사전계고를 받기 전에 시정명령을 이미 받은 상태에 있었을 것이며, 그와 더불어 이행강제금은 1년에 2회를 초과하여 부과하지는 못한다는 제한이 있으므로 이를 감안하면 이행강제금 부과의 사전계고시에 부여될 이행기간이 어느 정도일지를 대략 예측할 수 있다. 이러한 점들을 종합하면, 사전계고조항은 불명확한 규정이라고 할 수 없다(헌재 2023.2.23, 2019헌바550).

확인 OX

개발제한구역의 지정 및 관리에 관한 특별조치법 위반으로 인해 시정명령을 받고도 이를 이행하지 아니한 위반행위자 등에 대해, 이를 상당한 기간까지 이행하지 않으면 이행강제금을 부과 징수한다는 뜻을 토지소유자에게 미리 문서로 계고하도록 하는 규정에서 '상당한 기간' 부분은 명확성원칙에 위배되지 않는다. (O) 24. 국회직 8급

19 사행성의 의미 [합헌]

건전한 상식과 통상적인 법감정을 가진 사람들은 어떠한 행위가 이 사건 의무조항이 정하는 구성요건에 해당되는지 여부를 충분히 파악할 수 있다고 판단되고, 그것이 지나치게 불명확하여 법 집행기관의 자의적인 해석을 가능하게 한다고 보기는 어려우므로, 이 사건 의무조항은 죄형법정주의의 명확성원칙에 위배되지 아니한다(헌재 2020.12.23, 2017헌바463 등).

확인 OX

게임물 관련사업자에 대하여 '경품 등의 제공을 통한 사행성 조장'을 원칙적으로 금지시키고 있는 게임산업진흥에 관한 법률 조항에서, '경품' 및 '조장'과는 달리 '사행성'은 다른 법률에서도 정의규정을 두고 있지 않아 지나치게 불명확하여 법집행기관의 자의적인 해석을 가능하게 하므로 죄형법정주의의 명확성원칙에 위배된다. (×) 24. 국회직 8급

20 군형법 추행 사건 [합헌]

1. 명확성의 원칙에 위배되지 않는다.
2. 동성 군인 사이의 합의에 의한 성적 행위라 하더라도 그러한 행위가 근무장소나 임무수행 중에 이루어진다면, 이는 국가의 안전보장 및 국토방위의 신성한 의무를 지는 국군의 전투력 보존에 심각한 위해를 초래할 위험성이 있으므로, 이를 처벌한다고 하여도 과도한 제한이라고 할 수 없다(헌재 2023.10.26, 2017헌가16).

> **"확인 OX"**
>
> 그 행위가 근무장소나 임무수행 중이라 해도 동성 군인 사이의 합의에 의한 성적 행위까지 처벌하는 것은 과도한 제한이라고 할 수 있다. (×)

21 강제추행죄 [합헌]

대법원의 판단이 문언의 통상적인 의미나 입법취지, 법질서 전체 및 다른 조항과의 관계 등에 비추어 예측 가능한 범위에 있는 이상, 심판대상조항은 죄형법정주의의 명확성원칙에 위반되지 아니하고, 따라서 선례를 변경할 사정변경이나 필요성이 인정되지 아니한다고 판단한 사건이다(헌재 2024.7.18, 2024헌바71).

22 단체 또는 집단의 구성원으로 활동한 사람을 2년 이상 유기징역 [합헌]

범죄의 내용과 특성을 기준으로 범위를 제한하고 있고 형벌체계상 정당성과 균형을 잃은 것도 아니다(헌재 2022.12.22, 2019헌바401).

23 군사기지·군사시설에서 군인 상호간 폭행죄에 '반의사불벌죄' 적용 배제 [합헌]

엄격한 위계질서와 집단생활을 하는 군 조직의 특수성으로 인하여 피해자가 가해자에 대한 처벌을 희망할 경우 다른 구성원에 의해 피해를 당할 우려가 있고, 상급자가 가해자·피해자 사이의 합의에 관여할 경우 피해자가 처벌불원의 사를 거부하기 어려운 경우가 발생할 수 있다(헌재 2022.3.31, 2021헌바62).

24 편의시설부정이용죄 [합헌]

'부정한 방법'이란 사회통념에 비추어 볼 때 올바르지 아니하거나 허용되지 않는 비정상적인 방법으로서 권한이 없거나 사용규칙·방법에 위반한 일체의 이용 방식 내지 수단을 뜻하는 것임을 충분히 알 수 있다. 따라서 부정한 방법으로 대가를 지급하지 아니하고 유료자동설비를 이용하여 재물 또는 재산상의 이익을 취득한 자를 3년 이하의 징역, 500만원 이하의 벌금, 구류 또는 과료에 처하는 형법 제348조의2는 헌법에 위반되지 않는다(헌재 2021.10.28, 2019헌바448).

25 보안관찰처분대상자에 대한 신고의무 부과 [헌법불합치, 합헌]

▶ **주요 쟁점**

1. 출소한 후 7일 이내에 신고(소극)
2. 재범의 위험성과 무관하게 무기한 변동신고조항(적극)

▶ **결정 요지**

헌법재판소는 출소 후 신고조항 및 위반시 처벌조항에 대해서는 합헌으로 판단하였으나, 변동신고조항 및 위반시 처벌조항에 대해서는 재범의 위험성을 따지지도 않고 무기한으로 인정하고 있어 헌법에 위반된다고 판시하였다(헌재 2021.6.24, 2017헌바479). ⇨ 사생활의 자유 및 개인정보자기결정권 침해

확인 OX

1. 보안관찰처분대상자에 대해서 출소 후 신고하고 이를 위반한 경우에 처벌하는 것은 헌법에 위반되지 않는다. (○)

2. 보안관찰처분대상자에 대해서 출소 후 변동신고시 재범의 위험성을 따지지 않고 무기한으로 인정하는 것은 헌법에 위반된다. (○)

26 불처분결정된 소년부송치 사건 자료 사망시까지 보존 [헌법불합치]

형의 실효 등에 관한 법률이 법원에서 불처분결정된 소년부송치 사건의 수사경력자료에 대한 삭제 및 보존기간의 규정을 두지 않아, 당사자의 사망시까지 소년부송치되었다는 내용의 수사경력자료가 보존되는 것은 당사자의 개인정보자기결정권을 침해하여 헌법에 위반된다는 결정이다(헌재 2021.6.24, 2018헌가2).

확인 OX

1. 소년에 대한 수사경력자료의 삭제와 보존기간에 대하여 규정하면서 법원에서 불처분결정된 소년부송치 사건에 대하여 규정하지 않은 구 형의 실효 등에 관한 법률의 규정은 과잉금지원칙을 위반하여 소년부송치 후 불처분결정을 받은 자의 개인정보자기결정권을 침해한다. (○) 22. 경정승진

2. 구 형의 실효 등에 관한 법률의 해당 조항이 법원에서 불처분결정된 소년부송치 사건에 대한 수사경력자료의 삭제 및 보존기간에 대하여 규정하지 아니하여 수사경력자료에 기록된 개인정보가 당사자의 사망시까지 보존되면서 이용되는 것은 당사자의 개인정보자기결정권에 대한 제한에 해당한다. (○) 21. 국가직 7급

27 100분의 30 이상의 해제요청으로 정비예정구역 해제 [합헌]

정비예정구역으로 지정되어 있을 뿐인 단계에서부터 토지등소유자의 100분의 30 이상이 정비예정구역 해제를 요구하고 있는 상황이라면 추후 정비사업의 시행이 지연되거나 좌초될 가능성이 큰 점, 토지등소유자에게는 정비계획의 입안을 제안할 수 있는 방법이 있는 점, 정비예정구역 해제를 위해서는 지방도시계획위원회의 심의를 거쳐야 하고, 정비예정구역의 해제는 해제권자의 재량적 행위인 점, 정비예정구역 해제에 관한 위법이 있는 경우 항고소송을 통하여 이를 다툴 수 있는 점 등을 종합적으로 고려하면, 심판대상조항이 적법절차원칙에 위반된다고 볼 수 없다(헌재 2023.6.29. 2020헌바63).

"확인 OX"

구 도시 및 주거환경정비법 조항이 정비예정구역 내 토지등소유자의 100분의 30 이상의 해제 요청이라는 비교적 완화된 요건만으로 정비예정구역 해제 절차에 나아갈 수 있도록 하였다고 하여 적법절차원칙에 위반된다고 보기는 어렵다.

(O) 24. 경찰간부

28 긴급체포 [합헌]

긴급체포된 피의자도 체포적부심사를 청구할 수 있어 긴급체포제도의 남용을 예방하고 있다. 또한 헌법 제12조 제3항 단서는 사후영장을 규정하고 있어 긴급한 경우 예외를 허용하고 있다(헌재 2021.3.25. 2018헌바212).

29 영창의 위헌성 [위헌]

1. 병(兵)과 하사관은 영창처분의 차별취급을 논할 만한 비교집단이 된다고 보기 어려우므로, 평등원칙 위배 여부는 더 나아가 살피지 아니한다.
2. 영창처분은 공무원의 신분적 이익을 박탈하는 것을 그 내용으로 하는 징계처분임에도 불구하고 신분상 불이익 외에 신체의 자유 박탈까지 그 내용으로 삼고 있는바, 징계의 한계를 초과한 것이다.
3. 영창처분이 가능한 징계사유는 지나치게 포괄적이고, 그 기준이 불명확하여 영창처분의 보충성이 담보되고 있지 아니한바, 이를 두고 최소한의 범위에서 제한적으로만 활용되는 제도라고 볼 수 없다.
4. 이 사건 결정으로 병에 대한 영창처분의 근거조항이 헌법에 위반된다고 판단함으로써, 영창처분에 의한 징계구금이 신체의 자유를 침해함을 명확히 하였다(헌재 2020.9.24. 2017헌바157).
5. 영장주의에 위반된다는 보충의견이 존재한다.

확인 OX

1. 병에 대한 징계처분으로 영창이 가능하도록 규정한 군인사법 조항은 군 조직 내 복무규율 준수 강화라는 군의 특수성 등을 고려할 때 과잉금지원칙에 위배되지 않는다. (×) 19. 변호사

2. 영장주의는 형사절차와 관련하여 체포·구속·압수·수색의 강제처분을 할 때 신분이 보장되는 법관이 발부한 영장에 의하지 않으면 안 된다는 원칙으로서 형사절차뿐만 아니라 징계절차에도 적용된다. (×) 22. 입법고시

3. 병(兵)에 대한 징계처분으로 일정기간 부대나 함정 내의 영창, 그 밖의 구금장소에 감금하는 영창처분은, 인신의 자유를 덜 제한하면서도 병의 비위행위를 효율적으로 억지할 수 있는 징계수단을 강구하는 것이 얼마든지 가능함에도, 병의 신체의 자유를 필요 이상으로 과도하게 제한하므로 침해의 최소성원칙에 어긋난다. (○) 21. 국가직 7급

30 강제퇴거대상자에 대한 보호기간의 상한 없는 보호 사건 [헌법불합치]

'강제퇴거명령의 집행을 위한 보호'에 대해서는 보호기간의 상한이 마련되지 아니하여 사실상 강제퇴거대상자에 대한 무기한 보호가 가능하다는 점, 보호의 개시나 연장 단계에서 중립적 기관에 의하여 보호의 적법성을 판단받을 기회가 존재하지 아니한다. 따라서 이는 신체의 자유를 침해한다(헌재 2023.3.23, 2020헌가1).

확인 OX

1. 강제퇴거명령을 받은 사람을 즉시 대한민국 밖으로 송환할 수 없으면 송환할 수 있을 때까지 보호시설에 보호할 수 있도록 한 출입국관리법 규정은 불법체류외국인 등의 신체의 자유를 침해한다. (○) 22. 법원행시

2. 강제퇴거명령을 받은 사람을 즉시 대한민국 밖으로 송환할 수 없으면 송환할 수 있을 때까지 보호시설에 보호할 수 있도록 규정한 법률조항은 행정의 편의성과 획일성만을 강조한 것으로 신체의 자유를 침해한다. (○) 24. 변호사

31 변호사 접견 불허 [인용]

1. '변호인이 되려는 자'의 접견교통권은 피의자 등을 조력하기 위한 핵심적인 부분으로서 헌법상의 기본권인 '변호인이 되려는 자'와의 접견교통권과 표리의 관계에 있으므로, 피의자 등이 가지는 '변호인이 되려는 자'의 조력을 받을 권리가 실질적으로 확보되기 위해서는 '변호인이 되려는 자'의 접견교통권 역시 헌법상 기본권으로서 보장되어야 한다. ⇨ 기본권 침해 가능성 인정
2. 검사 또는 사법경찰관이 그 허가 여부를 결정하는 피의자신문 중 변호인 등의 접견신청의 경우에는 적용되지 않으므로, 국가공무원 복무규정을 근거로 변호인 등의 접견신청을 불허하거나 제한할 수는 없다(헌재 2019.2.28, 2015헌마1204).

" 확인 OX "

1. 변호인으로 선임된 자뿐 아니라 변호인이 되려는 자의 접견교통권도 헌법상 기본권이므로 변호인이 되려는 자의 접견교통권 침해를 이유로 한 헌법소원심판청구는 적법하다. (O) 19. 국회직 8급

2. 피의자가 가지는 '변호인이 되려는 자'의 조력을 받을 권리뿐 아니라 '변호인이 되려는 자'의 접견교통권 역시 헌법상 기본권으로서 보장되어야 한다. (O) 19. 지방직 9급

32 소송대리인이 되려는 변호사에 대한 소송대리인 접견신청 불허 [기각]

헌법재판소는 교도소 내 접촉차단시설이 설치되지 않은 장소에서 수용자를 접견할 수 있는 예외 대상에 소송사건의 대리인으로 선임된 변호사만 규정하고 소송사건의 대리인이 되려는 변호사는 포함하지 않은 이 사건 심판대상조항에 대한 헌법소원사건에서 변호사인 청구인의 직업수행의 자유를 과도하게 침해하지 않는다는 이유로 헌법에 위반되지 않는다고 판단하였다(헌재 2022.2.24, 2018헌마1010).

▶ 비교 판례

수용자가 변호사와 접견하는 경우에도 접촉차단시설이 설치된 접견실에서만 접견하도록 하는 것은 수용자의 재판청구권을 침해한다(헌재 2013.8.29, 2011헌마122).

33 소송사건의 대리인인 변호사와 수형자의 접견 제한(소명자료 제출) [위헌]

1. 제한되는 기본권은 변호사의 직업수행의 자유이다.
2. 심사기준은 과잉금지원칙에 따라 심사해야 한다. 다만, 접견의 상대방인 수형자의 재판청구권이 제한되는 효과도 함께 고려하여 일반적인 경우보다 엄격하게 심사한다.
3. 진지하게 소 제기 여부 및 변론 방향을 고민해야 하는 변호사라면 일반접견만으로는 수형자에게 충분한 조력을 제공하기가 어렵고, 수형자 역시 소송의 승패가 불확실한 상황에서 접견마저 충분하지 않다면 변호사를 신뢰하고 소송절차를 진행하기가 부담스러울 수밖에 없다. 따라서 심판대상조항은 수단의 적합성이 인정되지 아니한다(헌재 2021.10.28, 2018헌마60).

> **확인 O X**
>
> 1. 소송사건의 대리인인 변호사가 수형자를 접견하고자 하는 경우 소송계속 사실을 소명할 수 있는 자료를 제출하도록 규정하고 있는 형의 집행 및 수용자의 처우에 관한 법률 시행규칙 중 '수형자 접견'에 관한 부분은 변호사의 직업수행의 자유를 침해하지 않는다. (×) 22. 5급 공채
> 2. 수형자인 의뢰인을 접견하는 변호사의 직업수행의 자유 제한에 대한 심사에 있어서는 변호사 자신의 직업 활동에 가해진 제한의 정도를 살펴보아야 할 뿐 아니라 접견의 상대방인 수형자의 재판청구권이 제한되는 효과도 함께 고려되어야 하므로, 그 심사의 강도는 일반적인 경우보다 엄격하게 해야 한다. (○) 24. 소방간부

34 금지물품 확인을 위해 수용자에게 온 서신을 개봉한 행위 [기각]

교도소장이 법령상 금지되는 물품을 서신에 동봉하여 반입하는 것을 방지하기 위하여 서신의 봉투를 개봉하여 내용물을 확인한 행위로서, 교정시설의 안전과 질서를 유지하고 수용자의 교화 및 사회복귀를 원활하게 하기 위한 것으로 내용에 대한 검열은 원칙적으로 금지되어 청구인의 통신의 자유를 침해하지 아니한다(헌재 2021.9.30, 2019헌마919).

> **확인 O X**
>
> 피청구인 교도소장이 구치소에 수용 중인 수형자에게 온 서신에 허가 없이 수수되는 물품인 녹취서와 사진이 동봉되어 있음을 확인하여 서신수수를 금지하고 발신인인 청구인에게 위 물품을 반송한 것은 과잉금지원칙에 위반되어 청구인의 통신의 자유를 침해한다. (×) 22. 해경간부, 24. 국회직 8급

35 70세 이상인 불구속 피의자에 대한 법률구조 [각하]

헌법은 명문으로 '70세 이상인 불구속 피의자에 대하여 피의자신문을 할 때 법률구조제도에 대한 안내 등을 통해 피의자가 변호인의 조력을 받을 권리를 행사하도록 조치할 작위의무'를 규정하고 있지 아니하다. 한편, 변호인이 피의자의 조력자로서의 역할을 수행할 수 있도록 하기 위한 절차적 권리 등은 구체적 입법형성을 통해 비로소 부여되므로, 헌법해석상 변호인의 조력을 받을 권리로부터 위와 같은 법무부장관의 작위의무가 곧바로 도출된다고 볼 수도 없다(헌재 2023.2.23, 2020헌마1030).

" 확인 O X "

헌법 해석상 변호인의 조력을 받을 권리로부터 70세 이상인 불구속 피의자에 대하여 피의자신문을 할 때 법률구조제도에 대한 안내 등을 통해 피의자가 변호인의 조력을 받을 권리를 행사하도록 조치할 법무부장관의 작위의무가 곧바로 도출된다고 볼 수 없다.

(O) 24. 국회직 8급

36 법원이 열람·등사 허용 결정을 하였음에도 검사가 열람·등사를 거부한 행위 [인용]

공소제기 후 확정되어 검사가 보관하고 있는 서류에 대하여 법원의 열람·등사 허용 결정이 있었음에도 검사가 청구인에 대한 형사사건과의 관련성을 부정하면서 해당 서류의 열람·등사를 허용하지 아니한 행위가 청구인의 신속하고 공정한 재판을 받을 권리와 변호인의 조력을 받을 권리를 침해한 것이므로 헌법에 위반된다(헌재 2022.6.30, 2019헌마356).

37 변호사시험 합격자 명단 공고 [기각]

합격자 명단을 공고하는 경우, 시험 관리 당국이 더 엄정한 기준과 절차를 통해 합격자를 선정할 것이 기대되므로 시험 관리 업무의 공정성과 투명성이 강화될 수 있다(헌재 2020.3.26, 2018헌마77).

" 확인 O X "

1. 법무부장관으로 하여금 합격자가 결정되면 즉시 명단을 공고하고 합격자에게 합격증서를 발급하도록 한 변호사시험법 조항은 전체 합격자의 응시번호만을 공고하는 등의 방법으로도 입법목적을 달성할 수 있음에도 변호사시험 응시 및 합격 여부에 관한 사실을 널리 공개되게 함으로써 과잉금지원칙에 위배되어 변호사시험 응시자의 개인정보자기결정권을 침해한다.

(×) 21. 입법고시

2. 법무부장관은 변호사시험 합격자가 결정되면 즉시 명단을 공고하여야 한다고 규정한 변호사시험법 규정 중 '명단 공고' 부분은 변호사시험 응시자들의 개인정보자기결정권을 침해한다.

(×) 22. 경정승진

38　보조금 부정수급한 어린이집 명단 공표 [합헌]

어린이집의 투명한 운영을 담보하고 영유아 보호자의 보육기관 선택권을 실질적으로 보장하기 위해서는 보조금을 부정수급하거나 유용한 어린이집의 명단 등을 공표하여야 할 필요성이 있으며, 심판대상조항은 공표대상이나 공표정보, 공표기간 등을 제한적으로 규정하고 공표 전에 의견진술의 기회를 부여하여 공표대상자의 절차적 권리도 보장하고 있다. 나아가 심판대상조항을 통하여 추구하는 영유아의 건강한 성장 도모 및 영유아 보호자들의 보육기관 선택권 보장이라는 공익이 공표대상자의 법 위반사실이 일정기간 외부에 공표되는 불이익보다 크다. 따라서 심판대상조항은 과잉금지원칙을 위반하여 인격권 및 개인정보자기결정권을 침해하지 아니한다(헌재 2022.3.31, 2019헌바520).

확인 OX

거짓이나 그 밖의 부정한 방법으로 보조금을 교부받거나 보조금을 유용하여 어린이집 운영정지, 폐쇄명령 또는 과징금 처분을 받은 어린이집에 대하여 그 위반사실을 공표하도록 한 구 영유아보육법 해당 규정은 과잉금지원칙을 위반하여 개인정보자기결정권을 침해하지 않는다.　　　　　　　　　　　　　　　　　　　(O)　23. 소방간부

39　통계를 위한 정보주체의 동의 없는 정보제공 [기각]

심판대상조항은 데이터의 이용을 활성화하여 신산업을 육성하고 "통계작성, 연구, 공익적 기록보존"을 보다 효과적으로 수행하기 위한 것으로서, 그 입법목적이 정당하고 수단의 적합성이 인정된다. 가명정보는 그 자체만으로는 특정 개인을 알아볼 수 없어 인격권이나 사생활의 자유에 미치는 영향이 크지 않고, 정보주체의 동의 없는 처리는 "통계작성, 연구, 공익적 기록보존" 목적으로만 가능하며, 법률에서 정보주체를 보호하기 위한 여러 규정을 두고 있으므로, 침해의 최소성도 인정된다. "통계작성, 연구, 공익적 기록보존"을 효과적으로 수행하고자 하는 공익이 가명정보가 제한된 목적으로 동의 없이 처리되는 정보주체의 불이익보다 크다고 할 수 있으므로, 법익의 균형성도 갖추었다. 따라서 심판대상조항은 청구인들의 개인정보자기결정권을 침해하지 않는다(헌재 2023.10.26, 2020헌마1476).

40　코로나19 관련 이태원 기지국 접속자 정보수집 사건 [기각]

1. 이 사건 심판대상조항은, 방역당국이 감염병 예방 및 감염 전파의 차단을 위하여 감염병의심자 등의 인적사항에 관한 정보를 수집할 수 있도록 하는 규정으로, 당초 2015년 메르스-코로나바이러스(MERS-CoV) 유행 당시 보건당국의 초동대처가 미흡하고 효율적 방역이 이루어지지 못했다는 지적에 따라 도입된 것이다.
2. 헌법재판소는, 미리 예측하기 어려운 다양한 감염병 유행 상황에 적합한 방역조치를 보건당국이 전문적 판단재량을 가지고 신속하고 적절하게 취할 수 있도록 하여야 한다는 점을 인정하여 이 사건 심판대상조항이 개인정보자기결정권을 침해하지 않는다고 판단하면서도, 이 사건 심판대상조항을 근거로 하는 개별 정보수집 처분은 감염병 예방을 위해 필요한 최소한의 범위 내에서만 허용되는 점을 강조하였다(헌재 2024.4.25, 2020헌마1028).

> **" 확인 OX ,,**
>
> 감염병 전파 차단을 위한 개인정보 수집의 수권조항인 감염병의 예방 및 관리에 관한 법률 조항은 정보수집의 목적 및 대상이 제한되어 있으나 관련 규정에서 절차적 통제장치를 마련하지 못하여 정보의 남용 가능성을 통제하지 못하고 있으므로 개인정보자기결정권을 침해한다. (×) 25. 입법고시

41 양형자료 통보 [기각]

이 사건 통보행위는 해당 미결수용자에 대한 적정한 양형을 실현하고 형사재판절차를 원활하게 진행하기 위한 것이다. 이로 인하여 제공되는 개인정보의 내용은 정보주체와 관련한 객관적이고 외형적인 사항들로서 엄격한 보호의 대상이 되지 아니하고, 개인정보가 제공되는 상대방이 체포·구속의 주체인 법원으로 한정되며, 양형 참고자료를 통보받은 법원으로서는 관련 법령에 따라 이를 목적 외의 용도로 이용하거나 제3자에게 제공할 수 없다. 이 사건 통보행위로 인해 제공되는 정보의 성격이나 제공 상대방의 한정된 범위를 고려할 때 그로 인한 기본권 제한의 정도가 크지 않은 데 비해, 이로 인하여 달성하고자 하는 적정한 양형의 실현 및 형사재판절차의 원활한 진행과 같은 공익은 훨씬 중대하다. 이 사건 통보행위는 과잉금지원칙에 위배되어 청구인의 개인정보자기결정권을 침해하였다고 볼 수 없다(헌재 2023.10.26, 2022헌마926).

> **" 확인 OX ,,**
>
> 교정시설의 장이 미결수용자에게 교정시설 내 규율위반에 대해 징벌을 부과한 뒤 그 규율위반 내용 및 징벌처분 결과 등을 관할 법원에 양형 참고자료로 통보한 것은, 법관이 양형에 참고할 수 있는 자료로 작용할 수 있어 미결수용자의 공정한 재판을 받을 권리를 제한한다. (×) 24. 순경2차

42 문화예술계 블랙리스트 [인용]

이른바 문화예술계 블랙리스트 사건과 관련하여, 정부의 지원을 차단할 목적으로 개인의 정치적 견해에 관한 정보를 수집·보유·이용한 행위가 개인의 개인정보자기결정권을 침해하는 것으로 위헌임을 확인하였다. 또한, 정부에 대한 비판적 견해를 가졌다는 이유로 지원사업에서 배제되도록 지시한 것은, 정치적 표현의 자유에 대한 사후적인 제한으로서, 헌법상 허용될 수 없음을 확인하였다(헌재 2020.12.23, 2017헌마416).

" 확인 OX "

1. 개인의 정치적 견해를 기준으로 청구인들을 문화예술계 정부지원사업에서 배제되도록 차별취급한 것은 헌법상 문화국가원리에 반하는 자의적인 것으로 정당화될 수 없다. (O) 21. 국가직 7급

2. 정부에 대한 반대 견해나 비판에 대하여 합리적인 홍보와 설득으로 대처하는 것이 아니라 비판적 견해를 가졌다는 이유만으로 국가의 지원에서 일방적으로 배제함으로써 정치적 표현의 자유를 제재하는 공권력의 행사는 헌법의 근본원리인 국민주권주의와 자유민주적 기본질서에 반하는 것으로 그 목적의 정당성을 인정할 수 없다. (O) 22. 5급 공채

43 카메라등이용촬영죄로 유죄판결이 확정된 성범죄자의 신상정보 등록 [기각]

카메라등이용촬영죄로 유죄판결이 확정된 자를 신상정보 등록대상자로 정하는 성폭력범죄의 처벌 등에 관한 특례법 조항들이 청구인의 개인정보자기결정권, 일반적 행동의 자유를 침해하지 아니한다(헌재 2020.10.29, 2018헌마1067). ⇨ 성범죄자의 신상정보 등록에 있어 반드시 재범의 위험성을 등록요건으로 하여야 하는 것은 아니라고 판단하고 있다.

" 확인 OX "

카메라등이용촬영죄로 유죄판결이 확정된 성범죄자의 신상정보 등록시 재범의 위험성을 전혀 고려하지 않는 것은 헌법에 위반된다. (×)

44 공중밀집장소추행죄를 범한 자에 대한 신상정보 등록 [기각]

현재 사용되는 재범의 위험성 평가 도구의 오류 가능성을 배제하기 어려워 일정한 성폭력범죄자를 일률적으로 등록대상자가 되도록 하는 것이 불가피하다(헌재 2020.6.25, 2019헌마699).

" 확인 OX "

성폭력범죄의 처벌 등에 관한 특례법상 공중밀집장소에서의 추행죄로 유죄판결이 확정된 자를 신상정보 등록대상자로 규정한 부분은 해당 신상정보 등록대상자의 개인정보자기결정권을 침해하지 않는다. (O) 22. 경정승진

45 간통목적 주거침입 [무죄]

1. 외부인이 공동거주자의 일부가 부재중에 주거 내에 현재하는 거주자의 현실적인 승낙을 받아 통상적인 출입방법에 따라 공동주거에 들어갔으나 부재중인 다른 거주자의 추정적 의사에 반하는 경우, 주거침입죄가 성립하지 않는다.
2. 피고인이 甲의 부재중에 甲의 처(妻) 乙과 혼외 성관계를 가질 목적으로 乙이 열어 준 현관 출입문을 통하여 甲과 乙이 공동으로 거주하는 아파트로 들어간 사안에서, 피고인이 乙로부터 현실적인 승낙을 받아 통상적인 출입방법에 따라 주거에 들어갔으므로 주거의 사실상 평온 상태를 해치는 행위태양으로 주거에 들어간 것이 아니어서 주거에 침입한 것으로 볼 수 없고, 피고인의 주거 출입이 부재중인 甲의 의사에 반하는 것으로 추정되더라도 주거침입죄의 성립 여부에 영향을 미치지 않는다(대판 2021.9.9, 2020도12630 전원합의체).

46 도청목적 주거침입 [무죄]

주거침입죄에서 침입에 해당하는지는 출입 당시 객관적·외형적으로 드러난 행위 태양에 비추어 볼 때 사실상의 평온상태가 침해되었는지에 따라 판단하여야 하고, 이에 해당하는지는 출입하려는 주거 등의 형태와 용도·성질, 외부인에 대한 출입의 통제·관리 방식과 상태, 출입 경위와 방법 등을 종합적으로 고려하여야 한다고 판시하면서, 일반인의 출입이 허용된 음식점에 영업주의 승낙을 받아 통상적인 출입방법으로 들어갔다면 특별한 사정이 없는 한 침입행위에 해당하지 않고, 설령 행위자가 범죄 등을 목적으로 음식점에 들어갔거나 실제 출입 목적을 알았더라면 출입을 승낙하지 않았을 것이라는 사정이 인정되더라도 그러한 사정만으로는 사실상의 평온 상태가 침해되었다고 볼 수 없으므로 주거침입죄가 성립하지 않는다(대판 2022.3.24, 2017도18272 전원합의체).

확인 OX

행위자가 범죄 등을 목적으로 음식점에 출입하였거나 영업주가 행위자의 실제 출입 목적을 알았더라면 출입을 승낙하지 않았을 것이라는 사정이 인정되더라도 그러한 사정만으로는 출입 당시 객관적·외형적으로 드러난 행위태양에 비추어 사실상의 평온상태를 해치는 방법으로 음식점에 들어갔다고 평가할 수 없으므로 침입행위에 해당하지 않는다.

(O) 25. 경찰간부

47 내부출입문을 손으로 두드린 행위는 주거침입으로 보기 어렵다.

피해자의 집 마당은 도로에 바로 접하여 있고 출입을 통제하는 문이나 담 기타 인적·물적 설비가 없으므로, 주거침입죄의 객체가 되는 위요지에 해당한다고 단정하기 어렵다. 또한 주거의 형태와 용도·성질, 외부인에 대한 출입의 통제·관리의 방식과 상태, 출입 경위와 방법 등을 종합적으로 고려하면, 청구인이 사실상의 평온상태를 해치는 행위태양으로 피해자의 집에 들어갔다고 단정하기 어렵다(헌재 2022.10.27, 2020헌마866).

> **확인 OX**
>
> 피해자의 집 마당은 도로에 바로 접하여 있고 출입을 통제하는 문이나 담 기타 인적·물적 설비가 없으므로, 집 마당을 넘어가 외부출입문을 열고 내부출입문을 손으로 두드린 행위는, 주거의 형태와 용도·성질, 외부인에 대한 출입의 통제·관리의 방식과 상태, 출입 경위와 방법 등을 종합적으로 고려하면, 사실상의 평온상태를 해치는 행위태양으로 주거침입에 해당한다. (×) 25. 경찰간부

48 외교부장관의 허가 없이 여행금지국가를 방문한 사람을 처벌하는 여권법 [기각]

입법목적은 국외 위난상황으로부터 국민의 생명·신체나 재산을 보호하고 국외 위난상황으로 인해 국가·사회에 미칠 수 있는 파급효과를 사전에 예방하는 것이다. 이와 같은 이 사건 처벌조항의 입법목적은 정당하고, 여행금지국가를 방문한 사람을 형사처벌하도록 하여 이를 사전에 억지하는 것은 그 입법목적을 달성하기 위하여 적합한 수단이다(헌재 2020.2.27. 2016헌마945).

> **확인 OX**
>
> 외교부장관의 허가 없이 여행금지국가를 방문한 사람을 처벌하는 여권법은 헌법에 위반되지 아니한다. (○)

49 이동통신서비스 가입 본인확인 [기각]

1. 관련 기본권: 통신의 자유 ○, 개인정보자기결정권 ○, 통신의 비밀 ×
2. 통신의 자유란 통신수단을 자유로이 이용하여 의사소통할 권리이다. 통신수단의 자유로운 이용에는 자신의 인적사항을 누구에게도 밝히지 않는 상태로 통신수단을 이용할 자유, 즉 통신수단의 익명성 보장도 포함된다.
3. 개인정보자기결정권, 통신의 자유가 제한되는 불이익과 비교했을 때, 명의도용 피해를 막고, 차명휴대전화의 생성을 억제하여 보이스피싱 등 범죄의 범행도구로 악용될 가능성을 방지함으로써 잠재적 범죄 피해 방지 및 통신망 질서 유지라는 더욱 중대한 공익의 달성효과가 인정된다(헌재 2019.9.26. 2017헌마1209).

확인 OX

1. 통신의 자유란 통신수단을 자유로이 이용하여 의사소통할 권리이다. 통신수단의 자유로운 이용에는 자신의 인적 사항을 누구에게도 밝히지 않는 상태로 통신수단을 이용할 자유, 즉 통신수단의 익명성 보장도 포함된다. (○) 21. 경정승진

2. 전기통신역무제공에 관한 계약을 체결하는 경우 전기통신사업자로 하여금 가입자에게 본인임을 확인할 수 있는 증서 등을 제시하도록 요구하고 부정가입방지시스템 등을 이용하여 본인인지 여부를 확인하도록 한 전기통신사업법 조항 및 전기통신사업법 시행령 조항은 이동통신서비스에 가입하려는 청구인들의 통신의 비밀을 제한한다. (×) 22. 순경 공채

3. 익명휴대전화를 이용하는 자들이 언제나 범죄의 목적을 가진다고 볼 수 없고 익명통신은 도덕적으로 중립적이므로, 익명휴대전화를 금지하기 위해 이동통신서비스 가입시 본인확인절차를 거치도록 한다면 그 규정은 정당한 입법목적을 가지고 있다고 볼 수 없으므로 개인정보자기결정권을 침해한다. (×) 20. 국회직 8급

4. 통신의 비밀이란 서신·우편·전신의 통신수단을 통하여 개인 간에 의사나 정보의 전달과 교환이 이루어지는 경우, 통신의 내용과 통신이용의 상황이 개인의 의사에 반하여 공개되지 아니할 자유를 의미하므로, 휴대전화 통신계약 체결 단계에서는 아직 통신의 비밀에 대한 제한이 이루어진다고 보기 어렵다. (○) 20. 법원직 9급

50 인터넷개인방송의 경우 감청

인터넷개인방송의 방송자가 비밀번호를 설정하는 등으로 비공개 조치를 취한 후 방송을 송출하는 경우에는, 방송자로부터 허가를 받지 못한 사람은 당해 인터넷개인방송의 당사자가 아닌 '제3자'에 해당하고, 이러한 제3자가 비공개 조치가 된 인터넷개인방송을 비정상적인 방법으로 시청·녹화하는 것은 통신비밀보호법상의 감청에 해당할 수 있다 (대판 2023.8.31, 2023도6323).

확인 OX

인터넷개인방송의 방송자가 비밀번호를 설정하는 등으로 비공개 조치를 취한 후 방송을 송출하는 경우, 방송자로부터 허가를 받지 못한 제3자가 비공개 조치가 된 인터넷개인방송을 비정상적인 방법으로 시청·녹화한 것은 통신비밀보호법의 감청에 해당하지 않는다. (×) 25. 경찰간부

51 수사기관 등에 의한 통신자료 제공요청 [헌법불합치]

▶ **결정 요지**

1. 영장주의 위배 여부
    헌법상 영장주의는 체포·구속·압수·수색 등 기본권을 제한하는 강제처분에 적용되므로, 강제력이 개입되지 않은 임의수사에 해당하는 수사기관 등의 통신자료 취득에는 영장주의가 적용되지 않는다.
2. 명확성원칙 위배 여부
    청구인들은 이 사건 법률조항 중 '국가안전보장에 대한 위해'의 의미가 불분명하다고 주장한다. 그런데 '국가안전보장에 대한 위해를 방지하기 위한 정보수집'은 국가의 존립이나 헌법의 기본질서에 대한 위험을 방지하기 위한 목적을 달성함에 있어 요구되는 최소한의 범위 내에서의 정보수집을 의미하는 것으로 해석되므로, 명확성원칙에 위배되지 않는다.
3. 과잉금지원칙 위배 여부
    수사기관 등이 통신자료 제공요청을 할 수 있는 정보의 범위를 성명, 주민등록번호, 주소 등 피의자나 피해자를 특정하기 위한 불가피한 최소한의 기초정보로 한정하고 있다. 또한 방법이나 제공현황 보고에 관한 규정 등을 두어 최소한의 범위 내에서 이루어지도록 하고 있다.
4. 적법절차 위배 여부
    통신자료 취득에 대한 사후통지절차를 두지 않아 적법절차원칙에 위배되어 개인정보자기결정권을 침해한다(헌재 2022.7.21, 2016헌마388).

▶ **비교 판례**

기지국수사는 통신비밀보호법이 정한 강제처분에 해당되므로 헌법상 영장주의가 적용된다. 헌법상 영장주의의 본질은 강제처분을 함에 있어 중립적인 법관이 구체적 판단을 거쳐야 한다는 점에 있는바, 이 사건 허가조항은 수사기관이 전기통신사업자에게 통신사실 확인자료 제공을 요청함에 있어 관할 지방법원 또는 지원의 허가를 받도록 규정하고 있으므로 헌법상 영장주의에 위배되지 아니한다(헌재 2018.6.28, 2012헌마538 등).

▶ **쟁점 정리**

1. 전기통신사업법상 통신자료는
    ① 이용자의 성명, ② 주민번호, ③ 주소, ④ 전화번호, ⑤ 아이디, ⑥ 가입 해지 일자를 통신자료로 규정하고 있다. 이는 수사 초기단계 용의자를 특정하기 위한 것으로 법원의 허가 없이도 경찰서장의 결재만으로도 수집이 가능하다.
2. 통신비밀보호법상 통신사실확인자료란
    ① 가입자의 전기통신일시, ② 전기통신개시·종료시간, ③ 발·착신 통신번호 등 상대방의 가입자번호, ④ 사용도수, ⑤ 컴퓨터통신 또는 인터넷의 사용자가 전기통신 역무를 이용한 사실에 관한 컴퓨터통신 또는 인터넷의 로그기록자료, ⑥ 정보통신망에 접속된 정보통신기기의 위치를 확인할 수 있는 발신기지국의 위치추적자료, ⑦ 컴퓨터통신 또는 인터넷의 사용자가 정보통신망에 접속하기 위하여 사용하는 정보통신기기의 위치를 확인할 수 있는 접속지의 추적자료를 말한다. 이는 법원의 허가를 사전 또는 사후적으로 받아야만 취득이 가능하다.

> **확인 OX**
>
> 1. '전기통신사업법'은 수사기관 등이 전기통신사업자에 대하여 통신자료의 제공을 요청할 수 있는 권한을 부여하면서 전기통신사업자에게 수사기관 등의 통신자료 제공요청에 응하거나 협조하여야 할 의무를 부과하지 않으며, 달리 전기통신사업자의 통신자료 제공을 강제할 수 있는 수단을 마련하고 있지 아니하므로, 동법에 따른 통신자료 제공요청은 강제력이 개입되지 아니한 임의수사에 해당하고 이를 통한 수사기관 등의 통신자료 취득에는 영장주의가 적용되지 아니한다. (○) 23. 경찰승진
> 2. 수사기관 등이 전기통신사업자에게 이용자의 성명 등 통신자료의 열람이나 제출을 요청할 수 있도록 한 전기통신사업법 해당 조항은 통신자료 취득에 대한 사후통지절차를 두지 않아 적법절차원칙에 위배된다. (○) 23. 소방간부

52 양심적 예비군 훈련 거부 [각하]

1. 양심에 따른 병역거부는 병역법 제88조 제1항의 '정당한 사유'에 해당한다.
2. 제청법원들은 제청신청인들이 진정한 양심에 따른 예비군 훈련 거부자에 해당하는지 여부를 심리하고 이를 바탕으로 정당한 사유의 존부를 가려 유·무죄 판결을 하면 되므로, 이 사건 위헌법률심판제청은 '심판대상조항이 헌법에 위반되는지 여부에 따라 당해 사건을 담당하는 법원이 다른 내용의 재판을 하게 되는 경우'에 해당한다고 볼 수 없다. 따라서 이 사건 위헌법률심판제청은 재판의 전제성 요건을 충족하지 못하여 부적법하다(헌재 2021.2.25, 2013헌가13).

> **확인 OX**
>
> '양심적' 병역거부는 실상 당사자의 '양심에 따른' 혹은 '양심을 이유로 한' 병역거부를 가리키는 것일 뿐만 아니라 병역거부가 '도덕적이고 정당하다'는 의미를 내포한다. (×)

53 대체복무제 사건 [기각]

1. 교정실로 복무장소 국한
    복무장소가 교정시설에 국한되었을 뿐, 청구인들이 주장하는 사회복지시설, 병원, 응급구조시설, 공공기관 등 다른 기관에서 대체복무요원이 복무를 하게 된다 하더라도 부여될 수 있는 다양한 업무들을 수행하고 있다.
2. 복무기간 36개월 부분
    병역법에 따르면 육군의 복무기간이 2년이 원칙이어서 기간이 크게 차이나지 않는다. 현역병은 각종 사고와 위험에 노출되기 때문에 합리적이다.

3. 합숙조항
   현역병이 원칙적으로 군부대 안에서 합숙복무를 하고 있고 이들과의 형평성 등을 고려했기 때문으로 보인다.
4. 공용공간에 CCTV
   교정시설의 계호, 경비, 보안 등의 목적을 달성하기 위하여 불가피한 점이 있다.
5. 정당에 가입을 금지
   대체복무요원의 정치적 중립성을 유지하며 업무전념성을 보장하고자 하는 것으로, 청구인의 정당가입의 자유를 침해하지 않는다(헌재 2024.5.30, 2021헌마117).

확인 OX

1. 대체복무의 경우 복무기간을 36개월로 한 것은 현역병의 경우 18개월인 것에 비해 2배나 많은 기간을 복무하고 있어 이는 평등의 원칙에 위반된다. (×)

2. 대체복무요원의 경우 정당가입을 금지하는 것은 국민이면 누구나 자유롭게 정당에 가입할 수 있음에도 불구하고 과도한 제한을 가한 것으로 정당가입의 자유를 침해한다. (×)

3. 대체복무요원 생활관 내부의 공용공간에 CCTV를 설치하여 촬영하는 행위는 군부대와 달리 대체복무요원들의 모든 사적 활동의 동선을 촬영하여, 개인의 행동과 심리에 심각한 제약을 느끼게 하므로 대체복무요원들의 사생활의 비밀과 자유를 침해한다. (×) 24. 순경2차

4. 국가에게 혼인과 가족생활의 보호자로서 부모의 자녀양육을 지원할 헌법상 과제가 부여되어 있다 하더라도, 그로부터 곧바로 헌법이 국가에게 자녀를 양육하는 모든 병역의무 이행자들의 출퇴근 복무를 보장하여 자녀가 있는 대체복무요원들까지 합숙복무의 예외를 인정하여야 할 명시적인 입법의무를 부여하였다고 할 수는 없다. (○) 24. 순경2차

54 '공익신고자 보호법'상 보상금 제한 [합헌]

내부 공익신고자는 조직 내에서 배신자라는 오명을 쓰기 쉬우며, 공익신고로 인하여 신분상, 경제상 불이익을 받을 개연성이 높다. 이 때문에 보상금이라는 경제적 지원조치를 통해 내부 공익신고를 적극적으로 유도할 필요성이 인정된다. 반면, '내부 공익신고자가 아닌 공익신고자'는 내부 공익신고자에 비해 상대적으로 신고의 정확성 및 타당성이 낮을 수밖에 없어 양자의 차별에는 합리적인 이유가 있다(헌재 2021.5.27, 2018헌바127).

확인 OX

보상금의 지급을 신청할 수 있는 자의 범위를 '내부 공익신고자'로 한정함으로써 '외부 공익신고자'를 보상금 지급대상에서 배제하도록 정한 공익신고자 보호법 조항 중 '내부 공익신고자' 부분은 평등원칙에 위배되지 않는다. (○) 23. 순경1차

55 종교인소득 비과세 혜택 [각하]

1. 소형 종교단체(과세해도 소득이 작아 비과세)의 경우는 기본권 침해 가능성이 없다.
2. 일반인들의 경우는 이런 혜택이 제거된다고 하여 일반인들의 법적 지위가 향상될 여지가 없다(헌재 2020.7.16, 2018헌마319).

확인 OX

종교인 비과세 혜택과 관련하여 일반인들의 경우 종교인에게 과세가 된다면 자신들의 세금 부담이 줄어들게 되어 기본권 침해 가능성을 인정할 수 있다. (×)

56 종교시설 안에서의 명함 배부 및 지지호소로 인한 기소유예 [인용]

기소유예처분 후 공직선거법이 개정되어 '대관 등으로 본래의 용도 외의 용도로 이용되는 종교시설의 옥외에서' 명함을 주고 지지를 호소한 청구인의 행위는 범죄를 구성하지 아니하게 되었으므로, 개정 전 공직선거법을 적용하여 내린 이 사건 기소유예처분은 청구인의 평등권과 행복추구권을 침해한 것이다(헌재 2023.2.23, 2020헌마1739).

57 종교단체 내 직무상 지위 이용 선거운동 제한 [합헌]

종교단체의 구성원들이 공통된 종교적 신념을 기초로 빈번하게 종교 집회나 교육 등의 활동을 공동 수행하면서 상호 밀접한 관계를 형성한다는 점, 성직자 등의 종교단체 내 지위와 영향력을 간과할 수 없다는 점을 고려한 것으로, 선거의 공정성 확보가 중요하다. 따라서 종교단체 내에서의 직무상 행위를 이용한 선거운동을 금지하는 공직선거법은 헌법에 위반되지 않는다(헌재 2024.1.25, 2021헌바233).

확인 OX

공직선거법의 '누구든지 종교적인 기관·단체 등의 조직 내에서의 직무상 행위를 이용하여 그 구성원에 대하여 선거운동을 하거나 하게 할 수 없다'는 규정 중 '직무상 행위를 이용하여' 부분은 죄형법정주의 명확성원칙에 위반되지 않는다.
(O) 24. 법원행시

58 신앙의 자유는 절대적 기본권

헌법 제20조 제1항은 모든 국민은 종교의 자유를 가진다고 규정하여 종교의 자유를 선언하고 있다. 종교의 자유는 일반적으로 신앙의 자유, 종교적 행위의 자유 및 종교적 집회·결사의 자유로 구성된다. 신앙의 자유는 그 자체가 내심의 자유의 핵심이므로 법률로써도 이를 침해할 수 없는 반면, 종교적 행위의 자유와 종교적 집회·결사의 자유는 신앙의 자유와는 달리 절대적 자유가 아니므로 질서유지, 공공복리 등을 위하여 제한할 수 있다(헌재 2023.6.29, 2021헌마171).

확인 OX

신앙의 자유는 그 자체가 내심의 자유의 핵심이므로 법률로써도 이를 침해할 수 없는 반면, 종교적 행위의 자유와 종교적 집회·결사의 자유는 신앙의 자유와는 달리 절대적 자유가 아니므로 질서유지, 공공복리 등을 위하여 제한할 수 있다.
(O) 24. 국회직 8급

59 간호조무사 시험 토요일 시행 [기각]

시험일을 평일로 정할 경우 시험장의 확보와 전국적인 시험 관리에 어려움이 발생하고, 직장인이거나 재학중인 수험생의 시험 응시가 어렵게 된다. 이는 종교의 자유을 침해하지 않는다(헌재 2023.6.29, 2021헌마171).

확인 OX

간호조무사 국가시험 실시 요일은 수험생들의 피해를 최소화할 수 있는 방안으로 결정하여야 하지만 연 2회 실시되는 간호조무사 국가시험을 모두 토요일에 실시한다고 하여 토요일에 종교적 의미를 부여하는 종교를 믿는 자의 종교의 자유를 침해하지 아니한다.
(O) 24. 소방간부

60 육군훈련소 내 종교행사 참석 강제 [인용]

이 사건 종교행사 참석조치는 군에서 필요한 정신전력을 강화하는 데 기여하기보다 오히려 해당 종교와 군 생활에 대한 반감이나 불쾌감을 유발하여 역효과를 일으킬 소지가 크고, 훈련병들의 정신전력을 강화할 수 있는 방법으로 종교적 수단 이외에 일반적인 윤리교육 등 다른 대안도 택할 수 있으며, 종교는 개인의 인격을 형성하는 가장 핵심적인 신념일 수 있는 만큼 종교에 대한 국가의 강제는 심각한 기본권 침해에 해당하는 점을 고려할 때, 이 사건 종교행사 참석조치는 과잉금지원칙을 위반하여 청구인들의 종교의 자유를 침해한다(헌재 2022.11.24, 2019헌마941).

> **확인 OX**
>
> 육군훈련소장이 훈련병에게 개신교, 불교, 천주교, 원불교 종교행사 중 하나에 참석하도록 한 것은 국가가 종교를 군사력 강화라는 목적을 달성하기 위한 수단으로 전락시키거나, 반대로 종교단체가 군대라는 국가권력에 개입하여 선교행위를 하는 등 영향력을 행사할 수 있는 기회를 제공하므로, 국가와 종교의 밀접한 결합을 초래한다는 점에서 헌법상 정교분리원칙에 위배된다. (O) 24. 국회직 8급, 23. 순경1차

61 방송편성 간섭 금지 및 처벌 사건 [합헌]

▶ 주요 쟁점

1. 죄형법정주의 명확성원칙 위반 여부(소극)
2. 표현의 자유 침해 여부(소극)

▶ 결정 요지

금지조항은 방송편성의 자유와 독립을 보장하기 위하여 방송사 외부에 있는 자가 방송편성에 관계된 자에게 방송편성에 관해 특정한 요구를 하는 등의 방법으로 방송편성에 관한 자유롭고 독립적인 의사결정에 영향을 미칠 수 있는 행위 일체를 금지한다는 의미임을 충분히 예견할 수 있으므로, 죄형법정주의 명확성원칙에 위반된다고 볼 수 없다(헌재 2021.8.31, 2019헌바439).

> **확인 OX**
>
> 방송편성에 관하여 간섭을 금지하고 그 위반 행위자를 처벌하는 방송법의 간섭에 관한 부분은 표현의 자유를 침해하지 않는다. (O)

62 임시조치 [기각]

정보통신망을 통해 일반에게 공개된 정보로 사생활 침해, 명예훼손 등 타인의 권리가 침해된 경우 그 침해를 받은 자가 삭제요청을 하면 정보통신서비스 제공자는 권리의 침해 여부를 판단하기 어렵거나 이해당사자 간에 다툼이 예상되는 경우에는 30일 이내에서 해당 정보에 대한 접근을 임시적으로 차단하는 조치를 하여야 한다고 규정한 정보통신망 이용촉진 및 정보보호 등에 관한 법률 제44조의2 제2항 중 '임시조치'에 관한 부분 및 제4항은 청구인들의 표현의 자유를 침해하지 아니한다(헌재 2020.11.26, 2016헌마275).

> **확인 OX**
>
> 정보통신망을 통해 일반에게 공개된 정보로 사생활 침해, 명예훼손 등 이해당사자 간에 다툼이 예상되는 경우 해당 정보에 대한 접근을 임시적으로 차단하는 조치는 표현의 자유를 침해하지 않는다. (O)

63 공연한 방법으로 상관을 모욕 [합헌]

군조직의 특성상 상관을 모욕하는 행위는 개인의 인격적 법익에 대한 침해를 넘어 군기를 문란하게 하는 행위로서 군조직의 위계질서를 파괴할 위험성이 크므로, 죄질과 책임이 가볍지 않다(헌재 2024.8.29, 2024헌바175).

> **확인 OX**
>
> 공연한 방법으로 상관을 모욕한 사람을 처벌하는 군형법 조항은 법관이 징역형이나 금고형 외에 벌금형을 선택할 수 없도록 하여 형벌의 개별화 원칙에 부응하지 못하고 있으므로 형벌과 책임 간의 비례원칙에 위배된다. (×) 25. 입법고시

64 공연히 허위의 사실을 적시하여 명예를 훼손 [합헌]

인터넷 사회에서 개인의 인격권을 심각하게 침해할 우려가 있다. 또한 허위성이 입증된 경우에만 처벌되며 그 입증책임은 검사에게 부여된다. 법원의 경우 다소 과장된 표현이 있더라도 이를 허위의 사실로 보지 않으니 이는 헌법에 위반되지 아니한다(헌재 2021.2.25, 2016헌바84).

65 사실 적시 명예훼손죄 [합헌]

형법 제307조 제1항이 사실 적시에 관한 표현의 자유를 제한하고 있으나 타인의 명예를 그 보호법익으로 하고 있고, 징벌적 손해배상이 인정되지 않는 상황에서 민사적 구제방법만으로는 입법목적을 동일하게 달성하면서도 덜 침익적인 수단이 있다고 보기 어려우며, 형법 제310조의 위법성조각사유와 그에 대한 헌법재판소·대법원의 해석을 통해 명예훼손죄가 공적인물과 국가기관에 대한 비판을 억압하는 수단으로 남용되지 않도록 하고 있음을 고려하여, 형법 제307조 제1항이 헌법에 위반되지 않는다(헌재 2021.2.25, 2017헌마1113).

> **확인 OX**
>
> 사생활의 비밀의 보호 필요성을 고려할 때 공연히 사실을 적시하여 사람의 명예를 훼손한 자를 처벌하도록 규정한 형법 제307조 제1항 중 '진실한 것으로서 사생활의 비밀에 해당하지 아니한' 사실 적시에 관한 부분은 헌법상 표현의 자유에 위반된다.　　　　　　　　　　　　　　　　　　　　　　　　　　　　　　　　　　　　　(×) 24. 국회직 8급

66 국가보안법상 이적행위 및 이적표현물 제작행위 등 처벌규정 [합헌]

국가보안법의 적용 범위가 법률의 개정, 헌법재판소 결정 및 법원의 판결 등을 통해 계속적으로 제한되어 왔기 때문에 더 이상 이적행위조항이나 이적표현물 조항이 오·남용될 가능성이 크지 아니하고, 북한으로 인한 위협이 존재하는 상황에서 국가보안법이 현시점에도 존재의의가 있음을 인정하고, 그동안 이적행위조항 및 이적표현물조항에 대하여 합헌결정을 선고하였던 종전의 헌법재판소 선례들이 여전히 타당하다(헌재 2023.9.26, 2017헌바42).

> **확인 OX**
>
> 이적표현물을 소지하거나 취득하는 행위는 내심의 영역에서 양심을 형성하고 양심상의 결정을 내리는 과정에서 지식정보를 습득하거나 보관하는 행위로 양심 형성의 자유의 보호영역에 속하므로, 이를 통해 형성된 양심적 결정이 외부로 표현되고 실현되지 아니한 단계에서 이를 처벌하는 것은 허용되지 아니한다.　　　　　　　　　　　　　　　　(×) 24. 법원행시

67 대북 전단 등의 살포 금지·처벌 사건 [위헌]

1. 헌법재판소는 심판대상조항이 국민의 생명·신체의 안전을 보장하고 남북 간 긴장을 완화하며 평화통일을 지향하여야 하는 국가의 책무를 달성하기 위한 것으로서 그 입법목적이 정당하다고 보면서도, 심판대상조항에 따라 제한되는 표현의 내용이 매우 광범위하고, 최후의 수단이 되어야 할 국가형벌권까지 동원한 것이어서, 표현의 자유를 지나치게 제한한다고 판단하였다.
2. 헌법재판소의 이번 결정은 표현의 내용을 제한하는 법률에 대하여 위헌 여부를 심사할 때는 더 엄격한 기준에 따라야 한다는 선례의 입장에 기초한 것으로서, 표현의 자유가 민주주의의 근간이 되는 헌법적 가치라는 점과 그 보장의 중요성을 다시 한번 강조한 것으로 볼 수 있다(헌재 2023.9.26, 2020헌마1724).

> **확인 OX**
>
> 1. 남북합의서 위반행위로서 전단 등 살포를 하여 국민의 생명·신체에 위해를 끼치거나 심각한 위험을 발생시키는 것을 금지하는 남북관계 발전에 관한 법률 제24조 제1항 제3호 및 이에 위반한 경우 처벌하는 같은 법 제25조 중 제24조 제1항 제3호에 관한 부분은 전단을 살포하려는 자의 표현의 자유를 침해한다고 볼 수 없다. (×) 24. 국회직 8급
>
> 2. 남북합의서 위반행위로서 전단등 살포를 하여 국민의 생명·신체에 위해를 끼치거나 심각한 위험을 발생시키는 것을 금지하고 이를 위반한 경우 처벌하는 남북관계 발전에 관한 법률 조항은 그 궁극적인 의도가 북한 주민을 상대로 한 북한 체제 비판 등의 내용을 담은 표현을 제한하는 데 있다는 점에서 표현의 내용과 무관한 내용중립적 규제로 보기는 어렵다. (○) 24. 순경1차

68 공공기관등 게시판 본인확인제 [기각]

공공기관등이 설치·운영하는 게시판에 언어폭력, 명예훼손, 불법정보 등이 포함된 정보가 게시될 경우 그 게시판에 대한 신뢰성이 저하되고 결국에는 게시판 이용자가 피해를 입을 수 있으며, 공공기관등의 정상적인 업무 수행에 차질이 빚어질 수도 있다. 따라서 공공기관등이 설치·운영하는 게시판의 경우 본인확인조치를 통해 책임성과 건전성을 사전에 확보함으로써 해당 게시판에 대한 공공성과 신뢰성을 유지할 필요성이 크며, 그 이용 조건으로 본인확인을 요구하는 것이 과도하다고 보기는 어렵다(헌재 2022.12.22, 2019헌마654).

> **확인 OX**
>
> 공공기관등이 설치·운영하는 게시판의 경우 본인확인조치를 통해야만 글을 게시할 수 있게 한 것은 표현의 자유를 침해하는 조치이다. (×)

69 정보통신망 이용 거짓 사실 적시 명예훼손죄 [합헌]

정보통신망에서의 명예훼손행위는 빠른 전파성과 광범위한 파급효과로 인하여 그 피해가 심각할 수 있고 사후적인 피해 회복 또한 쉽지 않으므로, 개인의 명예 즉 인격권을 보호하기 위하여 정보통신망에 공공연하게 거짓 사실을 적시하여 피해자의 명예를 훼손한 행위를 형사처벌하는 것은 목적의 정당성과 수단의 적절성이 인정된다(헌재 2021.3.25, 2015헌바438).

70 한국의료기기산업협회

한국의료기기산업협회가 행하는 이 사건 의료기기 광고 사전심의는 헌법이 금지하는 사전검열에 해당하고, 이러한 사전심의제도를 구성하는 심판대상조항은 헌법 제21조 제2항의 사전검열금지원칙에 위반된다(헌재 2020.8.28, 2017헌가35).

확인 OX

한국의료기기산업협회가 행하는 의료기기 광고 사전심의는 헌법이 금지하는 사전검열에 해당한다. (O) 21. 법원직 9급

71 의료기기법상 의료기기 광고에 대한 사전심의 [위헌]

의료기기와 관련하여 심의를 받지 아니하거나 심의받은 내용과 다른 내용의 광고를 하는 것을 금지하고, 이를 위반한 경우 행정제재와 형벌을 부과하도록 한 의료기기법 제24조 제2항 제6호 및 구 의료기기법 제36조 제1항 제14호 중 '제24조 제2항 제6호를 위반하여 의료기기를 광고한 경우' 부분, 구 의료기기법 제52조 제1항 제1호 중 '제24조 제2항 제6호를 위반한 자' 부분이 모두 헌법에 위반된다(헌재 2020.8.28, 2017헌가35). ⇨ 사전검열로 보았다.

72 불법 인터넷 사이트 접속차단 사건 [기각]

정보통신서비스제공자 등이 참여하는 협의체를 구성하여, 보안접속 프로토콜(https)을 이용하여 통신하는 경우에도 불법정보 등에 대한 접속차단이 가능하도록 'SNI 차단 방식'을 도입하기로 협의하고 주식회사 케이티 외 9개 정보통신서비스제공자 등에 대하여 불법정보 등에 해당하는 895개 웹사이트에 대한 이용자들의 접속을 차단하도록 시정을 요구하였다. 이용자들의 통신의 비밀과 자유 및 알 권리를 침해하지 않는다(헌재 2023.10.26, 2019헌마158).

확인 OX

방송통신심의위원회가 주식회사 OO 외 9개 정보통신서비스제공자 등에 대하여 895개 웹사이트에 대한 접속차단의 시정을 요구한 행위는 정보통신서비스이용자의 통신의 비밀을 침해하지 않는다. (O) 24. 국회직 8급

73 공정위의 열람·복사 요구에 대한 거부 [합헌]

심판대상조항은 공정위로 하여금 당사자의 자료열람·복사 요구에 대하여 선택적 또는 자의적으로 거부할 수 있도록 한 것이 아니라, 자료제출자의 동의가 있거나 공익상 필요하다고 인정될 때에는 열람·복사에 응하도록 하고 있다. 이는 자료제출자를 보호함과 동시에 열람·복사를 요구하는 당사자의 알 권리를 조화시키기 위한 것이므로, 공정위는 당사자의 방어권과 거부에 의하여 보호되는 이익을 비교형량하여 열람·복사의 허용 여부를 결정하여야 한다. 또한 재판을 통하여 거부에 불복할 수 있다(헌재 2023.7.20, 2019헌바417).

74 국회정보위원회 회의 비공개로 규정 [위헌]

1. 의사공개의 원칙은 절대적인 것은 아니고, 출석의원 과반수의 찬성이 있거나 의장이 국가의 안전보장을 위하여 필요하다고 인정할 때에는 공개하지 아니할 수 있다(헌법 제50조 제1항).
2. 헌법 규정의 비공개 요건을 충족하여야 함에도 불구하고 출석위원 과반수의 찬성이라는 요건을 충족되었다고 볼 수 없는 경우에도 국회정보위원회의 회의를 비공개로 하여 청구인들의 알 권리를 침해한다(헌재 2022.1.27, 2018헌마1162).

확인 OX

1. 헌법상 의사공개원칙은 모든 국회의 회의를 항상 공개하여야 하는 것은 아니나 이를 공개하지 아니할 경우에는 헌법에서 정하고 있는 일정한 요건을 갖추어야 함을 의미한다. (O) 22. 국가직 7급
2. 국회정보위원회의 모든 회의는 실질적으로 국가기밀에 관한 사항과 직·간접적으로 관련되어 있으므로 국가안전보장을 위하여 회의 일체를 비공개로 하더라도 정보취득의 제한을 이유로 알 권리에 대한 침해로 볼 수는 없다. (×) 22. 지방직 7급

75 아동학대행위자의 식별정보 보도금지 [합헌]

헌법재판소는 아동학대 사건처리 과정에서 발생할 수 있는 사생활 노출 등 2차 피해로부터의 피해아동 보호를 중요한 공익으로 인정하면서, 아동학대행위자의 식별정보의 보도는 그와 밀접한 관계에 있는 피해아동의 2차 피해로 이어질 수 있는 점, 언론기능 및 국민의 알 권리는 익명화된 사건보도로도 충족될 수 있는 점 등을 고려하여 재판관 전원일치 의견으로 심판대상조항이 언론·출판의 자유 및 국민의 알 권리를 침해하지 않는다고 판단하였다(헌재 2022.10.27, 2021헌가4).

> **확인 OX**
>
> 아동학대행위자의 식별정보에 대한 보도금지는 언론·출판의 자유 및 국민의 알 권리를 침해한다. (×)

76 가습기살균제 제품의 표시·광고에 관한 공정거래위원회의 사건처리 [인용]

1. 법원은 사업자가 언론사에 보도자료를 배포하여 신문기사의 형식을 취한 경우에도 광고에 해당한다.
2. 거짓·과장의 광고와 관련하여 그 내용이 진실임을 입증할 책임은 사업자 측에 있다.
3. 피청구인이 표시·광고5 내지 7을 심사대상에서 제외한 행위는, 현저히 정의와 형평에 반하는 조사 또는 잘못된 법률의 적용 또는 증거판단에 따른 자의적인 것으로서, 그로 인하여 청구인의 평등권과 재판절차진술권이 침해되었다(헌재 2022.9.20, 2016헌마773). ⇨ 담당심사관은 이를 심사대상에서 제외하여 심의절차종료결정을 내렸고, 헌재는 이는 잘못이라 판단하였다.

> **확인 OX**
>
> 사업자가 언론사에 보도자료를 배포하여 신문기사의 형식을 취한 경우는 광고에 해당하지 아니한다. (×)

77 음란 영상 전시·공연 금지 [합헌]

정보통신망을 건전하고 안전하게 이용할 수 있는 환경을 조성하고 그 이용자를 보호하여 국민생활의 향상과 공공복리를 증진하기 위한 것으로 과잉금지에 위반되지 않는다(헌재 2023.2.23, 2019헌바305).

78 사회복무요원의 정치적 목적을 지닌 행위 금지 [위헌]

1. 사회복무요원이 '정당의 당원이 된다'는 정치적 행위를 금지하고 있을 뿐이므로, 정당에 대한 지지의사를 개인적인 자리에서 밝히는 등 일정한 범위 내의 정당 관련 활동은 사회복무요원에게도 허용된다.
2. 이 사건 법률조항은 '정치적 목적을 지닌 행위'의 의미를 개별화·유형화하지 않으며, 앞서 보았듯 '그 밖의 정치단체'의 의미가 불명확하므로 이를 예시로 규정하여도 '정치적 목적을 지닌 행위'의 불명확성은 해소되지 않는다(수단이 깨짐. 다만, 이는 3명의 의견)(헌재 2021.11.25, 2019헌마534).

> **확인 OX**
>
> 사회복무요원의 경우 정치적 목적을 지닌 행위를 금지하는 것은 명확성의 원칙에 위배되지 않는다. (×)

79 직사살수 [위헌확인]

1. 종로구청입구 사거리에서 살수차를 이용하여 물줄기가 일직선 형태로 청구인 백○○에게 도달되도록 살수한 행위는 청구인 백○○의 생명권 및 집회의 자유를 침해한 것으로서 헌법에 위반됨을 확인한다.
2. 배우자와 자녀들의 경우 제3자에 해당하여 자기관련성이 인정되지 아니한다.
3. 이미 종료된 행위이나 사람의 생명이나 신체에 중대한 위험을 초래할 수 있는 공권력 행사이며, 헌법재판소는 직사살수 행위가 헌법에 합치하는지 여부에 대해 해명을 한 바 없으므로, 심판의 이익을 인정할 수 있다.
4. 당시 생명·신체의 위해 또는 재산·공공시설의 위험 자체가 발생하였다고 보기 어려우므로, 수단의 적합성을 인정할 수 없다(헌재 2020.4.23. 2015헌마1149).

> **확인 OX**
>
> 1. 집회나 시위 해산을 위한 살수차 사용은 집회의 자유 및 신체의 자유에 중대한 제한을 초래하므로 그 사용요건이나 기준은 법률에 근거를 두어야 한다. (O)
>
> 2. 살수차를 이용하여 물줄기가 일직선 형태로 사람에게 도달되도록 살수한 행위는 이미 종료된 행위로 소의 이익을 인정할 수 없다. (×)

80 대통령 관저 100미터 인근 예외 없는 집회금지 사건 [헌법불합치]

심판대상조항은 대통령 관저 인근 일대를 광범위하게 집회금지장소로 설정함으로써, 집회가 금지될 필요가 없는 장소까지도 집회금지장소에 포함되게 한다. 대규모 집회 또는 시위로 확산될 우려가 없는 소규모 집회의 경우, 심판대상조항에 의하여 보호되는 법익에 대해 직접적인 위협이 발생할 가능성은 상대적으로 낮다. 나아가 '대통령 등의 안전이나 대통령 관저 출입과 직접적 관련이 없는 장소'에서 '소규모 집회'가 열릴 경우에는, 이러한 위험성은 더욱 낮아진다. 결국 심판대상조항은 법익에 대한 위험 상황이 구체적으로 존재하지 않는 집회까지도 예외 없이 금지하고 있다(헌재 2022.12.22. 2018헌바48).

> **"확인 OX"**
>
> '대통령 등의 안전이나 대통령 관저 출입과 직접적 관련이 없는 장소'에서 '소규모 집회'가 열릴 경우까지 일률적으로 집회를 금지하는 것은 헌법에 위반된다. (○)

81 인천애(愛)뜰 잔디마당의 사용을 제한하는 인천광역시 조례 조항 [위헌]

1. 잔디마당은 인천광역시 스스로 결단하여 종래의 시청사 외벽 등을 철거하고 새롭게 조성한 공간으로, 평소 일반인에게 자유롭게 개방되어 있으며, 도심에 위치하여 도보나 대중교통으로 접근하기 편리하고 다중의 이목을 집중시키기에 유리하며, 주변에 지방자치단체 주요 행정기관들의 청사가 있다.
2. 헌법재판소는 위와 같은 잔디마당의 장소적 특성과 현황을 고려할 때, 집회 장소로 잔디마당을 선택할 자유는 원칙적으로 보장되어야 하고, 공유재산의 관리나 공공시설의 설치·관리 등의 명목으로 일방적으로 제한되어서는 안 되는바, 집회·시위를 목적으로 하는 경우에는 잔디마당의 사용을 전면적·일률적으로 제한하는 심판대상조항이 과잉금지원칙에 위배된다고 판단하였다(헌재 2023.9.26, 2019헌마1417). ⇨ 법률유보에는 반하지 않는다.

> **"확인 OX"**
>
> 1. 공유재산의 관리나 공공시설의 설치·관리 등의 명목으로 일방적으로 제한되어서는 안 되는바, 집회·시위를 목적으로 하는 경우에는 잔디마당의 사용을 전면적·일률적으로 제한하는 심판대상조항이 과잉금지원칙에 위배된다고 판단하였다. (○)
> 2. 집회 또는 시위를 하기 위하여 인천애(愛)뜰 중 잔디마당과 그 경계 내 부지에 대한 사용허가 신청을 한 경우 인천광역시장이 이를 허가할 수 없도록 제한하는 인천애(愛)뜰의 사용 및 관리에 관한 조례 조항은 헌법 제21조 제2항이 규정하는 집회에 대한 허가제 금지원칙에 위배된다. (×) 24. 순경1차

82 외교기관 100미터 이내 옥외집회의 금지 [합헌]

1. '대규모 집회 또는 시위로 확산될 우려'란 집회 또는 시위의 구체적 장소, 소요시간, 참석인원, 방법이나 사용 도구, 시위의 경우 진로, 질서유지인의 존부나 규모 등을 종합적으로 고려할 때, 일반 대중이 합세하는 등으로 당초 예상보다 규모가 커짐으로써 우발적인 사고나 위험에 대응하기 곤란한 집회 또는 시위가 될 가능성 내지 개연성을 말한다고 볼 수 있다.
2. 예외적인 경우에는 이러한 집회 및 시위를 허용하고 있는바, 이는 입법기술상 가능한 최대한의 예외적 허용 규정이며, 그 예외적 허용 범위는 적절하다고 보이므로 침해의 최소성에 반한다고 할 수 없다(헌재 2023.7.20, 2020헌바131).

83. 국회의장 공관 100미터 인근 예외 없는 집회금지 사건 [헌법불합치]

심판대상조항이 국회의장 공관의 기능과 안녕을 저해할 우려가 있는 집회를 금지하는 데 머무르지 않고 국회의장 공관 인근의 모든 집회를 예외 없이 금지함으로써, 구체적인 상황을 고려하여 상충하는 법익 간의 조화를 이루려는 노력을 전혀 기울이지 않고 있으므로 집회의 자유를 침해한다(헌재 2023.3.23, 2021헌가1).

확인 OX

1. 국회의장 공관의 경계지점으로부터 100미터 이내의 장소에서의 옥외집회 또는 시위를 일률적으로 금지하고, 이를 위반한 집회·시위의 참가자를 처벌하는 것은 해당 장소에서 옥외집회·시위가 개최되더라도 국회의장에게 물리적 위해를 가하거나 국회의장 공관으로의 출입 내지 안전에 위협을 가할 우려가 없는 장소까지 포함되어 있다는 점에서 입법목적 달성에 필요한 범위를 넘어 집회의 자유를 과도하게 제한하는 것으로 집회의 자유를 침해한다. (O) 23. 법원직

2. 집회 및 시위에 관한 법률은 국회의장 공관의 기능과 안녕을 보호할 다양한 규제 수단을 마련하고 있고, 집회·시위 과정에서의 폭력행위나 업무방해 행위 등은 형사법상의 범죄행위로 처벌되므로, 국회의장 공관 인근에서 예외적으로 옥외집회·시위를 허용한다고 하더라도 국회의장 공관의 기능과 안녕은 충분히 보장될 수 있다. (O) 24. 법원행시

84. 감염병의 예방 및 관리를 위해 여러 사람의 집합을 제한 [합헌]

집회제한 등 조치가 필요한 감염병을 특정하여 한정하지 아니한 것은 보건당국이 감염병의 성질과 전파 정도, 유행상황이나 위험의 정도, 치료방법의 개발 등에 따라 그 범위를 판단하여 필요하고도 적절한 조치를 취할 수 있도록 하기 위한 것이다. 심판대상조항의 규율 대상은 일정한 내용과 형식을 갖춘 '행사 자체'가 아니라 '여러 사람의 집합'이다(헌재 2024.8.29, 2022헌바177).

확인 OX

감염병을 예방하기 위하여 집회를 제한하거나 금지하는 구 감염병의 예방 및 관리에 관한 법률 제49조 제1항 제2호의 규율 대상은 일정한 내용과 형식을 갖춘 형사 자체로서 여러 사람의 집합이므로, 동 조항에 의하여 집회의 내용 자체가 제한된다. (×) 25. 순경

85 운송사업자 연합회 강제 가입 [합헌]

연합회에 강제로 가입하도록 하고 임의로 탈퇴할 수 없도록 하고 있어 소극적 결사의 자유를 제한한다. 다만, 연합회의 지위를 강화함으로써 운송사업자의 공동이익을 효과적으로 증진시키기 위함으로 합헌이다(헌재 2022.2.24, 2018헌가8).

"확인 OX"

운송사업자로 구성된 협회로 하여금 연합회에 강제로 가입하게 하고 임의로 탈퇴할 수 없도록 하는 화물자동차 운수사업법의 해당 조항 중 '운송사업자로 구성된 협회'에 관한 부분은 결사의 자유를 침해한다고 볼 수 없다. (O) 23. 소방간부

86 서울대학교는 행정심판 인용재결에 기속 [합헌]

1. 공법인도 예외적으로 주체가 될 수 있으나, 사안은 서울대학교가 정보공개의무를 부담하는 경우에 있어서 기본권 주체가 아닌 수범자의 지위에 있다고 보아야 한다. 따라서 재판청구권 침해 주장은 살필 필요 없이 이유 없다.
2. 헌법 제107조 제3항은 행정심판의 심리절차에서 대심구조적 사법절차가 준용되어야 한다는 취지일 뿐, 사법부의 판단받을 권리를 보장해야 한다고 볼 수 없다(헌재 2023.3.23, 2018헌바385).
3. 반면 국립대학이 비공개 대상정보에 해당한다는 이유로 한 정보비공개결정은 대학의 자율권 행사의 일환으로 보아 재판청구권의 주체가 된다고 보는 견해가 있으며 2인은 합헌, 3인은 위헌결정하였다.

"확인 OX"

학교가 보유·관리하는 정보는 국가기관이나 지방자치단체 등이 보유·관리하는 정보와 마찬가지로 국민의 알 권리의 대상이 되는 공적 정보에 해당하므로, 국립대학법인 서울대학교가 정보 공개의무를 부담하는 경우에 있어서는 국민의 알 권리를 보호해야 할 의무를 부담하는 기본권 수범자의 지위에 있다. (O) 25. 경찰승진

87 총장선출에 있어 교원과 직원의 차별 [기각]

대학의 총장은 대학의 최고의사결정권자로서 교원의 임용이나 학술 연구의 인적·물적 기반 마련, 학술적인 분위기 조성 등 대학의 전반적인 운영이나 발전 방향 등에 매우 큰 영향력을 가지고 있으므로, 대학의 총장후보자를 선출하는 일은 학문의 자유와 매우 밀접한 관련이 있는 사안이다. 따라서 대학의 교원과 직원에 차이를 두는 것은 평등권에 위반되지 않는다(헌재 2023.6.29, 2020헌마1713).

> **확인 O X**
>
> 총장선출에 있어 교원과 직원을 차별하는 것은 평등권에 위반되지 않는다.   (○)

88 농협중앙회 회장선거를 중앙선거관리위원회에 위탁 [합헌]

농협중앙회의 회원조합이 수행하는 사업 내지 업무가 국민경제에서 상당한 비중을 차지하고, 국가나 국민 전체와 관련된 경제적 기능에 있어서 금융기관에 준하는 공공성을 가진다는 점, 중앙선관위가 수탁하여 관리하는 사무는 주로 선거절차에 관한 사무에 해당하는 점 등을 고려하면 의무위탁조항은 과잉금지원칙에 위반되지 않으므로, 농협중앙회 및 회원조합의 결사의 자유를 침해한다고 볼 수 없다(헌재 2023.5.25, 2021헌바136).

> **확인 O X**
>
> 농협중앙회 회장선거를 중앙선거관리위원회에 위탁하는 것은 농협중앙회 및 회원조합의 결사의 자유를 침해한다고 볼 수 없다.   (○)

89 서울대학교 정시모집 교과이수 가산점 [기각]

1. 이 사건 가산점 사항은 고등교육법 및 동법 시행령 등에 근거하고 한국대학교육협의회의 대학입학전형기본사항 등을 준수한 것이므로 법률유보원칙에 위반되어 청구인의 교육받을 권리를 침해하지 아니한다.
2. 서울대학교가 2022학년도 정시모집 수능위주전형(일반전형)에서 신입학생의 선발 및 입학전형에 관하여 대학의 자율성을 행사한 것이다(헌재 2022.3.31, 2021헌마1230).

90 서울대학교 저소득학생 특별전형에 관한 사건 [기각]

기존에 저소득학생 특별전형에서 학생부종합전형을 실시하다가 2023학년도부터 모집인원을 모두 수능위주전형으로 선발하는 것으로 변경하였는데, 헌법재판소는 위 전형방법의 변경이 2023학년도 수능이 실시되기 2년 전에 예고되었고, 교육부장관이 2018년경부터 수능위주전형 비율을 높이는 대입정책을 발표해 왔다는 점 등을 고려하여 신뢰보호원칙에 위배되지 않는다(헌재 2022.9.29, 2021헌마929).

" 확인 OX "

서울대학교 2023학년도 저소득학생 특별전형의 모집인원을 모두 수능위주전형으로 선발하도록 정한 '서울대학교 2023학년도 대학 신입학생 입학전형 시행계획'은 저소득학생 특별전형에 응시하고자 하는 수험생들의 기회를 불합리하게 박탈하였고, 이는 대학의 자율성의 범위 내에 있는 것으로 볼 수 없다. (×) 24. 순경2차

91 경북대 총장 후보자의 기탁금(3천만원)과 반환기준 [기각]

1. 경북대학교의 경우 총장임용후보자 선정 방식으로 직선제를 채택하고 다양한 방식으로 선거운동을 허용하고 있다. 따라서 이는 과다하다고 할 수 없다.
2. 100분의 15 이상을 득표한 경우 전액을, 100분의 10 이상을 득표한 경우 반액을 반환하는 규정은 후보자의 진지성과 성실성을 담보하기 위한 최소한의 제한이다(헌재 2022.5.26, 2020헌마1219).

▶ 비교 판례

1. 간선제 기탁금 1천만원은 위헌(헌재 2018.4.26, 2014헌마274)
2. 직선제 기탁금 1천만원은 합헌이나, 반환규정이 위헌(헌재 2021.12.23, 2019헌마825)

" 확인 OX "

경북대학교 총장임용후보자선거의 후보자로 등록하려면 3천만원의 기탁금을 납부하고 제1차 투표에서 유효투표수의 100분의 15 이상을 득표한 경우에는 기탁금 전액을, 100분의 10 이상 100분의 15 미만을 득표한 경우에는 기탁금 반액을 반환하고, 반환되지 않은 기탁금은 경북대학교발전 기금에 귀속하도록 정한 경북대학교 총장임용후보자 선정 규정의 해당 조항은 재산권을 침해하지 않는다. (○) 23. 소방간부

92 기탁금의 일부만을 반환하도록 한 대학 규정(당선된 경우에도) [위헌]

▶ 주요 쟁점

1. 1천만원의 기탁금 납부가 공무담임권을 침해하는지 여부(소극)
2. 기탁금 귀속조항이 재산권을 침해하는지 여부(적극)

▶ **결정 요지**

대구교육대학교 총장임용후보자선거는 직선제 방식으로서 후보자에게 다양한 선거운동 방법이 허용되는 등 선거 과열의 우려가 큰 편이므로 기탁금 납부 제도의 필요성과 적정성은 인정되었으나, 최다득표자조차 기탁금의 반액은 반환받지 못할 정도로 기탁금의 반환 요건이 지나치게 까다롭게 규정된 부분은 과잉금지원칙에 위반되어 청구인의 재산권을 침해한다고 보았다(헌재 2021.12.23, 2019헌마825). ⇨ 즉, 1천만원의 기탁금 자체가 위헌이 된 것은 아니다.

▶ **비교 판례 - 간선제 기탁금 1천만원 [위헌]**

이 사건 기탁금조항의 1천만원이라는 액수는 자력이 부족한 교원 등 학내 인사와 일반 국민으로 하여금 총장후보자 지원 의사를 단념토록 하는 정도에 해당한다(헌재 2018.4.26, 2014헌마274).

확인 OX

총장임용후보자선거를 직선제 방식으로 진행하는 경우 기탁금으로 1천만원을 납부하게 하는 것은 필요성과 적정성을 인정할 수 있다. (O)

93 총장 후보자 선정에 관한 규정(강사 제외) [기각]

국립대학의 직원이나 조교는 국가공무원 내지 교육공무원에 해당하는 반면 강사는 대학과 일시적이고 비전속적인 고용관계를 맺고 있고, 국립대학의 학생은 영조물 이용자로서 대학의 정책 방향에 높은 이해관계를 가지는 반면, 강사는 대학의 교육역무를 지원·보조하기 위하여 일시적으로 고용된 사람으로서 대학의 정책 방향과 관련하여 선거권 보장의 필요성이 상대적으로 낮다. 이러한 사정을 고려할 때 심판대상조항이 교원, 직원 및 조교, 학생과 강사를 달리 취급한 데에는 합리적 이유가 있으므로, 심판대상조항은 청구인들의 평등권을 침해하지 아니한다(헌재 2023.9.26, 2020헌마553).

94 사립학교 교비회계 전용 금지 [합헌]

사립학교법상 교비회계의 세입세출에 관한 사항을 대통령령으로 정하도록 한 규정이 포괄위임금지원칙에 위반되지 않고, 교비회계의 다른 회계로의 전용을 금지하는 규정과 위 금지규정을 위반한 경우 처벌하는 규정이 사립학교 운영의 자유를 침해하지 않는다(헌재 2023.8.31, 2021헌바180).

> **확인 OX**
>
> 사립학교의 '교비회계에 속하는 수입 및 재산'이 본래의 용도인 학교의 학문 연구와 교육 및 학교 운영을 위해 사용될 수 있도록 강제함으로써 사립학교가 교육기관으로서 양질의 교육을 제공하는 동시에 교육의 공공성을 지킬 수 있는 재정적 기초를 보호할 필요가 있다.
> (O) 24. 법원행시

95 신규성 상실의 예외를 제한하는 디자인보호법 조항 [합헌]

1. 디자인보호제도는 창작한 디자인을 비밀로 유지하지 않고 공개한 자에게 그 공개의 대가로 일정 기간 동안 독점권을 부여하는 제도인바, 이미 사회 일반에 공개되어 공중이 자유롭게 이용할 수 있는 디자인에 대하여 특정인에게 독점권을 부여한다면 '디자인의 보호와 이용을 도모함으로써 디자인의 창작을 장려하여 산업발전에 이바지한다'는 디자인보호법의 본래 목적(제1조 참조)에 반하게 되므로, 디자인보호법은 디자인등록의 요건으로 신규성, 창작비용이성을 요구하는 것이다.
2. 한편, 디자인보호법은 진정한 창작자에게 출원기회를 보장하기 위하여 신규성 상실의 예외를 인정하고 있으나, 디자인등록 출원을 한 후 법률에 따라 출원공개한 출원인은 그러한 보호를 할 필요가 없고 신규성 상실의 예외를 인정하지 않는다고 하더라도 가혹한 결과를 초래한다고 볼 수도 없으므로, 헌법재판소는 심판대상조항이 헌법에 위반되지 않는다고 판단하였다(헌재 2023.7.20, 2020헌바497).

96 대학평의원회의 구성조항(평의원이 1/2 초과 ×) [기각]

대학의 학문과 연구 활동에서 중요한 역할을 담당하는 교원에게 그와 관련된 영역에서 주도적인 역할을 인정하는 것은 대학의 자율성의 본질에 부합하고 필요하나, 이것이 교육과 연구에 관한 사항은 모두 교원이 전적으로 결정할 수 있어야 한다는 의미는 아니다. 대학평의원회의 심의·자문사항은 제한적이고, 교원의 인사에 관한 사항에 대해서는 교원으로 구성되는 대학인사위원회가 심의하는 점, 대학평의원회의 심의결과는 대학의 의사결정을 기속하는 효력이 없는 점을 종합하면, 이 사건 구성제한조항으로 인하여 교육과 연구에 관한 사항의 결정에 교원이 주도적 지위를 가질 수 없게 된다고 볼 수 없다. 이 사건 구성제한조항은 대학의 의사결정에 영향을 받는 다양한 구성원들의 자유로운 논의와 의사결정 참여를 보장하기 위한 것으로서 합리적 이유가 있다고 할 것이므로, 국·공립대학 교수회 및 교수들의 대학의 자율권을 침해한다고 볼 수 없다(헌재 2023.10.26, 2018헌마872).

> **확인 OX**
>
> 학칙의 제정 또는 개정에 관한 사항 등 대학평의원회의 심의사항을 규정한 고등교육법 조항은 연구와 교육등 대학의 중심적 기능에 관한 자율적 의사결정을 방해한다고 볼 수 있어, 국·공립대학 교수회 및 교수들의 대학의 자율권을 침해한다.
> (×)

97 사망일시금 [기각]

사망일시금은 사회보험의 원리에서 다소 벗어난 장제부조적·보상적 성격을 갖는 급여로 사망일시금은 헌법상 재산권에 해당하지 아니한다(헌재 2019.2.28, 2017헌마432).

> **확인 OX**
>
> 국민연금법상 연금수급권 내지 연금수급기대권이 재산권의 보호대상인 사회보장적 급여라고 한다면 사망일시금은 헌법상 재산권에 해당한다. (×) 22. 경찰승진

98 공익법인 주식등의 보유기준 초과시 가산세 부과 [합헌]

1. 재벌 등 고액재산가가 증여재산을 출연한 공익법인을 통하여 내국법인을 지배하는 등 증여세과세가액 불산입 제도를 변칙적인 조세회피나 부의 세습수단으로 악용하는 사례가 발생함에 따라 변칙적인 조세회피나 부의 세습을 방지해야 할 필요성이 커졌다.
2. 조세법의 영역에 있어서는 국가가 조세·재정정책을 탄력적·합리적으로 운용할 필요성이 매우 큰 만큼 조세에 관한 법규·제도는 신축적으로 변할 수밖에 없다는 점에서 특별한 사정이 없는 한 현재의 세법이 변함없이 유지되리라는 납세자의 기대나 신뢰는 보호될 수 없다(헌재 2023.7.20, 2019헌바223).

> **확인 OX**
>
> 공익법인이 유예기한이 지난 후에도 보유기준을 초과하여 주식을 보유하는 경우 10년을 초과하지 않는 범위에서 매년 가산세를 부과하도록 정한 구 상속세 및 증여세법 제78조 제4항 중 제49조 제1항 제2호에 관한 부분은 신뢰보호원칙에 반하지 아니한다. (O) 24. 국회직 8급

99 문화재보호구역에 있는 부동산에 대한 재산세 경감 [합헌]

문화재보호구역과 역사문화환경 보존지역이 그 취지와 목적을 달리하며 재산권 행사 제한의 정도에 있어서도 상당한 차이가 있다는 이유로, 보호구역에 있는 부동산을 재산세 경감 대상으로 규정하면서 역사문화환경 보존지역에 있는 부동산을 재산세 경감 대상으로 규정하지 않은 심판대상조항이 조세평등주의에 위배되지 않는다고 판단하였다(헌재 2024.1.25, 2020헌바479). ⇨ 보존지역은 공사의 시행이 상대적으로 자유롭다.

100 지방의회의원에 대한 퇴직연금의 지급을 정지하는 공무원연금법 조항 [헌법불합치]

1. 연금 지급을 정지하기 위해서는 '연금을 대체할 만한 소득'이 전제되어야 한다. 지방의회의원이 받는 의정비 중 의정활동비는 의정활동 경비 보전을 위한 것이므로, 연금을 대체할 만한 소득이 있는지 여부는 월정수당을 기준으로 판단하여야 한다. 선출직 공무원으로서 받게 되는 보수가 기존의 연금에 미치지 못하는 경우에도 연금 전액의 지급을 정지하도록 한 것은 재산권을 과도하게 제한하여 헌법에 위반된다.
2. 청구인들은 이 사건 구법 조항이 재산권을 소급적으로 박탈하고 있다거나 신뢰보호원칙을 위반하고 있다고 주장한다. 그런데 위에서 본 바와 같이 이 사건 구법 조항이 과잉금지원칙에 위반되어 재산권을 침해하고 있다고 판단한 이상, 이 주장에 대해서는 더 나아가 판단하지 않는다(헌재 2022.1.27. 2019헌바161).

" 확인 OX "

선출직 공무원으로서 받게 되는 보수가 기존의 연금에 미치지 못하는 경우에도 연금 전액의 지급을 정지하도록 정한 구 공무원연금법 규정 중 '지방의회의원'에 관한 부분은 과잉금지원칙에 위배되어 재산권을 침해한다.
(O) 23. 소방간부, 22. 법무사

101 환매권 발생기간 제한 [헌법불합치]

1. 환매권은 재산권이다.
2. 환매권의 발생기간을 일률적으로 '토지의 협의취득일 또는 수용의 개시일부터 10년 이내'라고 한 부분은 헌법에 위반된다. 환매권이 발생하지 않는 경우에는 환매권 통지의무도 발생하지 않기 때문에 환매권 상실에 따른 손해배상도 받지 못하게 되므로, 사익 제한 정도가 상당히 크다. 토지보상법은 이미 환매대금증감소송을 인정하여 당해 공익사업에 따른 개발이익이 원소유자에게 귀속되는 것을 차단하고 있다.
3. 이 사건 법률조항의 위헌성은 환매권의 발생기간을 제한한 것 자체에 있다기보다는 그 기간을 10년 이내로 제한한 것에 있다(헌재 2020.11.26. 2019헌바131). ⇨ 판례 변경

" 확인 OX "

1. 환매권은 재산권으로 볼 수 없다. (×)
2. 공익사업을 위한 토지 등의 취득 및 보상에 관한 법률 제91조 제1항이 환매권의 발생기간을 '취득일로부터 10년 이내'로 제한한 것은 환매권의 구체적 행사를 위한 내용을 정한 것이라기보다는 환매권의 발생 여부 자체를 정하는 것이어서 사실상 원소유자의 환매권을 배제하는 결과를 초래할 수 있으므로, 침해의 최소성 및 법익의 균형성 등 기본권 제한입법의 한계를 준수하지 못하고 있어 헌법에 위반된다. (O) 21. 법무사

102 주택재건축사업상 매도청구권 [합헌]

주택재건축사업 시행자에게 재건축조합 설립에 동의하지 않은 토지 또는 건축물 소유자에 대한 매도청구권을 부여하는 것은 헌법에 위배되지 않는다(헌재 2020.11.26, 2018헌바407).

확인 OX

주택재건축사업 시행자에게 재건축조합 설립에 동의하지 않은 토지 또는 건축물 소유자에 대한 매도청구권을 부여하는 것은 헌법에 위배되지 않는다. (O)

103 상가임대차 계약갱신요구권 행사기간 연장 [기각]

상가건물 임대차의 계약갱신요구권 행사기간을 5년에서 10년으로 연장하면서, 이를 개정법 시행 후 갱신되는 임대차에 대하여도 적용하도록 규정한 '상가건물 임대차보호법' 부칙 제2조 중 '갱신되는 임대차'에 관한 부분은 헌법에 위반되지 않는다(헌재 2021.10.28, 2019헌마106).

확인 OX

임차인의 계약갱신요구권 행사기간을 10년으로 규정한 상가건물 임대차보호법의 개정법 조항을 개정법 시행 후 갱신되는 임대차에 대하여도 적용하도록 규정한 동법 부칙의 규정은 신뢰보호원칙에 위배되어 임대인의 재산권을 침해한다고 볼 수 없다. (O) 22. 순경 공채

104 대항력 확보한 경우 우선변제권 부여 [합헌]

주택에 대한 경매신청의 등기 전에 주택을 인도받아 주민등록을 갖춘 임차인에 한정하여 우선변제권을 보장하도록 한 것은, 담보권자 등 이해관계인을 보호하기 위해 필요한 최소한의 조치라고 볼 수 있다. 위와 같은 점들을 종합하여 볼 때, 심판대상조항이 주택에 대한 경매신청의 등기 전까지 주민등록을 갖춘 소액임차인에 한하여 우선변제를 받을 수 있도록 한 것이 입법형성의 한계를 벗어나 청구인의 재산권을 침해한다고 보기 어렵다(헌재 2020.8.28, 2018헌바422).

> **확인 OX**
>
> 소액임차인이 보증금 중 일부를 우선하여 변제받으려면 주택에 대한 경매신청의 등기 전에 대항력을 갖추어야 한다고 규정한 주택임대차보호법 조항은 입법형성의 한계를 벗어나 주택에 대한 경매신청의 등기 전까지 주민등록을 미처 갖추지 못한 소액임차인의 재산권을 침해한다고 보기 어렵다. (O) 21. 지방직 7급

105 전자세금계산서 미발급시 가산세 부과 [기각]

납세 관련 비용을 절감하고 투명한 거래질서를 확립하기 위하여 도입된 것으로 재산권을 침해한다고 할 수 없다(헌재 2020.12.23, 2018헌바439).

106 면세유류 구입카드등 교부·발급 관리 부실에 대한 가산세 [합헌]

면세유류 관리기관인 수협이 관리 부실로 인하여 면세유류 구입카드등을 잘못 교부·발급한 경우 해당 석유류에 대한 부가가치세 등 감면세액의 100분의 20에 해당하는 금액을 가산세로 징수하도록 규정한 각 구 조세특례제한법 제106조의2 제11항 제2호 중 '면세유류 관리기관인 조합' 가운데 '수산업협동조합법에 따른 조합'에 관한 부분은 모두 헌법에 위반되지 아니한다(헌재 2021.7.15, 2018헌바338).

107 개별공시지가 산정 및 개발부담금의 종료시점지가 산정 [합헌]

1. 재판관 전원일치의 의견으로, 개별공시지가 산정시 당해 토지와 '유사한 이용가치'를 지닌다고 인정되는 표준지의 공시지가를 기준으로 하되 표준지공시지가와 '균형을 유지'하도록 한 구 '부동산 가격공시 및 감정평가에 관한 법률' 제11조 제3항(이 사건 개별공시지가산정조항) 및 개별공시지가 산정의 기준 및 방법에 관한 세부 사항을 대통령령으로 정하도록 위임한 같은 조 제7항 중 '개별공시지가의 산정'에 관한 부분은 헌법에 위반되지 않는다고 결정하였다.
2. 재판관 7:2의 의견으로, 개발부담금의 종료시점지가를 '부과 종료시점 당시의 부과 대상 토지와 이용 상황이 가장 비슷한 표준지의 공시지가'를 기준으로 산정하도록 한 구 '개발이익 환수에 관한 법률' 제10조 제1항(이 사건 종료시점지가조항)은 헌법에 위반되지 않는다고 결정하였다(헌재 2021.12.23, 2018헌바435).

108 토지구획정리사업상 학교교지 유상취득 [합헌]

토지구획정리사업에 있어 학교교지를 환지처분의 공고가 있은 다음 날에 국가 등에 귀속하게 하되, 국가 등은 그 대가를 지급하도록 한 구 토지구획정리사업법은 교육에 관한 국가의 의무실현을 위하여 불가피하다. 따라서 재산권을 침해하지 않는다(헌재 2021.4.29, 2019헌바444).

확인 OX

국가는 국민의 교육을 받을 권리라는 기본권을 보장하고 의무교육을 시행하기 위하여 적기에 적절한 학교교지를 확보하여야 할 의무가 있다는 점 및 이를 고려하여 학교교지에 대하여는 유상으로 취득하도록 하는 점에 비추어 보면, 학교교지의 조성·개발에 소요된 비용 역시 국가 등이 부담하는 것이 상당하다. (O) 24. 경찰간부

109 공무원 징계에 따른 승진, 승급, 정근수당 제한 [기각]

▶ 주요 쟁점

1. 포괄위임 위반 여부(소극)
2. 공무담임권 침해 여부(소극)
3. 재산권 침해 여부(소극)

▶ 결정 요지

1. 이 사건 법률조항의 위임을 받은 대통령령등에는 강등·정직·감봉·견책이라는 징계의 종류 또는 징계사유에 따라 승진임용 또는 승급 제한기간이 나누어 규정될 것으로 예측할 수 있다(포괄위임에 위반되지 않는다).
2. 비위공무원에 대한 징계를 통해 불이익을 줌으로써 공직기강을 바로 잡고 공무수행에 대한 국민의 신뢰를 유지하고자 하는 공익은 제한되는 사익 이상으로 중요하다고 할 수밖에 없다.
3. 승급조항 및 수당제한규정은 과잉금지원칙을 위반하여 청구인의 재산권을 침해하지 않는다(헌재 2022.3.31, 2020헌마211).

110 집합건물 하자담보청구권 제척기간 [합헌]

헌법재판소는 공용부분 주요구조부 및 지반공사의 하자 외의 하자의 경우 하나의 집합건물에 공통되는 사용검사일 등부터 제척기간을 기산하지 않는다면 행사기간을 제한하여 집합건물 하자를 둘러싼 법률관계를 조속히 안정시키려 한 목적을 달성하지 못할 수 있다는 점, 위와 같은 하자의 특성상 이에 관한 권리를 행사하는 데 최장 5년의 기간이 부족하다고 할 수 없다는 점 등에 비추어 심판대상조항이 헌법에 위반되지 않는다고 보아 재판관 전원일치의 의견으로 합헌 결정을 하였다(헌재 2022.10.27, 2020헌바368).

111 부당이득반환청구권 등 채권 소멸시효 [합헌]

소멸시효의 기산점과 그 기간을 얼마로 정할 것인지의 문제는 그 채권의 성질과 발생원인 등을 고려하여 입법의 재량으로 결정할 문제에 해당하므로, 위와 같은 입법의 가능성이 있다는 사정만으로 민법상 소멸시효조항을 둔 입법자의 판단이 입법재량의 범위를 벗어난 것으로 볼 수는 없다(헌재 2020.12.23, 2019헌바129).

확인 OX

부당이득반환청구권 등 채권 소멸시효를 10년으로 한정한 것은 헌법에 위반되지 않는다.	(O)

112 상가임대차 권리금 회수기회 보호규정 적용 제외 [합헌]

대규모점포의 경우 임대인이 막대한 비용과 노력을 들여 상권을 형성하고 유지·관리하며 임차인은 그 결과로 형성된 지명도나 고객을 이용하여 영업을 하는 측면이 있으며, 대규모점포는 공간구조에 어떤 상품, 어떤 임차인을 갖출 것인지에 관한 임대인의 계획에 따라 전체 매장의 성공 여부가 좌우된다. 따라서 상가임대차 권리금 회수기회 보호규정에서 제외되더라도 헌법에 위반되지 않는다(헌재 2020.7.16, 2018헌바242).

확인 OX

대규모점포의 경우 상가임대차 권리금 회수기회 보호규정에서 제외되더라도 헌법에 위반되지 않는다.	(O)

113 공무원범죄에 관한 몰수 특례법 [합헌]

특정공무원범죄의 범인에 대한 추징판결을 범인 외의 자가 그 정황을 알면서 취득한 불법재산 및 그로부터 유래한 재산에 대하여 그 범인 외의 자를 상대로 집행할 수 있도록 한 '공무원범죄에 관한 몰수 특례법' 제9조의2는 헌법에 위반되지 않는다(헌재 2020.2.27, 2015헌가4).

114 지방의회의원에 취임한 퇴역연금 수급자의 연금 전부 지급 정지 [헌법불합치]

이 사건은 군인연금법상 퇴역연금 수급자가 지방의회의원에 취임한 경우, 퇴역연금 전부의 지급을 정지하도록 한 조항에 대한 사건으로, 위 2019헌바161 결정과 심판대상조항의 차이가 있을 뿐, 그 심판대상조항의 취지와 내용이 동일한 조항에 대한 사건이다. 따라서 헌법재판소는 이 사건에서도 2019헌바161 사건과 동일한 취지로 심판대상조항이 과잉금지원칙에 위반하여 퇴직연금 수급자인 지방의회의원의 재산권을 침해한다고 판단하였다(헌재 2024.4.25, 2022헌가33).

115 수용된 토지 등의 인도의무 위반시 형사처벌 [합헌]

효율적인 공익사업의 수행을 담보하기 위하여 토지 등의 인도의무를 형사처벌로 강제하고 있으며, 인도의무자의 권리가 절차적으로 보호되고 의견제출 및 불복수단이 마련되어 있다(헌재 2020.5.27, 2017헌바464).

116 주택공급계약을 취소한 경우 선의의 제3자 보호규정 미비 [합헌]

공급질서 교란행위에도 불구하고 선의의 제3자를 보호한다면 거래의 안전성 증진에는 긍정적인 효과를 기대할 수 있지만, 분양단계에서 훼손된 투명성과 공정성을 회복하지 못한다는 점에서 심판대상조항의 입법취지에 부합하지 않는 면이 있다. 한편 심판대상조항은 '주택공급계약을 취소할 수 있다'고 규정하여 사업주체가 선의의 제3자 보호의 필요성 등을 고려하여 주택공급계약의 효력을 유지할 수 있는 가능성을 열어두고 있다. 따라서 심판대상조항은 입법형성권의 한계를 벗어났다고 보이지 않으므로 재산권을 침해하지 않아 헌법에 위반되지 아니한다(헌재 2022.3.31, 2019헌가26).

117 댐사용권은 재산권 보장의 대상

댐건설관리법은 댐사용권을 물권으로 보며 댐건설관리법에 특별한 규정이 있는 경우를 제외하고는 '부동산에 관한 규정'을 준용하도록 하고 있으므로 댐사용권은 사적유용성 및 그에 대한 원칙적 처분권을 내포하는 재산가치 있는 구체적 권리로서 헌법상 재산권 보장의 대상이 된다(헌재 2022.10.27, 2019헌바44).

118 부동산을 사실상 취득한 경우 취득세를 부과 [합헌]

1. 심판대상조항에서 말하는 부동산의 '사실상 취득'이라 함은 민법에 따른 등기를 하지 아니하였더라도 매매의 경우에 있어서는 그 대금 등의 지급을 마쳐 매수인이 언제든지 소유권을 취득하여 부동산을 사용·수익할 수 있는 상태를 뜻한다는 것을 알 수 있다.
2. 민법에서는 물권변동에 있어서 공시방법을 반드시 갖추어야 그 효력이 발생하는 형식주의를 취하고 있지만, 담세능력이 있는 자에게 과세권을 실현하기 위한 목적으로 제정된 세법에서는 이와 달리 양도자의 사용권이나 수익권 등이 어느 시점에 이전되었는지 등과 같은 실질주의 내지 실질과세의 관점을 취할 수 있는 것이므로, 세법상 재화의 양도시기나 취득시기는 민법의 물권변동시기와 별도로 규정할 수 있는 것이다.
3. 심판대상조항에 의하더라도 양수인이 등기를 마치지 아니한 모든 경우가 아니라 사회통념상 대금의 거의 전부가 지급되었다고 볼 수 있는 경우에만 취득세를 부과하므로 위 조항이 과잉금지원칙에 반하여 재산권을 침해한다고 볼 수 없다고 판단하였다(헌재 2022.3.31, 2019헌바107).

119 상대보호구역에서 복합유통게임제공업 원칙적 금지 [합헌]

상대보호구역에서 '복합유통게임제공업' 시설을 갖추고 영업을 하는 것을 원칙적으로 금지하는 교육환경 보호에 관한 법률 해당 조항은 과잉금지원칙을 위반하여 해당 토지나 건물의 임차인 내지 영업자의 직업수행의 자유 및 재산권을 침해하지 않는다(헌재 2024.1.25, 2021헌바231).

확인 OX

상대보호구역에서 '복합유통게임제공업' 시설을 갖추고 영업을 하는 것을 원칙적으로 금지하는 교육환경 보호에 관한 법률 해당 조항은 과잉금지원칙을 위반하여 해당 토지나 건물의 임차인 내지 영업자의 직업수행의 자유 및 재산권을 침해하지 않는다. (O) 24. 법원행시

120 공유물분할청구 [합헌]

1. 재판상 공유물분할에 있어서는 다양한 기초사실이 존재할 수밖에 없으므로 그 요건을 정할 때에는 어느 정도 추상적 표현의 사용이 불가피하나(현물로 분할할 수 없거나 분할로 인하여 현저히 가액이 감손될 염려가 있는 때에는 법원은 물건의 경매를 명할 수 있다 / 민법 제269조 제2항).
2. 공유물분할절차를 둘러싼 다툼의 공평하고 신속한 해결이라는 공익을 효과적이고 실질적으로 달성할 수 있는 반면, 그에 따른 재산권의 제한 정도는 공유물분할에 관한 법원의 공정한 재판권 행사와 절차적 보장에 의해 상당 부분 완화된다(헌재 2022.7.21, 2020헌바205).

121 상가임차인의 권리금 회수기회 보호의 예외사유 [합헌]

만일 임차인이 3기의 차임액에 해당하는 금액에 이르도록 차임을 연체한 경우에도 임대인은 임차인이 주선하는 신규임차인과 임대차계약을 체결하여야 한다면, 임대인 입장에서 이는 차임지급을 성실히 이행하지 않아 신뢰를 잃은 임차인과 사실상 계약을 갱신하는 것과 크게 다르지 않을 수 있다(헌재 2023.6.29, 2021헌바264).

확인 OX

임차인이 3기의 차임액에 해당하는 금액에 이르도록 차임을 연체한 경우에는 권리금 회수기회를 보호하지 않는 것은 헌법에 위반되지 않는다. (○)

122 초고가 아파트 구입용 주택담보대출 금지 [기각]

이 사건 조치는 전반적인 주택시장 안정화를 도모함과 동시에 금융기관의 대출 건전성 관리 차원에서 부동산 부문으로의 과도한 자금흐름을 개선하기 위한 것으로 목적이 정당하다. 또한 초고가 주택에 대한 주택담보대출 금지는 수요억제를 통해 주택가격 상승 완화에 기여할 것이므로 수단도 적합하다(헌재 2023.3.23, 2019헌마1399).

확인 OX

금융위원회위원장이 2019.12.16. 시중 은행을 상대로 투기지역·투기과열지구 내 초고가 아파트(시가 15억원 초과)에 대한 주택구입용 주택담보대출을 2019.12.17.부터 금지한 조치는 투기적 대출수요뿐 아니라 실수요자의 경우에도 예외 없이 대출을 금지한 점 등을 고려할 때, 해당 주택담보대출을 받고자 하는 청구인의 재산권을 침해한다. (×) 24. 순경1차

123 수사기관의 수사결과 사무장병원으로 확인된 의료기관에 대한 의료급여비용 지급보류 [헌법불합치]

1. 무죄추정에는 위반되지 아니함
2. 무죄판결이 확정되기 전이라도 하급심 법원에서 무죄판결이 선고되는 경우에는 그때부터 일정 부분에 대하여 의료급여비용을 지급하도록 할 필요가 있다. ⇨ 지급보류기간동안 의료기관의 개설자가 수인해야 했던 재산권 제한 상황에 대한 적절하고 상당한 보상으로서의 이자 내지 지연손해금의 비율에 대해서도 규율이 필요하다. 따라서 재산권을 침해한다(헌재 2024.6.27, 2021헌가19).

확인 OX

1. 수사기관의 수사결과 사무장병원으로 확인된 의료기관에 대한 요양급여비용을 하급심 법원에서 무죄판결이 선고되는 경우에도 전부 지급보류하는 것은 요양기관 개설자의 재산권을 침해한다. (O)

2. 시장·군수·구청장은 급여비용의 지급을 청구한 의료급여기관이 의료법 또는 약사법 해당 조항을 위반하였다는 사실을 수사기관의 수사결과로 확인한 경우에는 해당 의료급여기관이 청구한 급여비용의 비급을 보류할 수 있다고 규정하고 있는 의료급여법 해당 조항은 의료급여기관 개설자의 재판청구권을 침해한다. (X) 25. 경찰간부

124 2020년, 2021년 귀속 종합부동산세에 관한 사건 [합헌]

1. 포괄위임에 위배되는지
   부동산 시장은 그 특성상 적시의 수급 조절이 어렵고, 종부세 부과를 통한 부동산 투기 억제 및 부동산 가격 안정을 도모하기 위해서는 부동산 시장의 상황에 탄력적·유동적으로 대응할 필요가 있으므로, 종부세 과세표준 산정을 위한 조정계수에 해당하는 '공정시장가액비율'을 하위법령에 위임할 필요성이 인정된다.
2. 조세법률주의 위반 여부
   부동산 가격공시에 관한 법률에서 표준주택가격 결정 절차, 위원회에 관한 부분, 이의절차 등을 규정하고 있어 자의적으로 결정되도록 방치하고 있다고 볼 수 없다.
3. 투기적 목적의 부동산 수요와, 법인을 활용한 개인의 부동산 투기를 차단하여, 부동산 가격을 인정시키기 위해서 불가피하다(헌재 2024.5.30, 2022헌바238).

확인 OX

부동산 시장은 그 특성상 적시의 수급 조절이 어렵고, 종부세 부과를 통한 부동산 투기 억제 및 부동산 가격 안정을 도모하기 위해서는 부동산 시장의 상황에 탄력적·유동적으로 대응할 필요가 있으므로, 종부세 과세표준 산정을 위한 조정계수에 해당하는 '공정시장가액비율'을 하위법령에 위임할 필요성이 인정된다. (O)

125 가축 살처분 보상금 수급권의 귀속주체는 사육농가 [헌법불합치]

축산계열화사업자가 계약사육농가에게 위탁사육한 가축이 가축전염병의 확산 방지를 위해 살처분된 경우 지급되는 보상금 중에는 가축의 소유자인 축산계열화사업자와 위탁사육한 계약사육농가가 각각 투입한 자본 내지 노동력 등에 따라 각자 지급받아야 할 몫이 혼재되어 있다. 그런데 살처분 보상금 전액을 어느 일방에게만 지급하도록 하는 형태를 취하게 되면 당해 사건에서처럼, 살처분 보상금 수급권에 대한 제3자의 채권압류·전부명령 등 예기치 못한 사정으로 상대방으로서는 보상금을 정산받지 못하는 문제가 발생할 수 있다. 따라서 이는 입법형성의 한계를 벗어나 가축의 소유자인 축산계열화사업자의 재산권을 침해한다(헌재 2024.5.30, 2021헌가3).

확인 OX

살처분된 가축의 소유자가 축산계열화사업자인 경우에는 계약 사육농가의 수급권 보호를 위하여 보상금을 계약사육농가에 지급한다고 규정한 가축전염병 예방법 제48조 제1항 제3호 단서는 축산계열화사업자가 가축의 소유자라 하여 살처분 보상금을 오직 계약사육농가에게만 지급하는 방식으로 축산 계열화사업자에 대한 재산권의 과도한 부담을 완화하기에 적절한 보상조치라고 할 수 없으므로 입법형성재량의 한계를 벗어나 가축의 소유자인 축산계열화사업자의 재산권을 침해한다. (O) 25. 경찰승진

126 해외 파생상품 거래 양도소득세 과세 [합헌]

국외자산 양도소득의 범위를 정하고 있는 구 소득세법 제118조의2의 각 호의 규정과 국외자산 양도소득 조항의 관계, 파생상품과 장내파생상품, 파생상품시장에 관하여 상세한 규정을 두고 있는 자본시장법 관련 조항의 문언 등을 종합하여 보면, 해외 파생상품 과세의 근거조항인 구 소득세법 및 자본시장법 조항은 포괄위임금지원칙 내지 과세요건명확주의에 위반되지 않는다(헌재 2024.7.18, 2020헌바487).

127 골프장 입장행위에 부과되는 개별소비세 [합헌]

골프장 입장행위에 대한 개별소비세 부과는 사치성 소비의 담세력에 상응하는 조세부과를 통해 과세의 형평성을 도모하기 위한 것이다(헌재 2024.8.29, 2021헌바34).

확인 OX

골프장 입장행위에 대하여 1명 1회 입장마다 1만 2천원의 개별소비세를 골프장 경영자에게 부과하는 개별소비세법 해당 조항은 과잉금지원칙에 반하여 재산권을 침해한다고 볼 수 없다. (O) 25. 경찰

128 대지사용권을 가지지 아니한 구분소유자에게 철거청구권자가 매도청구권 부여 [합헌]

철거청구권자를 위하여 철거 대신 구분소유권 매도청구권을 부여함으로써, 전유부분을 철거하여야 하는 구분소유자의 불이익을 구제하고 건물 철거에 따른 사회·경제적 손실을 줄이기 위한 것이다. 매도청구권으로 인해 구분소유자의 법적 지위가 다소 불안하다고 하더라도, 이를 두고 대지를 무단 점유하는 구분소유자에게 수인할 수 없는 과도한 제한이라고 할 수는 없다(헌재 2024.6.27, 2023헌가23).

확인 OX

> 대지사용권을 가지지 아니한 구분소유자가 있을 때 그 전유부분의 철거청구권자에게 구분소유권의 매도청구권을 부여한 집합건물의 소유 및 관리에 관한 법률 제7조는 구분소유자의 재산권을 침해한다. (×) 25. 경찰

129 행정중심복합도시 예정지역 이전기관 종사자 주택특별공급제도를 폐지하는 법령 [각하]

주택특별공급에 당첨될 수 있을 것이라는 단순한 기대이익을 가진 것에 불과하므로, 심판대상조항이 청구인들의 재산권을 침해할 가능성은 인정되지 않는다(헌재 2022.12.22, 2021헌마902).

130 주택임대차보호법상 임차인의 계약갱신요구권 및 차임증액 제한 사건 [합헌]

주택 임차인이 계약갱신요구를 할 경우 임대인이 정당한 사유 없이 거절하지 못하도록 하고, 임대인이 실제 거주를 이유로 갱신을 거절한 후 정당한 사유 없이 제3자에게 임대한 경우 손해배상책임을 부담시키는 것과 / 계약갱신시 차임이나 보증금 증액청구의 상한을 제한하는 것 / 보증금을 월 단위 차임으로 전환하는 경우 그 산정률은 헌법에 위반되지 않는다(헌재 2024.2.28, 2020헌마1343).

131 간이한 소유권이전등기절차를 규정한 구 부동산소유권 이전등기에 관한 특별조치법 [합헌]

헌법재판소는 부동산등기에 관한 공동신청주의의 예외를 두고, 부동산 양수 사실에 관한 증명부담을 완화하는 특별한 등기신청절차를 규정하고 있는 심판대상조항이 청구인의 재산권을 침해하지 않는다고 판단하였다(헌재 2020.12.23, 2019헌바41). ⇨ 6·25등으로 인한 등기부 멸실, 등기제도에 대한 인식 부족 등(원인사실 입증이 곤란)

132 상업지역의 도시정비형 재개발사업을 직권해제 대상에서 제외 [합헌]

지방자치단체마다 구체적인 도시환경 개선필요성 등은 서로 다를 수 있어 개별 실정을 고려하여 지방의회가 조례를 통해 정하도록 할 필요성이 크다(헌재 2023.3.23, 2019헌마758). 따라서 재산권을 침해하지 않는다.

133 전유부분과 대지사용권 분리처분 금지 [합헌]

집합건물의 경우 토지와 건물을 별개의 부동산으로 취급하여 전유부분과 대지사용권의 분리처분을 허용하게 되면 구분소유자 중의 일부가 대지에 대한 권리를 갖지 못할 수도 있으므로, 대지 소유자가 그 구분건물 소유자에 대하여 철거를 청구할 수 있게 된다. 그러나 집합건물의 일부를 철거한다는 것은 사실상 불가능하여 이로 인하여 복잡한 법적 분쟁이 야기되고 사회·경제적 비용이 발생하게 되므로 이를 방지하여 집합건물의 유지·존속을 꾀할 필요가 있다(헌재 2023.6.29, 2019헌바246).

134 환경개선부담금 [합헌]

1. 환경개선부담금의 법적 성격: 정책실현목적의 부담금
   환경개선부담금은 내용상으로는 '원인자부담금'으로 분류될 수 있다. 목적 및 기능상으로는 '환경개선을 위한 투자재원의 합리적 조달'이라는 재정조달목적뿐 아니라 정책실현목적도 갖는다고 볼 수 있다.
2. 국가의 지속적인 발전의 기반이 되는 쾌적한 환경 조성이라는 공익은 경유차 소유자가 받는 위와 같은 불이익에 비해 결코 작다고 할 수 없다. 따라서 청구인의 재산권을 침해한다고 볼 수 없다.
3. 경유차는 휘발유차에 비해 미세먼지, 초미세먼지, 질소산화물 등 대기오염물질을 훨씬 더 많이 배출하는 것으로 조사되어 평등원칙에도 위반되지 아니한다(헌재 2022.6.30, 2019헌바440).

135 물이용부담금을 부과하는 한강수계법 [합헌]

물이용부담금은 재정조달목적 부담금에 해당한다. 수질개선을 통해 양질의 수자원을 제공받는 특별한 이익을 얻고 있어서 밀접한 관련성을 인정할 수 있다. 한강 하류 지역의 수돗물 최종수요자를 납부의무자로 정한 입법자의 선택이 현저하게 불합리하다고 볼 수 없다(헌재 2020.8.28, 2018헌바425).

136 회원제 골프장 재산세 중과 [합헌]

회원제 골프장용 부동산의 재산세에 대하여 1천분의 40의 중과세율을 규정한 구 지방세법 제111조 제1항 제1호 다목 2) 중 골프장용 토지에 관한 부분 및 구 지방세법 제111조 제1항 제2호 가목 중 골프장용 건축물에 관한 부분은 헌법에 위반되지 않는다(헌재 2020.3.26, 2016헌가17).

137 건설업 등록증 대여시 필요적 말소 [합헌]

건설업 등록증 대여 행위는 이러한 등록제도의 취지를 형해화하는 것이고, 그 결과 건설공사의 적정한 시공과 시설물을 안전에 위험을 야기하여 국민의 생명·재산에 돌이킬 수 없는 손해를 초래할 수 있으므로, 임의적 등록말소만으로 이러한 위험을 충분히 방지할 수 있다고 단정하기 어렵다(헌재 2023.2.23, 2019헌바196).

138 세무사 자격 자동부여 폐지 [합헌]

세무분야의 전문성을 제고하여 소비자에게 고품질의 세무서비스를 제공하기 위하여 마련된 조항이다. 변호사의 자격이 있는 자에게 더 이상 세무사 자격을 자동으로 부여하지 않는 구 세무사법은 헌법에 위반되지 않는다(헌재 2021.7.15, 2018헌마279).

확인 OX

| 변호사의 자격이 있는 자에게 더 이상 세무사 자격을 부여하지 않는 세무사법은 신뢰보호원칙에 위반된다. | (×) |

139 방치폐기물 처리이행보증보험계약 갱신명령을 불이행한 건설폐기물 처리업자의 허가취소 [합헌]

건설폐기물 처리업자가 처리이행보증보험계약이 만료되었음에도 이를 갱신하지 않았다는 것은, 객관적으로 영업을 중단할 위험이 추단되는 사정으로 향후 해당 폐기물 처리업자가 폐기물 처리를 제대로 하지 않아 폐기물이 방치될 우려가 매우 높은 경우이므로, 이러한 업체에 대하여는 허가취소를 통하여 폐기물 처리업을 더 이상 하지 못하도록 하는 것이 방치폐기물의 발생가능성을 줄일 수 있는 불가피한 조치이다(헌재 2022.2.24, 2019헌바184). ⇨ 영업권이라는 재산적 가치 침해는 직업의 자유에 포함되어 고려할 사안이므로 별도로 논하지 아니한다.

140 금융감독원 직원 취업 제한 [기각]

금융감독원의 4급 이상 직원에 대하여 퇴직일부터 3년간 퇴직 전 5년 동안 소속하였던 부서 또는 기관의 업무와 밀접한 관련성이 있는 취업심사대상기관에의 취업을 제한하는 공직자윤리법 '대통령령으로 정하는 공직유관단체의 직원' 부분은 헌법에 위반되지 아니한다(헌재 2021.11.25. 2019헌마555).

확인 OX

금융감독원의 4급 이상 직원에 대하여 퇴직일부터 3년간 퇴직 전 5년 동안 소속하였던 부서 또는 기관의 업무와 밀접한 관련성이 있는 취업심사대상기관에의 취업을 제한하는 법은 헌법에 위반되지 아니한다. (O)

141 안경사가 아닌 자의 안경업소 개설 등 금지 [합헌]

안경의 잘못된 조제로 인한 분쟁 발생시 법인과 고용된 안경사 간의 책임 소재가 불분명해지는 문제도 발생할 수 있고, 법인 안경업소가 무면허자를 고용하는 등의 행위를 사전에 차단하기 어렵다. 사후적 단속·구제로는 국민보건상 부작용을 미연에 방지할 수 없다(헌재 2021.6.24. 2017헌가31).

확인 OX

안경사가 아닌 법인의 형태로는 안경업소의 개설을 금지하는 것은 직업의 자유를 침해하여 헌법에 위반된다. (×)

142 비약사 자연인의 약국 개설 금지 [합헌]

의약품 오남용 및 국민 건강상의 위험이 증대할 가능성이 높고, 대규모 자본이 약국시장에 유입되어 의약품 유통체계 및 판매질서를 위협할 우려가 있다. 따라서 이는 직업의 자유를 침해하지 않는다(헌재 2020.10.29. 2019헌바249).

확인 OX

비약사가 의약품 조제·판매를 하지 않은 경우에도 약사가 아닌 자연인의 약국개설을 금지한 것은 헌법에 위반된다. (×)

143 행정사의 경우 연수의무 부과 [기각]

심판대상조항에 따라 연수교육을 받을 의무는 실제 행정사로서 업무를 수행하고 있는 사람에게만 부과되며, 장기간의 질병이나 노령 등 개인적 사유로 행정사 업무를 수행할 수 없는 경우는 휴업신고를 할 의무가 있는데, 휴업신고를 하면 해당 기간만큼 연수교육 이수 의무의 종기가 연장된다. 행정사법 시행령에 따르면, 연수교육 내용이 형식화하거나 부실화하지 않도록 하는 최소한의 장치가 마련되어 있다. 또한 다른 전문자격사에 대해서도 이와 유사한 교육이 의무화되어 있는 사정, 교육에 소요되는 시간이나 이수의 편의성 등을 고려하면 심판대상조항이 행정사에게만 과도한 기준을 설정하였다고 볼 수 없다. 따라서 심판대상조항은 과잉금지원칙에 위배되어 청구인의 직업의 자유를 침해하지 않는다(헌재 2023.3.23, 2021헌마50).

144 정부광고 업무 한국언론진흥재단 위탁 [기각]

정부광고의 대국민 정책소통 효과를 높이기 위해서는 정부광고의 기획부터 집행에 이르는 과정을 통합적으로 관리할 필요가 있다. 단일한 공적 기관이 규모의 경제를 통하여 협상력을 가지고 정부광고 업무를 신속하고 효율적으로 처리할 수 있도록 한 것이다(헌재 2023.6.29, 2019헌마227). ⇨ 독점인데 합헌(구매대행 사안임)

확인 OX

단일한 공적 기관이 규모의 경제를 통하여 협상력을 가지고 정부광고 업무를 신속하고 효율적으로 처리할 수 있도록 하기 위해 정부광고 업무를 한국언론진흥재단에 위탁한 것은 헌법에 위반되지 않는다. (O)

145 생활폐기물 수집·운반 대행계약 대상 제외 [합헌]

그동안 생활폐기물 수집·운반 대행자가 지방자치단체와 장기간 반복적으로 수의계약을 하면서 매년 대행료가 과도하게 상승하거나, 지방자치단체와 대행자 간의 유착비리가 발생하거나, 청소서비스의 질이 저하되는 등의 문제점이 발생하였다. 따라서 생활폐기물 수집·운반 대행계약과 관련하여 뇌물공여, 사기 등 범죄를 범하여 일정한 형을 선고받은 자를 3년간 위 대행계약 대상에서 제외한 것은 과잉금지원칙에 위배되지 아니한다(헌재 2023.12.21, 2020헌바189).

확인 OX

생활폐기물 수집·운반 대행 계약과 관련하여 뇌물공여, 사기 등 범죄를 범한 자를 일정 기간 동안 대행 계약 대상에서 제외하도록 규정한 폐기물관리법 해당 조항은 과잉금지원칙에 위배 되어 직업수행의 자유를 침해한다고 볼 수 없다.
(O) 24. 법원행시

146 집행유예를 선고받은 유예기간 중에는 특수경비원이 될 수 없다는 규정 [기각]

특수경비원의 도덕성, 준법의식 등을 확보하고, 성실하고 공정한 직무수행을 위한 자질을 담보하여 국민의 신뢰를 제고하기 위한 것이므로 과잉금지원칙에 반하여 특수경비원의 직업의 자유를 침해하지 않는다(헌재 2023.6.29, 2021헌마157).

확인 OX

금고 이상의 형의 집행유예선고를 받고 그 유예기간 중에 있는 자는 특수경비원이 될 수 없다고 규정한 법률 조항은 과잉금지원칙에 반하여 특수경비원의 직업의 자유를 침해하지 않는다.   (O) 24. 법원행시

147 의약품 판매는 원칙적으로 약국에서 [합헌]

최근 코로나19 팬데믹(pandemic) 사태로 인하여 보건복지부 고시로 의사·환자 간 비대면 진료·처방이 한시적으로 허용되고, 약사가 환자에게 의약품을 교부함에 있어 그 교부방식을 환자와 약사가 협의하여 결정할 수 있도록 한시적 예외가 인정되었지만, 의약품 판매는 국민의 건강과 직접 관련된 보건의료 분야라는 점을 고려할 때 선례조항이 의약품의 판매장소를 약국으로 제한하는 것은 여전히 불가피한 측면이 있다(헌재 2023.3.23, 2021헌바400). 따라서 이는 헌법에 위반되지 않는다.

확인 OX

코로나19 팬데믹 사태로 약사가 환자에게 의약품을 교부함에 있어 그 교부방식을 환자와 약사가 협의하여 결정할 수 있도록 한시적 예외를 인정하였다고 해도 의약품의 판매장소를 약국 내로 제한하는 것은 국민의 건강과 직접 관련된 보건의료 분야라는 점을 고려할 때, 과잉금지원칙을 위반하여 약국개설자의 직업수행의 자유를 침해한다고 볼 수 없다.   (O) 23. 법학경채

148 비의료인 문신시술 금지 [기각, 각하]

1. 문신시술 자격제도와 같은 대안의 도입 여부는 입법재량의 영역에 해당한다.
2. 의료인이 아닌 사람도 문신시술을 업으로 행할 수 있도록 그 자격 및 요건을 법률로 제정하도록 하는 내용의, 명시적인 입법위임은 헌법에 존재하지 않으며, 문신시술을 위한 별도의 자격제도를 마련할지 여부는 여러 가지 사회적·경제적 사정을 참작하여 입법부가 결정할 사항으로, 그에 관한 입법의무가 헌법해석상 도출된다고 보기는 어렵다(헌재 2022.3.31, 2017헌마1343).

149 3년 이내에 등록기준을 갖추도록 한 규정 [기각]

구 법령에 따라 폐자동차재활용업 등록을 한 자에게도 3년 이내에 등록기준을 갖추도록 한 '전기·전자제품 및 자동차의 자원순환에 관한 법률 시행령' 부칙은 법령의 개정으로 인한 상황변화에 적절히 대처하기에 상당한 기간으로 지나치게 짧은 것이라 할 수 없으므로, 이 사건 부칙조항은 신뢰보호원칙에 위배되어 청구인의 직업의 자유를 침해하지 아니한다(헌재 2022.9.29, 2019헌마1352).

확인 OX

구 법령에 따라 폐자동차재활용업 등록을 한 자에게도 3년 이내에 등록기준을 갖추도록 한 전기·전자제품 및 자동차의 자원순환에 관한 법률 시행령 부칙 제3조 제1항 및 제2항 중 '3년' 부분은 신뢰보호원칙에 위배되어 그 등록을 한 자의 직업의 자유를 침해한다. (×) 24. 국회직 8급

150 강제추행죄 벌금형 확정시 체육지도자의 필요적 자격 취소 [합헌]

1. 이는 직업선택의 자유를 제한
2. 강제추행죄로 벌금형이 확정된 체육지도자는 그 자격이 필요적으로 취소되는 불이익을 입게 되는데, 체육활동을 하는 국민과 선수들을 보호하고 건전한 스포츠 환경을 조성함으로써 국민의 건강과 체력을 증진하고 선수들을 보호·육성하고자 하는 공익은 위와 같은 불이익보다 훨씬 더 중요하다(헌재 2024.8.29, 2023헌가10).

확인 OX

성폭력범죄를 저질러 벌금형이 확정된 체육지도자의 자격을 필요적으로 취소하도록 개정된 국민체육진흥법 조항을 개정법 시행 후 발생하는 자격취소사유부터 적용하도록 한 같은 법 부칙 제4조 중 해당 부분은 개정법 시행일을 기준으로 하여 성폭력범죄로 이미 벌금형이 확정된 체육지도자와 그렇지 않은 체육지도자를 합리적인 이유 없이 달리 취급하는 것이므로 평등원칙에 위반된다. (×) 25. 순경1차

151 고용·산재보험 보험사무대행기관 자격 제한 [기각]

1. 제한되는 기본권: 직업수행의 자유
2. 단체, 법인이나 개인(공인노무사 및 세무사)과 달리 개인 공인회계사는 그 직무와 보험사무대행업무 사이의 관련성이 높다고 보기 어렵고, 사업주들의 접근이 용이하다거나 보험사무대행기관으로 추가해야 할 현실적 필요성이 있다고 보기도 어려우므로, 보험사무대행기관의 범위에 개인 공인회계사를 포함하지 않았다고 하여 과잉금지원칙에 위배되지는 않는다고 보았다(헌재 2024.2.28, 2020헌마139). ⇨ 법인의 경우 사업자들의 접근이 용이, 공신력, 업무의 연속성 등이 장점

152 국민권익위원회 심사보호국 공무원의 취업 제한 [합헌]

국민권익위원회 심사보호국은 부패행위, 부정청탁, 금품 등 수수, 복지·보조금 부정수급, 공공재정 부정청구 신고 및 공익신고 등 부패관련 각종 신고를 직접 접수, 분류하고 처리하는 부서로서, 신고의 내용이 명백히 거짓이거나 부패행위와 관련이 없다고 판단되는 경우에는 이를 조사기관에 이첩하지 않고 종결할 수 있는 등 신고된 사건의 당사자이거나 직접적인 이해관계를 가지는 사기업체 등과 밀접한 관련이 있는 업무를 담당하고 있다. 따라서 심사보호국 업무의 공정성과 투명성을 확보하기 위하여서는 소속 공무원들이 일정 기간 취업심사대상기관에 취업하는 것을 원칙적으로 제한할 필요가 있다(헌재 2024.3.28, 2020헌마1527). ⇨ 따라서 이는 직업선택의 자유를 침해하지 아니한다.

153 변호사 광고에 관한 규정 [위헌]

1. 헌법 제119조에 관한 주장 역시 직업의 자유 침해 여부에 대하여 심사하는 것으로 충분하므로 별도로 판단하지 않는다.
2. 변협의 유권해석 위반 광고금지규정은 수권법률로부터 위임된 범위 내에서 명확하게 규율 범위를 정하고 있다고 보기 어려우므로, 법률유보원칙에 위반되어 청구인들의 표현의 자유, 직업의 자유를 침해한다.
3. 변호사광고에 대한 합리적 규제는 필요하지만, 광고표현이 지닌 기본권적 성질을 고려할 때 광고의 내용이나 방법적 측면에서 꼭 필요한 한계 외에는 폭넓게 광고를 허용하는 것이 바람직하다. 각종 매체를 통한 변호사 광고를 원칙적으로 허용하는 변호사법 제23조 제1항의 취지에 비추어 볼 때, 변호사등이 다양한 매체의 광고업자에게 광고비를 지급하고 광고하는 것은 허용된다고 할 것인데, 이러한 행위를 일률적으로 금지하는 위 규정은 수단의 적합성을 인정하기 어렵다. 따라서 대가수수 광고금지규정은 과잉금지원칙에 위반되어 청구인들의 표현의 자유와 직업의 자유를 침해한다(헌재 2022.5.26, 2021헌마619).
4. 다만, '소비자를 연결하거나' 부분은 과잉금지원칙에 위반되지 않는다.

> **확인 OX**
>
> 변호사법의 위임을 받아 대한변호사협회에서 정한 '변호사광고에 관한 규정' 중 '변호사 또는 소비자로부터 대가를 받고 법률상담 또는 사건 등을 소개 · 알선 · 유인하기 위하여 변호사등을 광고 · 홍보 · 소개하는 행위'를 금지하고 있는 규정은 표현의 자유와 직업의 자유를 침해한다. (O) 23. 법원행시

154 대형트롤어업 동경 128도 이동수역 조업금지 [기각]

1. 대형트롤어업의 조업구역을 '전국 근해'라고 명시하고 있으나, 위 조항이 반드시 전국 근해에서 아무런 제한 없이 대형트롤어업 허가를 하여야 한다는 의미라고 보기는 어려우므로, 심판대상조항이 위 조항에 위반된다고 볼 수 없다.
2. 대형트롤어업의 동경 128도 이동수역에서의 조업을 금지함으로써 동해안에서 어업을 영위하고 있는 어업인과의 갈등을 방지하는 한편, 살오징어 생산량 감소의 원인 중 하나로 지목되는 남획의 가능성을 감소시키는 데 기여할 수 있다(헌재 2024.7.18, 2021헌마533).

155 외끌이 대형저인망어업의 조업구역 규제 [기각]

심판대상조항은 근해어업 수산자원의 지속적 이용가능성을 위하여 어업조정상 필요에 따라 외끌이대형저인망어업의 조업구역을 규정한 것이다. 국가는 수산자원을 보호하고 효율적으로 관리하기 위해 조업구역을 설정하는 등 다양한 수단을 활용할 수 있고, 복합적 · 다층적인 어업규제의 특성에 비추어 그에 대한 행정청의 판단은 현저히 불합리하지 않은 이상 존중할 필요가 있다(헌재 2024.8.29, 2021헌마146).

> **확인 OX**
>
> 구 수산업법 시행령 제40조 제1항 본문 별표 3 중 외끌이 대형저인망어업의 조업구역 부분이 외끌이대형저인망어업의 조업구역을 서남해구외끌이중형저인망어업과 다르게 규정한 것은 외끌이대형저인망어업을 영위하는 어업인인 청구인들의 평등권을 침해한다. (X) 24. 비상기획관

156 세안용 비누를 수입·판매하려는 자에게 등록을 하고, 책임판매관리자를 의무적으로 두도록 하는 것 [기각]

국민보건향상에 기여하고 국민들이 안심하고 화장품을 사용할 수 있도록 하기 위한 것이다. 고형세안비누는 화장품법상의 화장품에 해당하고, 피부에 매일 직접 작용하는 제품이므로, 식품의약품안전처에서 화장품으로 관리하는 것이 필요하다(헌재 2024.5.30, 2021헌마291).

확인 OX

고체 형태의 세안용 비누를 수입·판매하려는 자에게 화장품책임판매업 등록을 하고, 책임판매관리자를 의무적으로 두도록 요구하는 화장품법 조항은 직업선택의 자유를 침해한다. (×) 25. 입법고시

157 아동학대관련범죄전력자 어린이집 일률적으로 10년의 취업 제한 [위헌]

아동학대관련범죄전력자에게 재범의 위험성이 있는지 여부, 있다면 어느 정도로 취업 제한을 해야 하는지를 구체적이고 개별적으로 심사하는 절차가 필요하다. 심판대상조항은 일률적으로 10년의 취업 제한을 부과한다는 점에서 죄질이 가볍고 재범의 위험성이 낮은 범죄전력자들에게 지나치게 가혹한 제한이 될 수 있어, 그것이 달성하려는 공익의 무게에도 불구하고 법익의 균형성 요건을 충족하지 못한다(헌재 2022.9.29, 2019헌마813).

확인 OX

아동학대관련범죄로 형을 선고받아 확정된 자로 하여금 그 형이 확정된 때부터 형의 집행이 종료되거나 집행을 받지 아니하기로 확정된 후 10년 동안 아동관련기관인 체육시설 등을 운영하거나 학교에 취업할 수 없도록 제한하는 것은 아동학대관련범죄전력자의 직업선택의 자유를 침해하지 아니한다. (×) 21. 국회직 5급

158 형의 종류·형량에 따라 차등을 두어 의료기관에 취업 제한 [합헌]

개정법 시행일 전까지 성인대상 성범죄로 형을 선고받아 그 형이 확정된 사람에 대해서 형의 종류 또는 형량에 따라 기간에 차등을 두어 의료기관에의 취업 등을 제한하는 것은 신뢰보호의 원칙에 위배되지 아니한다(헌재 2023.5.25, 2020헌바45). ⇨ 10년 이상 하면 위헌

159 어린이집 원장 및 보육교사 자격취소 [합헌]

영유아를 보호·양육하는 어린이집 원장 또는 보육교사의 역할에 비추어 그에 부합하는 자질을 갖추지 못한 사람을 보육현장에서 배제할 필요가 크다는 점, 아동학대관련범죄를 저지른 어린이집 원장 또는 보육교사에 대한 형사처벌만으로는 어린이집의 윤리성과 신뢰성을 높여 영유아를 안전한 환경에서 건강하게 보육한다는 입법목적을 달성하지 못하는 경우가 있다는 점, 법원에서 아동복지법에 따른 아동관련기관에 대한 취업제한명령을 면제한 경우에도 영유아를 직접 대면하여 보육하는 어린이집 원장 또는 보육교사 자격을 취소할 필요는 여전히 존재할 수 있다는 점 등을 고려하여 심판대상조항이 헌법에 위반되지 않는다(헌재 2023.5.25, 2021헌바234).

> **"확인 OX"**
>
> 아동학대관련범죄로 처벌받은 어린이집 원장 또는 보육교사의 자격을 행정청으로 하여금 취소할 수 있도록 규정한 영유아보육법상 조항은 직업의 자유를 침해하지 않는다. (O) 23. 경찰간부

160 아동 성적 학대행위자에 대한 일률적·영구적으로 공무원 결격사유 [헌법불합치]

아동에 대한 성희롱 등 성적 학대행위로 형을 선고받아 확정된 사람에 대하여 범죄의 경중, 재범의 위험성 등을 고려하지 않고 일률적·영구적으로, 아동과 관련된 직무인지 여부를 불문하고 모든 일반직공무원 및 부사관에 임용될 수 없도록 하는 것은 공무담임권을 침해한다(헌재 2022.11.24, 2020헌마1181).

> **"확인 OX"**
>
> 반인륜적인 범죄인 아동에 대한 성적 학대행위를 저지른 사람이 공무를 수행할 경우 공직 전반에 대한 국민의 신뢰를 유지하기 어려우므로, 아동에게 성적 수치심을 주는 성희롱 등의 성적 학대행위로 형을 선고받아 그 형이 확정된 사람은 일반직 공무원으로 임용될 수 없도록 한 국가공무원법 해당 조항이 공무담임권을 침해한다고 보기 어렵다. (X) 24. 법원직

161 공조조업 금지 [합헌]

심판대상조항이 공조조업을 금지한 것은 수산자원의 남획으로부터 수산자원을 보존하고 감소된 수산물어획량을 회복하기 위한 조치로서 불필요하거나 과도한 제한이라고 볼 수 없고, 공조조업을 할 수 없음으로 말미암아 발생하는 경제적 불이익이 지속가능한 어업환경의 조성 및 어업질서의 유지라는 공익보다 크다고 할 수 없으므로, 심판대상조항은 과잉금지원칙에 위배하여 직업수행의 자유를 침해하지 아니한다(헌재 2023.5.25, 2020헌바604).

확인 OX

공조조업을 금지한 것은 수산자원의 남획으로부터 수산자원을 보존하고 감소된 수산물어획량을 회복하기 위한 조치로서 불필요하거나 과도한 제한이라고 볼 수 없다. (O)

162 변호사시험 응시한도 [기각]

변호사시험에 무제한 응시함으로 인하여 발생하는 인력의 낭비, 응시인원의 누적으로 인한 시험합격률의 저하 및 법학전문대학원의 전문적인 교육효과 소멸 등을 방지하고자 하는 이 사건 한도조항의 입법목적은 정당하며, 그러한 목적을 달성하기 위하여 응시자가 자질과 능력이 있음을 입증할 기회를 5년 내에 5회로 제한한 것은 입법재량의 범위 내에 있는 적절한 수단이다(헌재 2020.9.24, 2018헌마739).

▶ 관련 판례 – 변호사시험 응시한도 및 예외 [기각]

응시인원의 누적으로 인한 시험합격률의 저하 및 법학전문대학원의 전문적인 교육효과 소멸 등을 방지하고자 하는 이 사건 한도조항의 입법목적은 정당하며, 그러한 목적을 달성하기 위하여 응시자가 자질과 능력이 있음을 입증할 기회를 5년 내에 5회로 제한한 것은 입법재량의 범위 내에 있는 적합한 수단이다(헌재 2020.11.26, 2018헌마733).
⇨ 병역의무 이행만 예외로 인정한다.

확인 OX

변호사시험 응시자가 자질과 능력이 있음을 입증할 기회를 5년 내에 5회로 제한한 것은 입법재량의 범위 내에 있는 적절한 수단이다. (O)

163 코로나바이러스감염증-19의 예방을 위한 방역조치를 명하는 서울특별시고시 [각하]

헌법재판소는 코로나19의 예방을 위한 방역조치를 명하는 지방자치단체장의 고시는 항고소송의 대상인 행정처분에 해당하고 그 취소를 구할 소의 이익도 인정되므로, 행정소송 등 사전 구제절차를 거치지 아니하고 그 취소를 구하는 헌법소원심판을 청구하는 것은 보충성 요건을 갖추지 못하여 부적법하다(헌재 2023.5.25, 2021헌마21). ⇨ PC방 영업시간 제한 및 거리두기 등

164 변호사시험에서 코로나19 확진환자의 응시를 금지하고, 자가격리자 및 고위험자의 응시를 제한 [인용]

헌법재판소는, 시험장에서의 대규모 감염위험을 예방하기 위하여 시험장의 분산, 마스크 착용 등 각종 조치가 마련된 점, 그리고 확진환자가 입원치료를 받는 곳에서 이 사건 변호사시험을 치를 수 있도록 하거나, 자가격리자가 별도의 시험장에서 응시할 수 있도록 하는 방법, 고위험자가 본인의 의사에 따라 시험을 중단하거나 의료기관 이송을 요청하도록 하는 방법 등 청구인들의 기본권을 덜 제한하면서도 감염병의 확산을 예방하고 시험을 원활하게 운영 및 관리할 수 있는 방법들이 있었던 점에 비추어, 피청구인이 막연한 염려를 이유로 확진환자 등의 시험 응시를 일률적으로 금지한 것은 청구인들의 기본권을 과도하게 제한한 것이라고 판단하였다(헌재 2023.2.27, 2020헌마1736).

확인 OX

고위험자의 정의나 판단기준을 정하고 있지 않다고 하더라도, 시험장 출입시 또는 시험 중에 37.5도 이상의 발열이나 기침 또는 호흡곤란 등의 호흡기 증상이 있는 응시자 중 국가시험 주관부서의 판단에 따른 고위험자를 의료기관에 일률적으로 이송하도록 하는 것은 피해의 최소성을 충족한다.   (×) 23. 경찰 경채

165 중등교사 임용시험에서 코로나19 확진자의 응시를 금지하고, 자가격리자 및 접촉자의 응시를 제한한 강원도 교육청 공고 [각하]

1. 보건당국과 교육부가 확진자의 응시를 허용하는 방향으로 지침을 변경하여 소의 이익이 인정되지 아니한다.
2. 접촉자 응시제한 부분은, 확진자와 접촉한 응시자의 경우 시험에 응시할 수는 있으나 별도시험장·별도시험실에서 비대면 평가의 방법으로 시험의 방법을 변경할 수 있고, 그 시험 방법의 변경에 대한 이의제기를 제한하는 내용으로 해석되므로, 청구인들의 주장처럼 피청구인의 재량에 따라 접촉자의 응시 자체가 허용되지 않을 가능성이 인정된다고 보기 어렵다(헌재 2023.2.23, 2021헌마48).

166 비급여 진료비용의 보고 및 공개에 관한 사건 [기각]

보고의무조항은 과도한 비급여 진료비용을 부담하게 하는 의료기관을 감독하고, 보고된 정보의 현황분석 결과를 공개함으로써 국민의 알 권리와 의료선택권을 보장하며, 건강보험 급여를 확대하여 국민의 의료비 부담을 감소시키기 위한 입법목적을 가지고 있다. 이러한 입법목적은 정당하며, 비급여 진료정보를 보건복지부장관에게 보고하게 하는 것은 위 목적 달성에 효과적인 수단이다(헌재 2023.2.23, 2021헌마374).

167 집단민원현장에 일반 경비원 배치하는 경우 허가받도록 한 경우 [합헌]

이해당사자 간 갈등이 표출될 가능성이 큰 성격의 장소들에 경비원을 배치함으로 인하여 발생할 수 있는 폭력사태를 억제하고 위험성을 관리하기 위해 종합적으로 검토할 필요가 있다(헌재 2023.2.23, 2018헌마246).

168 게임머니 등의 환전업 등 금지 [합헌]

1. 환전업 등이 금지되는 게임결과물에 관한 내용은, 전문적·기술적 사항으로서 게임산업 환경의 변동에 따른 탄력적 대응과 다양한 방식의 위법·탈법적인 행위의 신속한 차단을 위하여 하위 법령에 위임할 필요성이 인정된다.
2. 위법·탈법적인 게임결과물의 환전업 등은 게임물의 유통질서를 심각하게 저해할 가능성이 높으므로, 이에 대한 형사처벌이 과도한 제재라고 단정할 수 없다. 따라서 직업수행의 자유를 침해한다고 볼 수 없다(헌재 2022.2.24, 2017헌바438).

169 악취관리지역 지정요건 [합헌]

'악취와 관련된 민원이 1년 이상 지속되고, 악취가 제7조 제1항에 따른 배출허용기준을 초과하는 지역'을 정한 구 악취방지법 제6조 제1항 제1호가 명확성원칙에 위반되지 않고, 악취관리지역 내 악취배출시설 운영자인 청구인들의 직업수행의 자유를 침해하지 않는다(헌재 2020.12.23, 2019헌바25).

확인 OX

악취와 관련된 민원이 1년 이상 지속되고, 악취가 법에 따른 배출허용기준을 초과하는 지역을 악취관리지역으로 지정한 것은 직업수행의 자유를 침해하지 않는다. (○)

170 매립대상 건설폐기물 절단을 위한 임시보관장소 수집·운반행위 금지 [기각]

임시보관장소에서 건설폐기물 절단시 발생할 수 있는 비산먼지, 소음 등으로부터 인근 주민들을 보호하는 한편, 임시보관장소에서 행해질 수 있는 위법행위를 미연에 방지함으로써 적절한 건설폐기물 처리질서를 확립하는 것으로서, 그 중대성의 정도가 상당하다(헌재 2021.7.15, 2019헌마406).

171 승합자동차의 임차인에 대한 운전자 알선 요건을 규정 [합헌]

자동차대여사업자의 운전자 알선이 초단기 자동차대여와 결합됨에 따라 사실상 기존 택시운송사업과 중복되는 서비스를 제공하면서도 동등한 규제를 받지 않는 유사영업이 이루어지면서 사회적 갈등이 크게 증가하였다. 심판대상조항은 공정한 여객운송질서 확립과 여객자동차운수사업의 종합적인 발달을 도모함과 동시에, 중소규모 관광객들의 편의 증진을 위하여 운전자를 알선할 수 있는 관광에 관한 요건을 추가한 것으로서, 그 입법목적의 정당성과 수단의 적합성이 인정된다(헌재 2021.6.24, 2020헌마651).

172 법무법인의 영리행위 겸업금지 [합헌]

법무법인이 단순한 영리추구 기업으로 변질되는 것을 방지하고, 법무법인이 영리기업으로 변질됨에 따라 변호사 직무의 일반적 신뢰 저하나 법률소비자의 불측의 손해가 발생할 수 있고, 그 정도 또한 클 것으로 예상되는 점에서 겸업금지는 합헌이다(헌재 2020.7.16, 2018헌바195).

173 상조회사에 선수금 보전의무를 부여 [기각]

선불식 할부거래업자의 파산과 같이 소비자가 서비스를 이행받지 못하는 상황이 생기는 경우 그 피해보상을 담보하기 위해서는 선수금 자체에 대하여 보전의무를 부과할 필요성이 있다(헌재 2020.12.23, 2018헌바382).

174 여자대학 약학대학 입학정원 배정 [기각]

1. 평등권은 직업선택의 자유 침해와 판단이 중복된다. 따라서 직업선택의 자유를 중심으로 판단한다.
2. 약학대학 재적학생 중 여학생 비율이 평균 약 50%를 점하고 있고, 편입학시 중요요소가 대학마다 다르고, 다른 약학대학에 충분한 기회와 가능성이 부여되어 있다. 따라서 헌법에 위반되지 않는다(헌재 2020.7.16, 2018헌마566).

175 운전면허 부정 취득시 모든 운전면허 필요적 취소 [위헌]

거짓이나 그 밖의 부정한 수단으로 운전면허를 받은 경우 모든 범위의 운전면허를 필요적으로 취소하도록 한 도로교통법은 헌법에 위반된다. 특정한 운전면허를 부정 취득하였다고 하여 이미 그 요건을 갖추어 적법하게 취득한 다른 운전면허에 대해서까지 취소사유가 항상 존재한다고 볼 수는 없다(헌재 2020.6.25. 2019헌가9). ➪ 임의적 취소로도 가능하다.

확인 OX

1. 거짓이나 그 밖의 부정한 수단으로 운전면허를 받은 경우 국민의 생명·신체를 보호할 필요성이 매우 크므로 모든 범위의 운전면허를 필요적으로 취소하도록 규정한 도로교통법 조항은 직업의 자유를 침해하지 않는다. (×) 21. 국회직 8급

2. 거짓이나 그 밖의 부정한 수단으로 운전면허를 받은 경우 모든 범위의 운전면허를 필요적으로 취소하도록 규정하여 부정 취득하지 않은 운전면허까지 필요적으로 취소하도록 한 것은 운전면허 소유자의 일반적 행동의 자유를 침해한다. (O) 22. 경정승진·변호사

176 만성신부전증환자에 대한 외래 혈액투석을 정액수가로 규정 [기각]

헌법재판소는 심판대상조항이 법률유보의 원칙, 명확성의 원칙에 위배되지 아니하고, 의사의 직업수행의 자유, 의료급여 수급권자의 인간다운 생활을 할 권리 내지 보건권, 의료행위선택권을 침해하지 아니한다고 판단하였다(헌재 2020.4.23. 2017헌마103). ➪ 한정된 재원과 지속적인 의료서비스를 제공해야 하는 점을 고려

확인 OX

혈액투석 정액수가에 포함되는 비용의 범위를 정한 '의료급여수가의 기준 및 일반기준' 제7조 제2항 본문의 정액범위조항에 사용된 '등'은 열거된 항목 외에 같은 종류의 것이 더 있음을 나타내는 의미로 해석할 수 있으나, 다른 조항과의 유기적·체계적 해석을 통해 그 적용범위를 합리적으로 파악할 수는 없으므로 명확성원칙에 위배된다. (×) 22. 지방직 7급

177 부정경쟁행위 [합헌]

심판대상조항은 타인의 영업표지와 '동일'하거나 '유사'한 것을 사용하여 타인의 영업상의 시설 또는 활동과 '혼동하게 하는 행위'일 것을 요하는바, 거래사정을 종합적으로 감안하여 수요자들이 영업의 출처 등에 관하여 혼동의 염려가 없다면 유사성 내지 혼동가능성은 부정된다는 것 역시 충분히 알 수 있다(헌재 2021.9.30. 2019헌바217).

178 어린이통학버스 동승보호자 [기각]

1. 학원이나 체육시설에서 어린이통학버스를 운영하는 자로 하여금 어린이통학버스에 보호자를 동승하여 운행하도록 한 부분이 청구인들의 직업수행의 자유를 침해하지 않는다.
2. 유예기간을 둔 법령에 대한 헌법소원심판의 청구기간 기산점에 관하여 유예기간이 경과한 때를 청구기간의 기산점으로 봄으로써, 법령의 시행일에 기본권 침해사유가 발생하였다고 본 종래의 결정을 변경하였다(헌재 2020.4.23. 2017헌마479).

확인 OX

1. 학원이나 체육시설에서 어린이통학버스를 운영하는 자로 하여금 어린이통학버스에 반드시 보호자를 동승하여 운행하도록 한 여객자동차 운수사업법 조항은 어린이 등의 안전을 효과적으로 담보하는 중요한 역할을 하는 점 등에 비추어 보면 학원이나 체육시설에서 어린이통학버스를 운영하는 자의 직업수행의 자유를 침해한다고 볼 수 없다. (O) 21. 입법고시

2. 법령의 시행일 이후 일정한 유예기간을 둔 경우, 이에 대한 헌법소원심판청구기간의 기산점은 그 법령의 시행일이 아니라 유예기간 경과일이다. (O) 22. 소방간부

179 경비원의 비경비업무 수행 금지 및 위반시 경비업 전체 허가 취소 [헌법불합치]

경비업무의 전념성을 직접적으로 훼손하지 아니하는 경우가 있음에도 불구하고 이러한 사정을 고려하지 아니한 채 경비업자가 경비원으로 하여금 비경비업무에 종사하도록 하는 것을 일률적·전면적으로 금지하고 이를 위반한 경우 허가받은 경비업 전체를 필요적으로 취소하도록 한 것이 과잉금지원칙에 반한다(헌재 2023.3.23. 2020헌가19).

확인 OX

시설경비업을 허가받은 경비업자로 하여금 '허가받은 경비업무 외의 업무에 경비원을 종사하게 하는 것'을 금지하고, 이를 위반한 경비업자에 대한 허가를 취소하도록 정하고 있는 경비업법 제7조 제5항 중 시설경비업무에 관한 부분, 같은 법 제19조 제1항 제2호 중 '시설경비업무'에 관한 부분은 과잉금지원칙에 위반하여 시설경비업을 수행하는 경비업자의 직업의 자유를 침해한다. (O) 23. 순경2차

180 외국인근로자 사업장 변경 제한 [기각]

외국인 고용허가를 받은 사용자가 노동력을 안정적으로 확보하고 외국인근로자를 효율적으로 관리하며 고용허가제의 취지에 맞게 제도를 운영하기 위해서, 외국인근로자의 사업장 변경사유를 제한하는 것은 명백히 불합리하다고 볼 수 없다. 구체적인 사유를 정한 고시에 관해서도, 종래의 불명확성이 상당 부분 해소되었고 사유가 계속 추가되고 있으며, 사업장 변경사유에 미치지 못한 경우에도 권익보호협의회를 통한 사업장 변경이 가능한 이상 기본권을 침해한다고 볼 수 없다(헌재 2021.12.23, 2020헌마395).

확인 OX

직장 변경을 제한하거나 특정한 직장에서 계속 근로를 강제하는 것이 곧바로 신체의 안전성을 침해한다거나 신체의 자유로운 이동과 활동을 제한하는 것이라고 볼 수는 없다.   (O) 22. 법원직

181 입찰 참가 자격 제한 [합헌]

공기업 등으로부터 입찰 참가 자격 제한 처분을 받은 자가 국가 중앙관서나 다른 공기업 등이 집행하는 입찰에 참가할 수 없도록 한 구 국가를 당사자로 하는 계약에 관한 법률 시행령 해당 조항은 직업수행의 자유를 침해하지 않는다(헌재 2023.7.20, 2017헌마1376).

확인 OX

공기업 등으로부터 입찰 참가 자격 제한 처분을 받은 자가 국가 중앙관서나 다른 공기업 등이 집행하는 입찰에 참가할 수 없도록 한 구 국가를 당사자로 하는 계약에 관한 법률 시행령 해당 조항은 직업수행의 자유를 침해하지 않는다.   (O) 24. 법원행시

182 수의사 등 처방대상 동물용의약품 사건 [기각]

1. 사안은 동물약국 개설자를 직접적인 규율대상으로 하고 있어 소비자는 제3자에 불과하다.
2. 수의사 등의 동물용의약품에 대한 전문지식을 통해 동물용의약품 오·남용 및 그로 인한 부작용 피해를 방지하여 동물복지의 향상을 도모함은 물론, 이를 통해 동물용의약품 오·남용에 따른 내성균 출현과 축산물의 약품 잔류 등을 예방하여 국민건강의 증진을 이루고자 함에 있어 헌법에 위반되지 않는다(헌재 2023.6.29, 2021헌마199).

> **확인 OX**
>
> 헌법재판소는 동물약국 개설자가 수의사 또는 수산질병관리사의 처방전 없이 판매할 수 없는 동물용의약품을 규정한 처방대상 동물용의약품 지정에 관한 규정 제3조가 의약분업이 이루어지지 않은 동물 분야에서 수의사가 동물용의약품에 대한 처방과 판매를 사실상 독점할 수 있도록 하여 동물약국 개설자의 직업수행의 자유를 침해하는지 여부를 판단하는 이상 평등권 침해 여부에 관하여는 따로 판단하지 아니하였다.　　　　　　　　　　　　　　　　　　　　(O) 24. 국회직 8급

183 성폭력 범죄자의 택시운전자격 취소 [합헌]

친족 대상 성범죄를 저질러 실형을 선고받은 것 자체가 최소한의 윤리성과 책임감을 결여하고 있는 것이며, 외부와 단절된 공간에서 취약한 사람을 상대로 성범죄를 저지를 가능성이 있어 운전자격을 박탈하는 것은 지나치다고 보기 어렵다(헌재 2020.5.27, 2018헌바264).

> **확인 OX**
>
> 친족 대상 성범죄를 저질러 실형을 선고받은 경우 택시운전자격을 취소한 것은 운전과 실질적인 관련성이 없는 범죄로 인하여 운전자격을 상실시키는 것으로 헌법에 위반된다.　　　　　　　　　　　　　　　　　　　　(×)

184 아동·청소년의 성범죄로 인한 택시운전자격 필요적 취소 [합헌]

일반 공중의 생활과 밀접한 관련을 가진 여객자동차운송사업 중 승객과 접촉빈도 및 접속밀도가 높고 목적지나 도착시간이 다양하고 심야에도 운행되는 택시운송사업의 특성과 법원이 범죄의 모든 정황을 고려하여 금고 이상의 형의 집행유예를 선택한 자에 대한 사회적 비난가능성 등을 종합하면, 아동·청소년에 대한 위계에 의한 추행죄로 금고 이상의 형의 집행유예를 선고받은 경우 택시운전자격을 필요적으로 취소하도록 한 심판대상조항이 과잉금지원칙에 반하여 택시운수종사자의 직업선택의 자유를 침해한다고 볼 수 없다(헌재 2025.5.29, 2024헌바448).

185 전자상거래 등을 통한 콘택트렌즈 판매 금지 [합헌]

심판대상조항이 안경사의 직업수행의 자유를 제한하고 있으나, 국민보건의 향상·증진이라는 입법목적의 달성을 위하여 필요한 정도를 넘어선 과도한 제한이라 보기는 어렵고, 그로 인한 소비자의 불편이 과도하다고 보기도 어렵다(헌재 2024.3.28, 2020헌가10). ⇨ 변질위험, 눈검진의 필요성 등

제4장 기타 기본권

01 복수 당적 보유 금지 시건 [기각]

복수 당적 보유가 허용될 경우 정당 간의 부당한 간섭이 발생하거나 정당의 정체성이 약화될 수 있고, 그 결과 정당이 국민의 정치적 의사형성에 참여하고 필요한 조직을 갖추어야 한다는 헌법적 과제를 효과적으로 수행하지 못하게 될 우려가 있다(헌재 2022.3.31, 2020헌마1729).

확인 OX

복수 당적 보유를 금지하는 정당법 조항은 당원들의 존재와 당원들 사이에 공유되는 가치를 기반으로 하는 정당의 정체성을 보존하고 정당 간의 위법·부당한 간섭을 방지함으로써 정당정치를 보호·육성하기 위한 것으로 볼 수 있다. (O)

02 정당법 제59조 제2항 등 [합헌]

헌법재판소는 2023년 9월 26일 등록을 정당의 설립요건으로 정한 정당법 제4조 제1항(정당등록조항), 정당법상 등록된 정당이 아니면 정당이라는 명칭을 사용하지 못하게 하는 정당법 제41조 제1항 및 제59조 제2항 중 제41조 제1항에 관한 부분(정당명칭사용금지조항), 정당은 수도 소재 중앙당과 5 이상의 시·도당을 갖추어야 한다고 정한 정당법 제3조, 제4조 제2항 중 제17조에 관한 부분, 제17조(전국정당조항), 시·도당은 1천인 이상의 당원을 가져야 한다고 정한 정당법 제4조 제2항 중 제18조에 관한 부분 및 제18조(법정당원수조항)에 대하여 합헌 및 기각결정을 선고하였다(헌재 2023.9.26, 2021헌가23). ⇨ 기존판례와 똑같이 합헌 판단

확인 OX

1. 정당법상 시·도당은 당해 관할구역 안에 주소를 두고 있는 1천인 이상의 당원을 가져야 한다고 규정하고 있는데, 이는 정당의 자유를 침해하지 아니한다. (O) 24. 경찰승진

2. 정당을 창당하고자 하는 창당준비위원회가 정당법상의 요건을 갖추어 등록을 신청하면 중앙선거관리위원회는 정당법상 외의 요건으로 이를 거부할 수 없고 반드시 수리하여야 한다. (O) 24. 국회직 8급

03 정당의 내부조직인 시·도당의 법정당원수 [기각]

우리나라에 현존하는 정당의 수, 각 시·도의 인구 및 유권자수, 인구수 또는 선거인수 대비 당원의 비율, 당원의 자격 등을 종합하여 보면, 시·도당은 1,000명 이상의 당원을 가져야 한다고 규정한 법정당원수 조항이 신생정당의 창당이나 기성정당의 추가적인 시·도당 창당을 현저히 어렵게 하여 시·도당창당준비위원회의 대표자들에게 지나치게 과도한 부담을 지운 것이라고 보기 어렵다(헌재 2022.11.24, 2019헌마445).

04 정치자금법상 회계보고된 자료의 열람기간을 3개월로 [위헌]

정치자금의 투명성 강화 및 부정부패 근절에 대한 국민적 요구가 커지고 선거관리위원회가 데이터 생성·저장·유통 기술 발전을 이용해 업무부담을 줄일 수 있다는 점 등을 고려해 위 선례를 변경하고 이 사건 열람기간제한조항에 대하여 위헌 결정을 하였다. 이번 결정으로 국민들의 정치자금 자료에 대한 접근권이 보다 강하게 보장될 것으로 예상되고, 궁극적으로는 정치자금의 투명성을 강화하고 부정부패를 근절하는 데 일조할 것으로 기대된다. 따라서 이는 청구인의 알 권리를 침해한다(헌재 2021.5.27, 2018헌마1168).

" 확인 OX "

정치자금법에 따라 회계보고된 자료의 열람기간을 3월간으로 제한한 동법상 열람기간제한 조항은 청구인의 알권리를 침해한다. (O) 23. 경찰간부

05 정치자금법상 후원회지정권자 [헌법불합치]

헌법재판소는 광역자치단체장선거의 예비후보자에 관한 부분은 청구인들 평등권을 침해하여 헌법에 위반되지만, 자치구의회의원선거의 예비후보자에 관한 부분에 대하여는 헌법에 위반되지 않는다고 판시하였다(헌재 2019.12.27, 2018헌마301).

▶ 참고법령 – 정치자금법 제6조 후원회지정권자

6. 지역구지방의회의원선거의 후보자 및 예비후보자
7. 지방자치단체의 장선거의 후보자 및 예비후보자

> **확인 OX**
>
> 1. 대통령선거 및 지역구국회의원선거의 예비후보자들과 달리 광역자치단체장선거의 예비후보자를 후원회지정권자에서 제외하고 있는 것은 광역자치단체장선거 예비후보자의 평등권을 침해하지 않는다. (×) 20. 입법고시
>
> 2. 광역자치단체장선거의 예비후보자를 후원회지정권자에서 제외하여, 국회의원선거의 예비후보자에게 후원금을 기부하고자 하는 자와 광역자치단체장선거의 예비후보자에게 후원금을 기부하고자 하는 자를 달리 취급하는 것은 합리적 차별에 해당하고 입법재량의 한계를 일탈한 것은 아니다. (×) 22. 경정승진
>
> 3. 후원회 지정권자로 자치구의회의원선거의 예비후보자가 포함되지 않는 것은 평등권을 침해하여 헌법에 위반된다. (×)

06 지방의회의원의 후원회지정 금지 [헌법불합치]

1. 지방의회의원은 주민의 대표자이자 지방의회의 구성원으로서 주민들의 다양한 의사와 이해관계를 통합하여 지방자치단체의 의사를 형성하는 역할을 하므로, 이들에게 후원회를 허용하는 것은 후원회 제도의 입법목적과 철학적 기초에 부합한다.
2. 정치자금법은 후원회의 투명한 운영을 위한 상세한 규정을 두고 있으므로, 지방의회의원의 염결성은 이러한 규정을 통하여 충분히 달성할 수 있다. 국회의원과 소요되는 정치자금의 차이도 후원 한도를 제한하는 등의 방법으로 규제할 수 있다.
3. 현재 지방자치법에 따라 지방의회의원에게 지급되는 의정활동비 등은 의정활동에 전념하기에 충분하지 않다. 또한, 지방의회는 유능한 신인정치인의 유입 통로가 되므로, 지방의회의원에게 후원회를 지정할 수 없도록 하는 것은 경제력을 갖추지 못한 사람의 정치입문을 저해할 수도 있다.
4. 따라서 이러한 사정들을 종합하여 보면, 심판대상조항이 국회의원과 달리 지방의회의원을 후원회지정권자에서 제외하고 있는 것은 불합리한 차별로서 청구인들의 평등권을 침해한다(헌재 2022.11.24, 2019헌마528).

> **확인 OX**
>
> 후원회를 설치·운영할 수 있는 자를 국회의원으로 한정하고 지방의회의원을 제외한 것은 지방의회의원의 평등권을 침해한다. (○) 23. 소방간부

07 당원협의회 위원장을 후원회지정권자에서 제외 [합헌]

국회의원은 국민 전체를 대표하는 헌법상 기관에 해당하지만, 원외 당협위원장은 법률상 임의기구의 대표자에 불과하다. 관리감독에 소요되는 비용이 증가될 수 있다(헌재 2022.10.27, 2018헌마972).

08 국회의원의 정치자금법상 부정수수죄 차별 × [합헌]

다수 지역단위 선거구의 지역구국회의원이라고 하더라도 지역활동을 위해 반드시 지역단위마다 국회의원 사무실을 설치하여야 하는 필연성이 인정된다고 보기 어려울 뿐만 아니라, 설령 다수의 국회의원 사무실을 설치하는 경우에도 대부분의 비용은 사무실 임차료, 인건비 등으로 구성될 것인데, 지역에 따라 사무실 임차료, 인건비 등이 모두 다르므로, 반드시 다수 지역단위 선거구의 지역구국회의원이 단일 지역단위 선거구의 지역구국회의원에 비해서 사무실 운영 등에 있어 더 많은 비용이 소요된다고 볼 만한 근거가 없다(헌재 2022.10.27. 2019헌바19).

" 확인 OX "

정치자금법 규정이 단일 지역단위 선거구의 지역구국회의원인지 다수 지역단위 선거구의 지역구국회의원인지 여부에 차이를 두지 않고 정치자금법에서 정하지 아니한 방법으로 정치자금을 기부받은 경우 정치자금부정수수죄로 처벌하는 것이 불합리하므로 평등원칙에 반한다. (×) 23. 소방간부

09 선거범죄로 인한 선거권 · 공무담임권 제한 [기각]

1. 법원이 벌금 100만원 이상의 형을 선고한다면, 여기에는 피고인의 행위가 선거의 공정을 침해할 우려가 높다는 판단과 함께 피고인의 선거권을 일정 기간 박탈하겠다는 판단이 포함되어 있다고 보아야 한다.
2. 퇴직조항으로 인하여 지방자치의원의 직에서 퇴직하게 되는 사익의 침해에 비하여 선거에 관한 여론조사의 결과에 부당한 영향을 미치는 행위를 방지하고 선거의 공정성을 담보하며 공직에 대한 국민 또는 주민의 신뢰를 제고한다는 공익이 더욱 중대하다(헌재 2022.3.31. 2019헌마986).

10 지방공사 상근직원의 경선운동 금지 [위헌]

1. 심판대상조항이 '당원이 아닌 자'에게도 투표권을 부여하여 실시하는 당내경선에서 서울교통공사의 상근직원에 대하여 경선운동을 금지하고 그 위반행위를 처벌하는 것은 당내경선의 형평성과 공정성을 확보하기 위한 것으로 정당한 목적 달성을 위한 적합한 수단이다.
2. 당원이 아닌 자에게도 투표권을 부여하여 실시하는 당내경선에서 서울교통공사 상근직원의 경선운동을 일률적으로 금지 · 처벌하는 것은 정치적 표현의 자유를 과도하게 제한하는 것이다. 따라서 심판대상조항은 침해의 최소성에 위반된다(헌재 2022.6.30. 2021헌가24).

▶ 비교 판례

국민건강보험공단의 구성원들이 각종 선거에서 특정 후보자를 위한 선거활동을 할 수 있도록 허용할 경우 국민전체가 아닌 특정 집단의 이익만을 도모하는 방향으로 업무를 수행하거나 관련 업무의 집행에 대하여 부당한 영향력을 가할 우려가 있다. 특히 건강보험 가입자와 그 피부양자에 대한 막대한 정보를 유출하여 전국적 규모의 방대한 조직과 함께 선거에 이용할 가능성이 그다 할 것이다. … 이 사건 법률조항은 헌법에 위반되지 아니한다(헌재 2004.4.29, 2002헌마467).

11 지방공사 상근직원 선거운동 금지 [위헌]

1. 선거운동은 국민주권 행사의 일환일 뿐 아니라 정치적 표현의 자유의 한 형태로서 민주사회를 구성하고 움직이게 하는 요소이므로, 그 제한입법의 위헌 여부에 대하여는 엄격한 심사기준이 적용되어야 한다.
2. 공직선거법은 이미 지방공사의 상근직원이 직무상 행위를 이용하여 선거의 공정성 및 형평성을 해할 수 있는 행위를 금지하고 그 위반행위를 처벌하는 규정을 별도로 마련하고 있는 점, 선거운동의 전면금지 외에 선거운동의 자유가 제한되는 영역을 적절한 범위로 조정할 방법이 있는 점 등을 고려하여 헌법재판소는 위 조항들이 지방공사 상근직원의 선거운동의 자유를 침해하여 헌법에 위반된다고 판단하였다(헌재 2024.1.25, 2021헌가14).

12 당내경선은 선거운동이 아님

당내경선은 공직선거 자체와는 구별되는 정당 내부의 자발적인 의사결정에 해당하고, 경선운동은 원칙적으로 공직선거에서의 당선 또는 낙선을 위한 행위인 선거운동에 해당하지 않는다. 따라서 당내경선의 형평성과 공정성을 담보하기 위해서 국가가 개입하여야 하는 정도가 공직선거와 동등하다고 보기는 어렵다. 이와 같은 당내경선 및 경선운동의 내용 및 성질과 경선운동은 정치적 표현의 자유의 보호영역에 속하는 점 등을 고려하면, 심판대상조항이 과잉금지원칙에 반하는지 여부를 판단할 때에는 엄격한 심사기준이 적용되어야 한다(헌재 2022.6.30, 2021헌가24).

확인 OX

당내경선에서 이루어지는 경선운동은 원칙적으로 공직선거에서의 당선 또는 낙선을 위한 행위인 선거운동에 해당하지 않으므로, 경선운동을 금지하는 조항이 과잉금지원칙에 반하는지 여부를 판단할 때에는 엄격한 심사기준이 적용되어야 한다.
(O) 22. 법무사

13 지방자치단체의 장선거의 예비후보자에 대한 기탁금 반환사유(컷오프) [헌법불합치]

헌법재판소는 지역구 국회의원선거의 예비후보자로 등록하고 기탁금을 납부하였으나 정당의 공천심사에서 탈락한 예비후보자들의 기탁금을 반환하지 않는 것을 재산권 침해로 판단하였다. 기탁금을 납부하도록 하는 취지는 지역구 국회의원선거와 지방자치단체의 장선거가 동일하므로, 이 사건에서 헌법재판소는 선례에서 제시하였던 이유를 원용하여 심판대상조항을 위헌으로 판단하였다(헌재 2020.9.24, 2018헌가15). ⇨ 과거 국회의원 선거에서 컷오프의 경우를 제외해서 침해인 판례 참조

확인 OX

지방자치단체의 장선거의 예비후보자로 등록하고 기탁금을 납부하였으나 정당의 공천심사에서 탈락한 예비후보자들의 기탁금을 반환하지 않는 것을 재산권 침해로 판단하였다. (O)

14 선거권연령 산정 기준일을 선거일로 [기각]

국민 각자의 생일을 기준으로 하여 각 공직선거별로 선거권이 있는지 여부를 명확하게 판단할 수 있다. 이 사건 심판대상조항과 달리 선거권연령 산정 기준일을 선거일 이전이나 이후의 특정한 날로 정할 경우, 이를 구체적으로 언제로 할지에 관해 자의적인 판단이 개입될 여지가 있다. 따라서 선거일 현재를 기준으로 산정한 것은 헌법에 위배되지 않는다(헌재 2021.9.30, 2018헌마300).

확인 OX

선거권자의 연령을 선거일 현재를 기준으로 산정하도록 한 공직선거법 규정은 평등권을 침해한다고 볼 수 없다. (O)

15 기타 어떠한 방법으로도 연설·대담장소 등의 질서를 문란하게 하면 안 됨 [합헌]

1. 심판대상조항은 자유로운 선거운동의 기회를 보장하고 선거의 공정성을 확보하기 위하여 연설·대담장소에서의 질서문란행위만을 금지할 뿐, 일체의 정치적 표현행위를 금지하는 것은 아니다.
2. 어떠한 방법 앞에 폭행·협박등의 행위태양이 규정되어 있다(헌재 2023.5.25, 2019헌가13).

> **확인 OX**
>
> 기타 어떠한 방법으로도 연설·대담장소 등의 질서를 문란하게 하면 안 된다는 공직선거법 규정은 표현의 자유를 침해한다. (×)

16 인쇄물 살포를 선거일 전180일 동안 금지하는 공직선거법 조항 [헌법불합치]

선거일 전 180일부터 선거일까지 장기간 동안 선거에 영향을 미치게 하기 위한 인쇄물의 살포행위를 금지·처벌하는 심판대상조항은 당초의 입법취지에서 벗어나 선거와 관련한 국민의 자유로운 목소리를 상시적으로 억압하는 결과를 초래할 수 있다(헌재 2023.3.23. 2023헌가4).

> **확인 OX**
>
> 일정기간 동안 선거에 영향을 미치게 하기 위한 벽보 게시, 인쇄물 배부·게시를 금지하는 구 공직선거법 해당 조항은 정치적 표현의 자유를 침해하지 않는다. (×) 24. 법원행시

17 선거권 연령 제한 [각하]

헌법재판소는 2012헌마174, 2012헌마287 결정에서 선거권연령 하한을 19세로 정한 공직선거법 조항에 대하여 합헌결정을 하였다. 그러나 이 사건에 있어서는 헌법소원심판청구 이후인 2020.1.14. 공직선거법이 개정되어 선거권연령 하한이 종전 19세에서 18세로 하향 조정된 점을 고려하여, 19세 기준 조항에 대하여 권리보호이익 및 심판의 이익이 없음을 이유로 더 이상 본안 판단에 나아가지 않고 심판청구를 모두 각하하였다(헌재 2020.8.28. 2017헌마187).

18 선거운동기간 중 인터넷게시판 실명확인 [위헌]

1. 언론의 자유와 직업의 자유를 모두 제한하나 가장 밀접한 것은 언론의 자유이다. 따라서 직업의 자유 제한의 정당성 여부에 관하여는 따로 판단하지 않는다. 이 사건에서는 게시판 등 이용자의 정치적 익명표현의 자유 침해 여부를 중심으로 하여 인터넷언론사의 언론의 자유 등 침해 여부를 함께 판단하기로 한다. 이러한 실명인증자료는 개인정보자기결정권도 아울러 제한한다.
2. 선거의 공정성 확보를 위한 것으로 목적의 정당성은 인정되며, 실명확인을 통해 인신공격이나 흑색선전이 줄어들 수도 있어 수단의 적합성도 인정된다. 익명표현은 표현의 자유를 행사하는 하나의 방법으로서 그 자체로 규제되어야 하는 것이 아니고, 부정적 효과가 발생하는 것이 예상되는 경우에 한하여 규제될 필요가 있다. 또한 아이피등으로 고유한 주소를 추적하는 등의 방법으로 게시물 표현자의 신원을 확인하는 방법도 불가능한 것이 아니다.
3. "인터넷언론사"가 명확성원칙에 반하지는 않는다고 하더라도 그 범위가 광범위하다는 점까지 고려하면 심판대상조항으로 인하여 발생할 수 있는 기본권 제한의 정도는 결코 작다고 볼 수 없다. 실명확인제가 표방하고 있는 선거의 공정성이라는 목적은 인터넷 이용자의 표현의 자유나 개인정보자기결정권을 제약하지 않는 다른 수단(삭제요청 등)에 의해서도 충분히 달성할 수 있다(헌재 2021.1.28, 2018헌마456). ⇨ 결국 침해의 최소성과 법익의 균형성 침해

" 확인 OX "

1. 선거운동기간 중 인터넷언론사 홈페이지의 게시판 등에 정당·후보자에 대한 지지·반대의 정보를 게시할 수 있도록 하는 경우 실명확인을 위한 기술적 조치를 하도록 한 것은 게시판 이용자의 정치적 익명표현의 자유를 침해한다. (O)
2. '익명표현'은 표현의 자유를 행사하는 하나의 방법으로서 그 자체로 규제되어야 하는 것은 아니고, 부정적 효과가 발생하는 것이 예상되는 경우에 한하여 규제될 필요가 있다. (O) 22. 순경 공채
3. 인터넷언론사로 하여금 선거운동기간 중 당해 홈페이지 게시판 등에 정당·후보자에 대한 지지·반대 등의 정보를 게시하는 경우 실명을 확인받는 기술적 조치를 하도록 정한 공직선거법 조항에서 '인터넷언론사' 부분 및 정당 후보자에 대한 '지지·반대' 부분은 명확성원칙에 위배되지 않는다. (O) 24. 국회직 5급

19 지방공단 상근직원의 경선운동 금지 [위헌]

1. 당내경선의 형평성과 공정을 담보하기 위해서 국가가 개입하여야 하는 정도가 공직선거와 동등하다고 보기 어려우므로, 심판대상조항이 과잉금지원칙에 반하는지 여부를 판단할 때에는 엄격한 심사기준이 적용되어야 한다.
2. 공단의 상근직원의 지위와 권한에 비추어 볼 때, 이 사건 공단의 상근직원이 특정 경선후보자의 당선 또는 낙선을 위한 경선운동을 한다고 하여 그로 인한 부작용과 폐해가 크다고 보기 어렵다. 그럼에도 불구하고 심판대상조항이 직급에 따른 업무의 내용과 수행하는 개별 구체적인 직무의 성격에 대한 검토 없이 모든 상근직원의 경선운동을 금지하고 이에 위반한 경우 처벌하는 것은 정치적 표현의 자유를 지나치게 제한하는 것이다(헌재 2021.4.29, 2019헌가11). ⇨ 결국 침해의 최소성과 법익의 균형성 침해

> **확인 OX**
>
> 지방공단 상근직원이 특정 경선후보자의 당선 또는 낙선을 위한 경선운동을 금하는 것은 그로 인한 부작용과 폐해를 고려할 때 헌법에 위반되지 않는다. (×)

20 공무원의 지위이용 선거운동 처벌 [합헌]

지방의회의원이 어느 공공기관·사회단체 등의 기관·단체·시설에 예산을 지원하겠다는 의사표시가 선거운동에 이용할 목적의 일환이었는지, 아니면 의정활동 등 직무상의 통상적인 권한 행사였는지 등은 개별 사안에서 법관의 법률조항에 대한 보충적 해석·적용을 통해 가려질 수 있다. 따라서 선거운동에 이용할 목적으로 기관·단체·시설에 금전·물품 등 재산상의 이익을 제공하거나 그 제공의 의사를 표시하거나 그 제공을 약속한 자를 처벌하는 공직선거법은 헌법에 위반되지 아니한다(헌재 2020.3.26, 2018헌바3).

> **확인 OX**
>
> 지방의회의원의 경우 정치적 중립성을 요구하는 공무원에 해당하지 않아 그 지위를 이용한 선거운동이 금지되는 대상에서 제외된다. (×)

21 공직선거법상 선거운동기간 제한 및 처벌 [위헌]

1. 이 사건 처벌조항은 죄형법정주의의 명확성원칙에 위반되지 아니한다.
2. 이 사건 선거운동기간조항은 그 입법목적을 달성하는 데 지장이 없는 선거운동방법, 즉 돈이 들지 않는 방법으로서 후보자 간 경제력 차이에 따른 불균형 문제나 사회·경제적 손실을 초래할 위험성이 낮은 개별적으로 대면하여 말로 지지를 호소하는 선거운동까지 포괄적으로 금지함으로써 선거운동 등 정치적 표현의 자유를 과도하게 제한하고 있고, 기본권 제한과 공익목적 달성 사이에 법익의 균형성도 갖추지 못하였다. 결국 이 사건 선거운동기간조항 중 각 선거운동기간 전에 개별적으로 대면하여 말로 하는 선거운동에 관한 부분은 과잉금지원칙에 반하여 선거운동 등 정치적 표현의 자유를 침해한다(헌재 2022.2.24, 2018헌바146).

> **확인 OX**
>
> 선거운동기간 전에 개별적으로 대면하여 말로 하는 선거운동을 형사처벌하도록 한 구 공직선거법 조항은 정치적 표현의 자유를 침해한다. (○) 24. 변호사

22 선거에 영향을 미치게 하기 위한 시설물 설치 등 금지 [헌법불합치]

1. 정치적 표현의 자유를 제한하더라도, 입법목적 달성과의 관련성이 구체적이고 명백한 범위 내에서 가장 최소한의 제한에 그치는 수단을 선택하지 않으면 안 된다. 선거운동 등에 대한 제한이 정치적 표현의 자유를 침해하는지 여부를 판단함에 있어서는 표현의 자유의 규제에 관한 판단기준으로서 엄격한 심사기준을 적용하여야 한다.
2. 심판대상조항은 목적 달성에 필요한 범위를 넘어 광고물의 설치·진열·게시 및 표시물의 착용을 통한 정치적 표현을 장기간 동안 포괄적으로 금지·처벌하는 것으로서 침해의 최소성을 충족하지 못한다.
3. 누구든지 일정 기간 동안 선거에 영향을 미치게 하기 위한 광고물 설치·진열·게시, 표시물 착용을 할 수 없도록 하고, 이에 위반한 경우 처벌하도록 한 공직선거법 조항은 헌법에 합치되지 아니한다(헌재 2022.7.21, 2017헌가1).

23 사전선거운동 금지조항 [합헌]

사전선거운동 금지조항은 선거에 관한 정치적 표현행위 가운데 특정후보자의 당선 또는 낙선을 도모한다는 목적의사가 뚜렷하게 인정되는 선거운동, 그중에서도 선전시설물·용구를 이용한 선거운동을 선거운동기간 전에 한정하여 금지하고 있다. 이는 선거의 과열경쟁으로 인한 사회·경제적 손실의 발생을 방지하고 후보자 간의 실질적인 기회균등을 보장하기 위한 것으로서, 선거운동 등 정치적 표현의 자유를 침해하지 아니한다(헌재 2022.11.24, 2021헌바301).

확인 OX

선거운동기간 전에 공직선거법에 의하지 않은 선전시설물·용구를 이용한 선거운동을 금지하고, 이에 위반한 경우 처벌하도록 한 공직선거법 제254조 제2항 중 '선전시설물·용구'에 관한 부분은 선거운동 등 정치적 표현의 자유를 침해한다.

(×) 24. 비상기획관

24 표시물 사용 선거운동 금지 [헌법불합치]

1. 심판대상조항의 위헌성은 표시물을 사용한 선거운동을 제한하는 것 자체에 있는 것이 아니라, 후보자나 일반 유권자가 사회통념상 적은 비용으로 손쉽게 제작할 수 있거나, 일상생활에서 사용하는 표시물을 통상적인 방법으로 붙이거나 입거나 지니는 등의 방법을 사용하여 선거운동을 하는 것과 같이, 선거에서의 기회 균등 및 선거의 공정성을 해치는 것이 명백하다고 볼 수 없는 정치적 표현까지 모두 금지·처벌하는 것에 있다.
2. 심판대상조항은 목적 달성에 필요한 범위를 넘어 표시물을 사용한 선거운동을 포괄적으로 금지·처벌하는 것으로서 침해의 최소성을 충족하지 못한다(헌재 2022.7.21, 2017헌가4).

"확인 OX"

선거운동기간 중 어깨띠 등 표시물을 사용한 선거운동을 금지하고, 이를 위반한 경우 처벌하는 구 공직선거법 해당 조항은 정치적 표현의 자유를 침해하지 않는다.　　　　　　　　　　　　　　　　　　　　　　(×) 24. 법원행시

25 현수막, 그 밖의 광고물 설치·게시, 그 밖의 표시물 착용, 벽보 게시, 인쇄물 배부·게시, 확성장치사용을 금지 [헌법불합치]

1. 시설물설치 등 금지조항은 목적 달성에 필요한 범위를 넘어 현수막, 그 밖의 광고물의 설치·진열·게시 및 표시물의 착용을 통한 정치적 표현을 장기간 동안 포괄적으로 금지·처벌하는 것으로서 침해의 최소성을 충족하지 못한다.
2. 현수막, 광고물, 인쇄물등은 포괄적으로 금지·처벌하여 헌법에 위반된다.
3. 그러나 공개장소의 연설·대담·토론회장을 제외하고는 확성장치를 사용하지 못하는데, 선거운동 과정에서 확성장치 사용으로 인한 소음을 규제하여 국민의 건강하고 쾌적한 환경에서 생활할 권리를 보호한다는 공익은 확성장치의 사용을 제한함으로써 제한받는 정치적 표현의 자유보다 작다고 할 수 없다. 확성장치사용 금지조항은 법익의 균형성에도 반하지 않는다(헌재 2022.7.21, 2017헌바100).

"확인 OX"

선거운동에서 다소 전통적인 수단이라 할 수 있는 확성장치의 사용을 규제한다고 하더라도, 확성장치의 출력수나 사용시간을 규제하는 입법이 확성장치사용 자체를 제한하는 방안과 동등하거나 유사한 효과가 있다고 볼 수 있으며, 또한 확성장치 사용을 제한함으로써 달성할 수 있는 공익이 그로 인하여 제한되는 정치적 표현의 자유보다 크다고 할 수 없으므로 공직선거법 제91조 확성장치사용 금지는 과잉금지원칙에 반하여 정치적 표현의 자유를 침해한다.　　　　　　　　(×) 23. 비상기획관

26 선거기간 중 선거에 영향을 미치게 하기 위한 집회나 모임(향우회·종친회·동창회·단합대회·야유회가 아닌 것에 한정) 개최 금지 [위헌]

1. '선거에 영향을 미치는 행위'란 결국 공직선거법이 적용되는 선거에 있어 선거과정 및 선거결과에 변화를 주거나 그러한 영향을 미칠 우려가 있는 일체의 행동으로 해석할 수 있고, 구체적인 사건에서 그 행위가 이루어진 시기, 동기, 방법 등 제반 사정을 종합하여 그 내용을 판단할 수 있다. 이는 선거운동보다 넓은 개념이다(헌재 2016.7.28, 2015헌바6 참조). ⇨ 명확성에 위반되지 않는다.
2. 심판대상조항은 향우회·종친회·동창회·단합대회 또는 야유회 등과 유사한 것인지 여부를 불문하고, '향우회·종친회·동창회·단합대회 또는 야유회'를 제외한 '모든 집회나 모임'의 개최를 금지하는 것이 명확하다. 그렇다면 심판대상조항은 죄형법정주의의 명확성원칙에 위배되지 않는다.
3. 선거의 공정성과 평온에 구체적 위험이 있는 경우가 아니라면, 단순히 선거의 공정성이라는 추상적인 위험성을 들어 선거에 영향을 미치게 하기 위한 집회나 모임을 전면적·포괄적으로 제한하는 것을 정당화하기 어렵다(정치적 표현의 자유 침해)(헌재 2022.7.21, 2018헌바164).

27 후보자와 후보자가 되고자 하는 자는 허위사실 공표 금지 [합헌]

선거의 공정성을 보장하기 위해서는 후보자가 되고자 하는 자에 관하여 허위사실을 공표하는 것을 금지하는 것이 필요하고, 심판대상조항의 문언, 입법취지 등에 의해 금지되는 행위의 유형이 제한된다는 점을 고려하면, 심판대상조항이 필요 이상으로 정치적 표현의 자유를 제한한다고 볼 수 없다(헌재 2023.7.20, 2022헌바299).

28 집회나 모임(향우회·종친회·동창회·단합대회·야유회가 아닌 것에 한정) 개최, 현수막 그 밖의 광고물 게시, 광고, 문서·도화 첩부·게시, 확성장치사용을 금지하는 공직선거법 [헌법불합치, 합헌]

1. 집회개최 금지조항은 공직선거법이 허용하는 경우를 제외하고는, 선거기간 중 특정한 정책이나 현안에 대한 표현행위와 그에 대한 지지나 반대를 하는 후보자나 정당에 대한 표현행위가 함께 나타나는 집회나 모임의 개최를 전면적·포괄적으로 금지·처벌하는 조항으로 기능하고 있다. 이는 과도한 제한이다. 따라서 정치적 표현의 자유를 침해한다. 집회개최 금지조항은 향우회·종친회등이 아닌 그 밖의 집회나 모임의 개최 금지가 헌법에 위반된다.
⇨ 즉, 이 문구가 너무 광범위하다.
2. 문서·도화게시 등 금지조항은 목적 달성에 필요한 범위를 넘어 광고, 문서·도화의 첩부·게시를 통한 정치적 표현을 장기간 동안 포괄적으로 금지·처벌하고 있으므로 침해의 최소성에 반한다.
3. 선거운동 과정에서 확성장치 사용으로 인한 소음을 규제하여 국민의 건강하고 쾌적한 환경에서 생활할 권리를 보호한다는 공익은 확성장치의 사용을 제한함으로써 제한받는 정치적 표현의 자유보다 작다고 할 수 없다. 확성장치 사용 금지조항은 법익의 균형성에도 반하지 않는다(헌재 2022.7.21, 2018헌바357).

"확인 OX"

누구든지 선거기간 중 선거에 영향을 미치게 하기 위하여 '그 밖의 집회나 모임'을 개최할 수 없고, 이를 위반하는 자를 처벌하는 공직선거법 조항은 선거의 공정이나 평온에 대한 구체적인 위험이 없는 경우에도 해당 목적을 위한 일반 유권자의 집회나 모임을 전면적으로 금지하고 위반 시 처벌한다는 점에서 과잉금지원칙에 위배되어 해당 일반 유권자의 집회의 자유를 침해한다. (O) 24. 순경1차

29 중소기업중앙회 회장선거 관련 선거운동 제한 [합헌]

▶ 주요 쟁점

1. 죄형법정주의 명확성원칙 위배 여부(소극)
2. 결사의 자유, 표현의 자유, 평등원칙 위반 여부(소극)

▶ **결정 요지**

1. 중소기업중앙회는 공법인성을 가지고 있다고 하더라도, 기본적으로는 회원 간의 상호부조, 협동을 통해 중소기업자의 경제적 지위를 향상시키기 위한 자조조직(自助組織)으로서 사법인에 해당한다. ⇨ 결사의 자유 ○, 표현의 자유 ○, 선거권 ×, 알 권리(따로 심사 안 함)
2. 공법인적 성격을 강하게 가지고 있어 특별히 불합리하다거나 부당하지 않는 한 입법재량을 존중하는 것이 바람직하다.
3. 중소기업중앙회 회장선거는 투표권을 가진 회원수가 비교적 소규모이고 선거에 대한 관심도 높아 경쟁이 치열한 만큼 과열선거로 흐르기 쉽고 불법적인 수단을 동원한 선거운동이 이루어질 가능성 역시 배제하기 어려우므로 과도한 제한이라고 보기 어렵다(헌재 2021.7.15, 2020헌가9).

30 바코드방식의 일련번호 [기각]

2014년 공직선거법이 개정되어 사전투표제도를 도입하게 되면서 디지털 기기를 이용한 위조·복사 등의 위험성을 최소화하기 위하여 위조용지 식별이 보다 정확하고 용이한 바코드 방식 일련번호제도를 채택하게 되었다. 위조용지 식별을 용이하게 하기 위해서는 일련번호를 투표용지로부터 분리하지 않는 게 유리한데, 바코드 방식의 일련번호는 육안으로는 식별이 어렵기에 더 이상 숫자식 일련번호 방식에서와 같은 이유에서 비밀투표 침해를 막기 위한 목적으로 반드시 일련번호를 떼어낼 필요는 없게 되었다. / 바코드 방식의 일련번호는 육안으로는 식별이 어렵기에 누군가가 바코드를 기억하여 특정 선거인의 투표용지를 식별해 내는 등의 방식으로 비밀투표원칙에 위배될 것을 상정하기는 어렵기 때문이다. 나아가 공직선거법은 바코드에 선거인을 식별할 수 있는 개인정보가 들어가지 않도록 관리하고 있다(헌재 2023.10.6, 2022헌마231).

31 사전투표용지 인쇄날인 [기각]

사전투표관리관이 투표용지에 자신의 도장을 찍는 방식이 아닌 인쇄날인으로 갈음할 수 있도록 하여도 위조된 투표지의 유입가능성이 증대된다고 볼 수 없다. 따라서 심판대상조항이 현저히 불합리하여 선거권을 침해한다고 볼 수 없다(헌재 2023.10.26, 2022헌마232등).

32 신체장애가 있는 선거인은 투표보조인을 반드시 2인 이상 동반 [기각]

1. 비밀선거는 유권자의 정치적 의사결정을 국가의 강제와 사회의 압력으로부터 보호하기 위한 필수적이고도 효과적인 수단이며, 자유선거원칙을 실질적으로 보장하기 위한 전제조건이다.
2. 선거권을 제한하는 입법은 헌법 제37조 제2항에 따라 필요하고 불가피한 예외적인 경우에만 그 제한이 정당화될 수 있으므로, 심판대상조항에 비밀선거의 원칙에 대한 예외를 두는 것이 청구인의 선거권을 침해하는지 여부를 판단할 때에도 헌법 제37조 제2항에 따른 엄격한 심사가 필요하다.
3. 투표보조인이 장애인의 선거권 행사에 부당한 영향력을 미치는 것을 방지하여 선거의 공정성을 확보하기 위한 것이다. 추가보조인 섭외가 불편하지만 선거의 공정성이 더 중요하다. 따라서 헌법에 위반되지 아니한다(헌재 2020. 5.27, 2017헌마867).

"확인 OX"

비밀선거는 자유선거를 실질적으로 보장하기 위한 수단으로서 유권자 스스로 이를 포기할 수도 있으므로 비밀선거의 원칙에 대한 예외를 두는 법률조항이 선거권을 침해하는지 여부를 판단할 때에는 헌법 제37조 제2항에 따른 엄격한 심사가 적용되지 아니한다. (×) 21. 입법고시

33 대선토론회 시청금지 및 투표소 설치 [기각, 각하]

1. 피청구인들이 육군훈련소에서 군사교육을 받고 있었던 청구인 윤○○에 대하여 제19대 대통령선거 대담·토론회의 시청을 금지한 행위가 헌법에 위반되지 않는다.
2. 투표소를 투표구 안의 선거인이 투표하기 편리한 곳에 설치한다고 규정한 공직선거법 제147조 제2항에 대한 심판청구를 각하하였다(헌재 2020.8.28, 2017헌마813). ⇨ 직접성 부정

"확인 OX"

선거권 자체를 제한하는 것이 아니라 선거권의 행사를 제한하는 법률의 경우에는 입법자에게 일정한 형성의 자유가 인정되지만, 이러한 경우에도 입법자는 헌법에 명시된 선거제도의 원칙을 존중하고 국민의 선거권이 부당하게 제한되지 않도록 하여야 한다는 헌법적 한계를 준수해야 한다. (○) 21. 입법고시

34 재외투표기간 개시일 이후에 귀국한 재외선거인의 귀국투표 부정 [헌법불합치]

심판대상조항이 재외투표기간 개시일에 임박하여 또는 재외투표기간 중에 재외선거사무 중지결정이 있었고 그에 대한 재개결정이 없었던 예외적인 상황에서 재외투표기간 개시일 이후에 귀국한 재외선거인등이 국내에서 선거일에 투표할 수 있도록 하는 절차를 마련하지 아니한 것은 과잉금지원칙을 위반하여 청구인이 선거권을 침해한다(헌재 2022.1.27. 2020헌마895).

확인 OX

재외투표기간 개시일에 임박하여 또는 재외투표기간 중에 재외선거사무 중지결정이 있었고 그에 대한 재개결정이 없었던 예외적인 상황에서 재외투표기간 개시일 이후에 귀국한 재외선거인 및 국외부재자신고인에 대하여 국내에서 선거일에 투표할 수 있도록 하는 절차를 마련하지 않았더라도 선거권을 침해하지 않는다. (×) 23. 경찰승진

35 공직선거법상 기부행위 금지 및 허위사실공표 금지 [합헌]

1. 기부행위금지 조항, 허위사실공표금지 조항은 죄형법정주의 명확성원칙에 위배되지 않는다.
2. 또한 과잉금지원칙에 위배되어 선거운동의 자유를 침해하지 않는다(헌재 2021.2.25. 2018헌바223).

36 화환 설치를 금지하는 공직선거법 [헌법불합치]

목적 달성에 필요한 범위를 넘어 장기간(선거일 전 180일부터) 동안 선거에 영향을 미치게 하기 위한 화환의 설치를 금지하는 것으로, 과잉금지원칙에 위반되어 정치적 표현의 자유를 침해한다(헌재 2023.6.29. 2023헌가12).

확인 OX

누구든지 선거일 전 180일부터 선거일까지 선거에 영향을 미치게 하기 위하여 화환을 설치하는 것을 금지하는 공직선거법 규정은 정치적 표현의 자유를 침해한다고 볼 수 없다. (×) 24. 국회직 8급

37 준연동형 비례대표제 [기각]

헌법재판소는 선거제도의 형성에 관해서는 헌법 제41조 제1항에 명시된 보통·평등·직접·비밀선거의 원칙과 자유선거 등 국민의 선거권이 부당하게 제한되지 않는 한, 소선거구 다수대표제나 비례대표제 등 어느 특정한 선거제도가 다른 선거제도와 비교하여 반드시 우월하거나 열등하다고 단정할 수 없고, 입법자의 광범위한 형성재량이 인정된다고 보고 있는데, 이 사건에서도 그러한 입장을 전제로 국회의원선거 사상 처음으로 도입된 준연동형 비례대표제를 규정한 공직선거법 제189조 제2항에 대하여 판단을 하였고, 전원일치의 의견으로 기각결정을 내렸다(헌재 2023.7.20, 2019헌마1443).

"확인 OX"

준연동형 비례대표제에 의한 의석배분조항은 평등선거와 직접선거의 원칙에 위반되지 않는다. (O)

38 신용협동조합 임원 선거운동 제한 위반시 형사처벌 [위헌, 합헌]

1. 임원의 선거운동 기간 및 선거운동에 필요한 사항을 정관에서 정할 수 있도록 규정한 신용협동조합법 제27조의2 제2항 내지 제4항은 헌법에 위반된다.
2. 자격정지 이상의 형을 받은 전과가 있는 자에 대하여 선고유예를 할 수 없도록 규정한 형법 제59조 제1항 단서는 헌법에 위반되지 않는다(헌재 2020.6.25, 2018헌바278).

39 지방공무원의 정치운동죄에 관한 위헌소원 [합헌]

공무원이 선거에서 특정정당 또는 특정인을 지지하기 위하여 타인에게 정당에 가입하도록 권유하는 행위를 한 경우 3년 이하의 징역형과 자격정지형을 병과하도록 규정한 지방공무원법은 헌법에 위반되지 않는다. '공무원의 정치적 중립성'과 '선거의 공정성'을 위함이다(헌재 2021.2.25, 2019헌바58).

"확인 OX"

공무원이 선거에서 특정 정당 또는 특정인을 지지하기 위하여 타인에게 정당에 가입하도록 권유하는 행위를 한 경우 징역형을 부과하는 것은 헌법에 위반되지 않는다. (O)

40 지방자치단체의 장의 선거운동 금지 [합헌]

지방자치단체의 장에게 선거운동이 자유롭게 허용된다면 지방자치단체의 장의 영향을 받을 수밖에 없는 지방자치단체 소속 공무원들에게 선거에서의 정치적 중립성을 기대하기 어려워질 것이고 이 경우 선거의 공정을 해칠 우려가 높다. 이에 반하여 국회의원이나 지방의회의원은 그 지휘·감독을 받는 공무원 조직이 없어 공무원의 선거관리에 영향을 미칠 가능성이 높지 않다. 따라서 국회의원과 지방의회의원이 지방자치단체의 장과 달리 심판대상조항의 적용을 받지 않는 것은 합리적인 차별이라고 할 것이므로, 심판대상조항은 평등원칙에 반하지 않는다(헌재 2020.3.26. 2018헌바90).

확인 OX

원칙적으로 지방자치단체의 장의 선거운동을 금지한 것은 평등원칙에 위반된다. (×)

41 공무원 지위이용 선거운동죄, 이해유도죄 [합헌]

1. 지방의회의원의 경우 공직선거법상 정치적 중립성을 요구하는 공무원에 해당하지 않는다. 다만, 그 지위를 이용한 선거운동이 금지되는 대상에서 제외되지는 않는다.
2. 지방의회의원이 심의·확정권을 가진 지방자치단체의 예산의 지원 역시 재산상태의 증가를 가져오는 일체의 이익에 해당하여 '재산상의 이익'에 포함됨이 분명하다. 지방의회의원이 어느 공공기관·사회단체 등의 기관·단체·시설에 예산을 지원하겠다는 의사표시가 선거운동에 이용할 목적의 일환이었는지, 아니면 의정활동 등 직무상의 통상적인 권한 행사였는지 등은 개별 사안에서 법관의 법률조항에 대한 보충적 해석·적용을 통해 가려질 수 있다. 따라서 선거운동에 이용할 목적으로 기관·단체·시설에 금전·물품 등 재산상의 이익을 제공하거나 그 제공의 의사를 표시하거나 그 제공을 약속한 자를 처벌하는 공직선거법은 헌법에 위반되지 아니한다(헌재 2020.3.26. 2018헌바3).

42 공직선거법상 허위사실공표죄 및 후보자비방죄 [합헌, 위헌]

1. 후보자가 되고자 하는 자에 대한 비방행위가 진실한 사실이거나 허위사실로 증명되지 아니한 사실에 대한 것이라면, 후보자가 되고자 하는 자는 이러한 문제제기에 대해 스스로 반박을 하고, 이를 통해 유권자들이 후보자가 되고자 하는 자의 능력, 자질 및 도덕성 등 공직 적합성에 관한 정보를 얻어 선거의 공정성을 달성할 수 있어야 한다고 보았다.
2. 이 사건 비방금지 조항이 없더라도 진실한 사실을 적시하여 후보자가 되고자 하는 자의 명예를 훼손한 경우에는 형법 제307조 제1항의 사실적시 명예훼손죄로 처벌이 가능하며, 스스로 공론의 장에 뛰어든 사람의 명예를 일반인의 명예보다 더 두텁게 보호할 필요가 없다(헌재 2024.6.27. 2023헌바78).
3. 허위사실공표죄로 처벌하는 것은 합헌 / 후보자 비방죄는 위헌

> **"확인 OX"**
>
> 1. 당선되거나 되게 하거나 되지 못하게 할 목적으로 공연히 사실을 적시하여 후보자가 되고자 하는 자를 비방한 자를 처벌하는 공직선거법 조항은 과잉금지원칙에 위배되어 정치적 표현의 자유를 침해한다. (O) 25. 입법고시
> 2. 당선되거나 되게 하거나 되지 못하게 할 목적으로 공연히 사실을 적시하여 후보자가 되고자 하는 자를 비방한 자를 처벌하는 공직선거법제251조 중 비방부분은 죄형법정주의 명확성원칙에 위반된다. (X) 25. 순경1차

43 공직선거법상 선거권 제한 규정 [각하]

1. 공직선거법이 규정한 범죄로 징역형의 판결이 확정된 사람은 그 판결이 확정된 때부터 심판대상조항에 의하여 선거권이 인정되지 않는다고 보았다.
2. 심판대상조항에 대한 헌법재판소법 제68조 제1항 헌법소원심판청구의 청구기간을 기산함에 있어 헌법재판소법 제69조 제1항의 '그 사유가 있는 날'은 청구인에게 징역형의 판결이 확정된 이후 첫 선거일이라고 판단하였다(헌재 2024.3.28, 2020헌마640).

44 장교의 집단 진정 또는 서명행위 금지 [기각]

단순한 진정 또는 서명행위라 할지라도 각종 무기와 병력을 동원할 수 있는 군대 내에서 이루어지는 집단행위는 예측하기 어려운 분열과 갈등을 조장할 수 있고, 이는 자칫 군조직의 위계질서와 통수체계를 파괴하여 국가 안보의 위협으로 이어질 수 있다. 또한 고충심사 등 다른 제도 등이 구비되어 있다. 따라서 표현의 자유를 침해하지 않는다(헌재 2024.4.25, 2021헌마1258).

45 공무원의 중립성 [합헌]

1. 공무원으로서 선거에서 특정정당·특정인을 지지하기 위하여 타인에게 정당에 가입하도록 권유운동을 한 경우 형사처벌하도록 규정한 국가공무원법 조항(정당가입권유금지조항)이 헌법에 위반되지 않는다.
2. 헌법재판소는 공무원으로서 당내경선에서 경선운동을 한 경우 형사처벌하도록 규정하고, 당내경선에서 법이 허용하지 아니한 방법으로 경선운동을 한 경우 형사처벌하도록 규정하며, 국회의원 후보자가 되고자 하는 자로 하여금 일정 범위의 기부행위를 금지하고 이를 위반한 경우 형사처벌하도록 규정하고, 선거범죄 등과 다른 죄의 경합범에 대하여 분리 선고하도록 규정한 공직선거법 조항들(경선운동금지조항, 경선운동방법조항, 기부행위금지조항, 분리선고조항)이 헌법에 위반되지 않는다는 결정을 선고하였다(헌재 2021.8.31, 2018헌바149).

46 법원조직법 제42조 제2항, 검찰청법 제29조 제2호(임용자격조항)의 공무담임권 침해 여부 [기각]

변호사 자격이 없는 경우 다른 경로를 통해서는 판·검사로 임용될 수 없도록 한 것이 공무담임권을 침해하는지가 문제된다. 별도의 선발시험을 거쳐 국가가 실시하는 교육과정을 거치면 판사 또는 검사로 즉시 임용하는 것은 위와 같은 새로운 법조인 양성제도의 취지에 부합한다고 보기 어렵다. 따라서 임용자격조항이 변호사시험과 별도로 판·검사 교육후보자로 선발하는 시험을 거쳐 국가가 실시하는 교육과정을 거치면 판·검사로 임용되는 별개의 제도를 도입하지 않았다 하여 공무담임권을 침해하였다고 볼 수 없다(헌재 2020.10.29, 2017헌마1128).

확인 OX

변호사 자격이 없는 경우 다른 경로를 통해서는 판·검사로 임용될 수 없도록 한 것은 공무담임권을 침해하여 위헌이다. (×)

47 아동·청소년이용음란물소지죄로 형이 확정된 자에 대한 공무원 결격사유 [헌법불합치]

심판대상조항은 아동·청소년과 관련이 없는 직무를 포함하여 모든 일반직 공무원에 임용될 수 없도록 하므로, 제한의 범위가 지나치게 넓고 포괄적이다. 또한, 심판대상조항은 영구적으로 임용을 제한하고, 결격사유가 해소될 수 있는 어떠한 가능성도 인정하지 않는다(헌재 2023.6.29, 2020헌마1605).

확인 OX

아동·청소년이용음란물소지죄로 형이 확정된 자가 모든 일반직 공무원에 임용될 수 없도록 한 규정은 공무담임권을 침해한다. (○)

48 별정우체국 직원의 복무·징계에 관한 부분 [합헌]

1. 별정우체국 직원의 복무 및 징계에 관한 사항이 세부적이고 기술적이라는 것과 그 임용 등에 사인이 관여하는 만큼 자율성을 고려할 필요가 있다는 점에서 심판대상조항이 이러한 특징을 반영해 국회제정의 법률보다 탄력적으로 대응할 수 있는 행정입법에 위임한 것에는 그 필요성을 충분히 인정할 수 있다.
2. 직원의 복무 및 징계의 내용은 우정사업본부 소속 공무원의 그것과 어느 정도 유사성이 있을 것이 예측된다. 따라서 포괄위임금지의 원칙에 위반되지 않는다(헌재 2023.7.20, 2020헌바330).

49 관련 자격증 소지자에게 가산점을 부여 [합헌]

자격증에 따른 가산점을 인정하는 목적은 공무원의 업무상 전문성을 강화하기 위함인바, 관세 업무에 전문성을 갖춘 것으로 평가되는 자격증(변호사·공인회계사·관세사) 소지자들에게 관세직렬 공개경쟁채용시험에서 가산점을 부여하는 것은 관세행정의 전문성을 제고하는 데 기여하는 것으로 목적의 정당성 및 수단의 적합성이 인정된다(헌재 2023.2.23, 2019헌마401).

50 교육위원후보자의 경우 교육경력 요구 [기각]

지방교육에 있어서 경력요건과 교육전문가의 참여 범위에 관한 입법재량의 범위를 일탈하여 그 합리성이 결여되어 있다거나 필요한 정도를 넘어 청구인들의 공무담임권을 침해하는 것이라 볼 수 없다(헌재 2020.9.24, 2018헌마444).

" 확인 O X "

교육의원후보자가 되려는 사람은 5년 이상의 교육경력 또는 교육행정경력을 갖추도록 규정한 구 제주특별자치도 설치 및 국제자유도시 조성을 위한 특별법의 해당 조항은 이러한 경력을 갖추지 못한 청구인들의 공무담임권을 침해한다.
(×) 21. 국가직 7급

51 '과거 3년 이내 당원 경력'과 '법관 임용 결격사유' [위헌]

현행법상 현직 법관의 정치적 중립성과 재판의 독립을 보장하기 위한 제도가 마련되어 있고, 제척·기피·회피 제도와 심급제·합의제를 통해 법관 개인의 성향과 무관하게 재판의 객관성과 공정성이 유지될 수 있으므로, 과거 3년 이내의 모든 당원 경력을 법관 임용 결격사유로 정하는 심판대상조항은 헌법에 위반된다(헌재 2024.7.18, 2021헌마460).

" 확인 O X "

과거 3년 이내의 당원 경력을 법관 임용 결격사유로 정한 법원조직법 제43조 제1항 제5호 중 당원의 신분을 상실한 날부터 3년이 경과되지 아니한 사람에 관한 부분은 과잉금지원칙에 반하여 공무담임권을 침해한다.
(O) 25. 경찰

52 수석교사의 경우 교육연구사 제한 [합헌]

교육연구사는 교육전문직원으로서 교사와 그 직무가 명백히 구분되고 교사로 근무하다가 교육전문직원으로 임용되는 것은 승진이 아니라 전직에 해당하지만, 여전히 많은 교원들이 교육전문직원을 교원이 승진하여 도달하는 지위로 인식하고 있을 뿐만 아니라(헌재 2019.4.11. 2017헌마603 참조), 교육전문직원으로 전직하면 교사로 계속 근무하는 것보다 추후에 교감, 교장으로 임용되는 데 용이한 측면이 있다. 따라서 만약 수석교사에게 자유롭게 교육연구사 선발에 응시할 수 있도록 한다면 수업시간을 경감받는 등의 우대를 받는 수석교사직이 자칫 교육전문직을 발판삼아 교감·교장으로 임용되려는 자에게 교육전문직을 준비하는 자리로 변질되어 수석교사제도의 본래 도입취지가 몰각될 우려가 있다. 이러한 사정을 고려하면 수석교사를 교육연구사 선발에 응시하지 못하도록 하더라도 이를 과도하다고 볼 수 없으므로, 이 사건 공고는 침해의 최소성에 위반되지 않는다(헌재 2023.2.23. 2017헌마604).

확인 OX

교수·연구 분야에 전문성이 뛰어난 교사들로서 교사의 교수·연구활동을 지원하는 임무를 부여받고 있는 수석교사를 성과상여금 등의 지급과 관련하여 교장이나 장학관 등과 달리 취급하고 있지만 이는 이들의 직무 및 직급이 다른 것에서 기인하는 합리적인 차별이다. (O) 25. 변호사

53 일정한 기간 동안 일정 수 이상의 국민의 동의를 요구하는 국회법 [합헌]

청원서가 일반인에게 공개되면 그로부터 30일 이내에 10만 명 이상의 동의를 받도록 한 것은 국회의 한정된 심의 역량과 자원의 효율적 배분을 고려함과 동시에, 일정 수준 이상의 인원에 해당하는 국민 다수가 관심을 갖고 동의하는 의제가 논의 대상이 되도록 하기 위한 것이다(헌재 2023.3.23. 2018헌마460).

확인 OX

1. 청원서의 일반인에 대한 공개를 위해 30일 이내에 100명 이상의 찬성을 받도록 하고, 청원서가 일반인에게 공개되면 그로부터 30일 이내에 10만 명 이상의 동의를 받도록 한 국회청원심사규칙 조항은 청원의 요건을 지나치게 까다롭게 설정하여 국민의 청원권을 침해한다. (×) 23. 국가직 7급

2. 국회에 청원하는 방법을 정한 국회법 조항 중 '국회규칙으로 정하는 기간 동안 국회규칙으로 정하는 일정한 수 이상의 국민의 동의를 받아' 부분은 국회규칙으로 규정될 내용 및 범위의 기본사항을 구체적으로 규정하고 있지 않아 그 대강을 예측할 수 없으므로 포괄위임금지원칙에 위반되어 청원권을 침해한다. (×) 24. 경찰승진

54 서울교통공사의 직원은 공무의 범위가 아님 [각하]

서울교통공사는 공익적인 업무를 수행하기 위한 지방공사이나 서울특별시와 독립적인 공법인으로서 경영의 자율성이 보장되고, 서울교통공사의 직원의 신분도 지방공무원법이 아닌 지방공기업법과 정관에서 정한 바에 따르는 등, 서울교통공사의 직원이라는 직위가 헌법 제25조가 보장하는 공무담임권의 보호영역인 '공무'의 범위에는 해당되지 않는다(헌재 2021.2.25, 2018헌마174).

> **확인 OX**
>
> 서울교통공사는 공익적인 업무를 수행하기 위한 지방공사이나 서울특별시와 독립적인 공법인으로서 경영의 자율성이 보장되고, 서울교통공사의 직원의 신분도 지방공무원법이 아닌 지방공기업법과 정관에서 정한 바에 따르는 등, 서울교통공사의 직원이라는 직위가 헌법 제25조가 보장하는 공무담임권의 보호영역인 '공무'의 범위에는 해당되지 않는다.
>
> (○) 22. 순경 공채

55 관세직 국가공무원의 선발예정인원을 정한 인사혁신처 공고 [각하]

모집인원이 적어 합격할 가능성이 감소하였다는 것은 간접적이고 사실적인 불이익에 불과하다(헌재 2023.2.23, 2019헌마401).

> **확인 OX**
>
> 모집인원이 적어 합격할 가능성이 감소하였다는 것은 간접적이고 사실적인 불이익에 불과하다.   (○)

56 국민권익위원회 공무원 취업 제한 [기각]

국민권익위원회 심사보호국은 부패행위, 부정청탁, 금품 등 수수, 복지·보조금 부정수급, 공공재정 부정청구 신고 및 공익신고 등 부패관련 각종 신고를 직접 접수, 분류하고 처리하는 부서로서, 신고의 내용이 명백히 거짓이거나 부패행위와 관련이 없다고 판단되는 경우에는 이를 조사기관에 이첩하지 않고 종결할 수 있는 등 신고된 사건의 당사자이거나 직접적인 이해관계를 가지는 사기업체 등과 밀접한 관련이 있는 업무를 담당하고 있다. 따라서 심사보호국 업무의 공정성과 투명성을 확보하기 위하여서는 소속 공무원들이 일정 기간 취업심사대상기관에 취업하는 것을 원칙적으로 제한할 필요가 있다(헌재 2024.3.28, 2020헌마1527).

57　성범죄자의 교원 임용결격 [기각]

미성년자에 대하여 성범죄를 범하여 형을 선고받아 확정된 자와 성인에 대한 성폭력범죄를 범하여 벌금 100만원 이상의 형을 선고받아 확정된 자는 초·중등교육법상의 교원에 임용될 수 없도록 한 부분이 청구인의 공무담임권을 침해하지 않는다(헌재 2019.7.25, 2016헌마754).

확인 OX

고등교육법상 심판대상조항이 성인에 대한 성폭력범죄 행위로 벌금 100만원 이상의 형을 선고받고 확정된 자에 한하여 고등교육법상의 교원으로 임용할 수 없도록 한 것은, 성폭력범죄를 범하는 대상과 형의 종류에 따라 성폭력범죄에 관한 교원으로서의 최소한의 자격기준을 설정하였다고 할 수 없으므로, 죄형법정주의 및 과잉금지원칙에 반하여 청구인의 공무담임권을 침해한다. (×) 21. 국가직 7급

58　새로 만들어진 공유수면 매립지 [합헌]

새로 만들어진 공유수면 매립지는 구 지방자치법 제4조 제3항에 따라 같은 조 제1항이 처음부터 배제되어 종전의 관할구역과의 연관성이 단절되고, 행정자치부장관의 결정이 확정됨으로써 비로소 관할 지방자치단체가 정해지며, 그 전까지 해당 매립지는 어느 지방자치단체에도 속하지 않는다.

이와 같이 행정자치부장관이 공유수면 매립지를 관할하는 지방자치단체를 결정하기 전까지 관련 지방자치단체는 해당 공유수면 매립지에 대하여 어떠한 자치권한도 보유하고 있지 않으므로, 심판대상조항이 지방자치단체의 지방자치권을 침해한다고 볼 수 없고, 아울러 심판대상조항이 공유수면 매립지에 대한 관할 지방자치단체를 결정하는 실질적 기준을 정하지 않은 것이 법률유보원칙에 위반된다고 볼 수도 없다(헌재 2024.3.28, 2021헌바57).

59　형사소송비용 피고인 부담 [합헌]

형사재판절차에서 피고인의 불필요하고 무익한 방어방법의 제출이나 정식재판 청구 또는 상소의 남용을 방지하는 측면이 있고, 형사재판을 담당하는 법원은 피고인의 방어권 행사의 적정성, 경제적 능력 등을 종합적으로 고려하여 피고인에게 소송비용을 부담시킬 것인지 여부 및 그 정도를 재량으로 정함으로써 사법제도의 적절한 운영을 도모할 수 있다(헌재 2021.2.25, 2018헌바224).

60 배심원 연령 제한 [합헌]

대상조항이 우리나라 국민참여재판제도의 취지와 배심원의 권한 및 의무 등 여러 사정을 종합적으로 고려하여 만 20세에 이르기까지 교육 및 경험을 쌓은 자로 하여금 배심원의 책무를 담당하도록 정한 것은 입법형성권의 한계 내의 것으로 자의적인 차별이라고 볼 수 없다(헌재 2021.5.27, 2019헌가19).

확인 OX

1. 국민참여재판 배심원의 자격을 만 20세 이상으로 정한 것은 민법상 성년연령이 만 19세로 개정된 점이나 선거권 연령이 만 18세로 개정된 점을 고려해 볼 때, 만 19세 및 만 18세의 국민을 합리적인 이유 없이 차별취급하는 것이다. (×) 22. 5급 공채

2. 국민참여재판 배심원의 자격을 만 20세 이상으로 규정한 것은 국민참여재판제도의 취지와 배심원의 권한 및 의무 등 여러 사정을 종합적으로 고려하여 만 20세에 이르기까지 교육 및 경험을 쌓은 자로 하여금 배심원의 책무를 담당하도록 한 것이므로 만 20세 미만의 자를 자의적으로 차별한 것은 아니다. (○) 22. 변호사

61 성폭력범죄 피해아동 영상녹화물 [합헌]

성폭력범죄 피해아동의 진술이 수록된 영상녹화물에 관하여 피해아동의 법정진술 없이도 증거능력을 인정할 수 있도록 규정한 아동·청소년의 성보호에 관한 법률 제18조의2 제5항이 피고인의 공정한 재판을 받을 권리를 침해하지 않는다는 취지의 합헌결정을 내렸다(헌재 2013.12.26, 2011헌바108).

확인 OX

구 아동·청소년의 성보호에 관한 법률상 성폭력범죄 피해아동의 진술이 수록된 영상녹화물에 대하여 피해아동의 법정 진술 없이도 조사과정에 동석하였던 신뢰관계에 있는 자의 진술에 의하여 그 성립의 진정함이 인정된 때 그 증거능력을 인정하는 조항은 무죄추정원칙에 위배된다. (×) 24. 경찰승진

62 피고인의 반대신문권을 보장하지 않는 것 [위헌]

미성년 피해자의 2차 피해를 방지하는 것은 성폭력범죄에 관한 형사절차를 형성함에 있어 결코 포기할 수 없는 중요한 가치라 할 것이나, 피고인의 반대신문권을 보장하면서도 성폭력범죄의 미성년 피해자를 보호할 수 있는 조화적인 방법을 상정할 수 있음에도, 심판대상조항이 영상물에 수록된 미성년 피해자 진술에 있어 원진술자에 대한 피고인의 반대신문권을 실질적으로 배제하여 피고인의 방어권을 과도하게 제한하는 것은 과잉금지원칙에 반하여 공정한 재판을 받을 권리를 침해한다(헌재 2021.12.23, 2018헌바524). ⇨ 심리의 비공개, 신상정보 누설 방지, 비디오등 중계장치에 의한 증인신문 등 다양한 제도가 있다.

" 확인 OX "

영상물에 수록된 미성년 피해자 진술에 있어 원진술자에 대한 피고인의 반대신문권을 실질적으로 보장하지 못한다면 이는 과잉금지원칙에 위반된다. (O)

63 친족상도례(형 면제) 사건 [헌법불합치]

1. 경제적 이해를 같이하거나 정서적으로 친밀한 가족 구성원 사이에서 발생하는 수인 가능한 수준의 재산범죄에 대한 형사소추 내지 처벌에 관한 특례의 필요성을 긍정하였다. 다만, 심판대상조항이 규정하는 일률적 형면제로 인하여 구체적 사안에서 형사피해자의 재판절차진술권을 형해화하는 경우가 발생할 수 있는 점을 인정하여 입법자에게 입법개선을 명하는 적용중지 헌법불합치결정을 한 것이다.
2. 헌법재판소는 심판대상조항의 위헌성을 제거하는 데에는, 현실적 가족·친족 관계와 피해의 정도 및 가족·친족 사이 신뢰와 유대의 회복가능성 등을 고려한 피해자의 가해자에 대한 처벌의 의사표시를 소추조건으로 하는 등 여러 가지 선택가능성이 있을 수 있으며, 입법자는 충분한 사회적 합의를 거쳐 그 방안을 강구할 필요가 있다고 보았다.
3. 헌법재판소는 이 사건 결정과 같은 날(2024.6.7.), '직계혈족, 배우자, 동거친족, 동거가족 또는 그 배우자 이외의 친족 간에 권리행사방해죄를 범한 때에는 고소가 있어야 공소를 제기할 수 있다'고 규정한 형법 제328조 제2항에 대해 합헌결정을 하였는데(2023헌바449), 해당 결정은 고소를 소추조건으로 규정하여 피해자의 의사에 따라 국가형벌권 행사가 가능하도록 한 조항에 대한 것으로서 형사피해자의 재판절차진술권 침해 여부가 문제되지 않으므로, 형벌조각사유를 정한 심판대상조항에 관한 이 사건 결정과는 구분된다(헌재 2024.6.27, 2020헌마468).

" 확인 OX "

1. 직계혈족, 배우자, 동거친족, 동거가족 또는 그 배우자간의 권리행사방해죄에 대해 법관으로 하여금 여러 사정을 전혀 고려할 수 없도록 하고 획일적으로 형면제 판결을 선고하도록 하는 형법 조항은 형사피해자가 법관에게 적절한 형벌권을 행사하여 줄 것을 청구할 수 없도록 하는 것으로서 입법재량을 일탈하여 현저히 불합리하거나 불공정하므로 형사피해자의 재판절차진술권을 침해한다. (O) 25. 변호사

2. 직계혈족, 배우자, 동거친족, 동거가족 또는 그 배우자 이외의 친족 사이의 재산범죄를 친고죄로 규정한 형법 제328조 제2항은 일정한 친족 사이에서 발생한 재산범죄의 경우 피해자의 고소를 소추조건으로 정하여 피해자의 의사에 따라 국가형벌권 행사가 가능하도록 한 것으로서 합리적 이유가 있다. (O) 25. 경찰간부

64 민사소송 전자적 송달 간주 [합헌]

입법자에게 민사소송절차를 형성함에 있어 상대적으로 넓은 입법형성권이 인정된다는 전제 아래, 소송당사자가 전자소송 진행에 대한 동의를 하여야 전자적 송달제도가 사용되는 점, 현대사회에서는 컴퓨터와 휴대전화의 이용이 보편화되었다는 점, 전자송달 간주 조항을 두지 않을 경우 소송당사자의 의지에 따라 재판이 지연될 우려가 있다는 점, 민소전자문서법 등은 소송당사자가 전자적 송달을 받을 수 없는 경우에 대한 규정을 충분히 마련하고 있다는 점 등을 근거로 전자송달 간주 조항은 합헌이다(헌재 2024.7.18, 2022헌바4).

" 확인 OX "

전자문서 등재사실을 통지한 날부터 1주 이내에 확인하지 아니하는 때에는 통지한 날부터 1주가 지난 날에 송달한 것으로 보는 민사소송 등에서의 전자문서 이용 등에 관한 법률 제11조 제4항 단서는 재판청구권을 침해한 것이라 할 수 없다. (O) 25. 경찰

65 변론종결시까지만 청구의 취지 또는 원인을 변경 [합헌]

신속한 재판을 받을 권리의 침해와 변경된 청구에 대한 방어상의 부담도 고려하여야 한다(헌재 2023.2.23, 2019헌바244).

" 확인 OX "

신속한 재판을 받을 권리의 침해와 변경된 청구에 대한 방어상의 부담을 고려하여 변론종결시까지만 청구의 취지 또는 원인을 변경하도록 한 것은 헌법에 위반되지 않는다. (O)

66 문서등의 위·변조시 재심 가능 [합헌]

1. 어떤 사유를 재심사유로 정하여 재심을 허용할 것인가, 재심에 있어 제소기간을 둘 것인가 및 어떠한 종류의 소에 대한 확정판결의 재심에 제소기간을 둘 것인가 등은 모두 입법자가 확정판결에 대한 법적 안정성, 재판의 신속·적정성, 법원의 업무부담 등을 고려하여 결정하여야 할 입법정책의 문제이다.
2. 재심사유조항은 처벌의 대상이 되는 문서 등의 위조·변조행위에 영향을 받은 판결에 대해서는 법적 안정성을 유지하여야 할 요청보다 그 판결을 바로잡아 구체적 정의를 실현하고 재판제도에 대한 국민의 신뢰를 유지하여야 한다는 요청이 더 크게 고려된 것이므로, 입법재량의 한계를 벗어나 재판을 받을 권리를 침해한다고 볼 수 없다.
3. 재심제기기간을 불변기간으로 정한 것은 확정판결을 받은 당사자의 법적 불안상태가 장기간 계속되는 것을 방지하기 위함으로 재판받을 권리를 침해하지 않는다(헌재 2023.6.29, 2020헌바519).

확인 OX

어떤 사유를 재심사유로 정하여 재심을 허용할 것인가, 재심에 있어 제소기간을 둘 것인가 및 어떠한 종류의 소에 대한 확정판결의 재심에 제소기간을 둘 것인가 등은 모두 입법자가 확정판결에 대한 법적 안정성, 재판의 신속·적정성, 법원의 업무부담 등을 고려하여 결정하여야 할 입법정책의 문제이다. (O)

67 가사소송 재심 제기기간 30일 [합헌]

가사소송은 사법상 권리의무관계를 확정하거나 형성하는 것을 내용으로 한다. 소송 상대방과, 확정판결을 기초로 형성된 법률관계에 이해관계를 가지는 사람 등을 보호할 필요성이 있다는 점에서, 가사소송은 실체적 진실과 인권보장을 우선으로 하는 형사소송과는 제도의 성격과 취지가 구별된다. 형사소송법이 재심제기기간을 제한하지 않은 것과 달리 가사소송사건의 확정판결에 관하여 판단누락의 재심사유를 안 날부터 30일 이내로 재심제기기간을 제한한 것은 합리적 이유가 있으므로, 가사소송 당사자의 평등권을 침해하지 않는다(헌재 2023.9.26, 2020헌바481).

68 약식에서 정식재판 청구시 형종상향 금지로 개정 [합헌]

기존 불이익변경금지조항을 형종상향금지조항으로 변경하였다. 이는 범죄구성요건의 제정이나 형벌의 가중에 해당한다고 볼 수 없어 형벌불소급의 원칙에 위배되지 아니한다(헌재 2023.2.23, 2018헌바513).

확인 OX

피고인이 정식재판을 청구한 사건에 대하여는 약식명령의 형보다 중한 종류의 형을 선고하지 못하도록 하는 형사소송법 제457조의2 제1항은 공정한 재판을 받을 권리를 침해하지 아니한다. (O) 25. 경찰

69 전과자는 선고유예 불가능 [합헌]

형사처분이 범죄행위자에 대하여 지나치게 관대하면 전과자는 물론 전과가 없는 일반시민의 법질서에 대한 경시풍조를 조장할 우려가 있어 선고유예는 아주 예외적으로 채택되지 않으면 안 되기 때문에, 구법 조항은 자격정지 이상의 형을 받은 전과가 없는 자에 대해서만 예외적으로 선고유예를 할 수 있도록 하고 있는 것이다(헌재 2023.7.20, 2022헌바232).

70 치료감호 종료시 3년의 보호관찰 시작 [기각]

치료감호와 보호관찰은 모두 적법절차원칙의 적용대상인 보안처분이지만 보호관찰은 '시설 외 처분'으로서 '시설 내 처분'인 치료감호보다 경한 처분이고, 독립성과 전문성을 갖춘 치료감호심의위원회로 하여금 치료의 필요성과 재범의 위험성을 판단하도록 한 것은 합리성이 인정된다. 또한 3년의 보호관찰기간 종료 전이라도 6개월마다 치료감호의 종료 여부 심사를 치료감호심의위원회에 신청할 수 있고, 그 신청에 관한 치료감호심의위원회의 기각 결정에 불복하는 경우 행정소송을 제기하여 법관에 의한 재판을 받을 수 있다. 따라서 심판대상조항은 적법절차원칙에 반하여 청구인의 재판청구권을 침해하지 아니한다(헌재 2023.10.26, 2021헌마839).

71 통고처분을 행정쟁송에서 제외 [기각]

통고받은 벌금상당액을 납부하지 않음으로써 고발, 나아가 형사재판절차로 이행되게 하여, 여기에서 재판절차에 따라 법관에 의한 판단을 받을 수 있으므로, 당사자에게는 정식재판의 절차도 보장되어 있다(헌재 2024.4.25, 2022헌마251).

"확인 OX"

| 조세범처벌절차법에 따른 통고처분을 행정쟁송의 대상에서 제외시킨 국세기본법 제55조 제1항 단서 제1호는 재판청구권을 침해한다고 할 수 없다. (O) 25. 경찰간부 |

72 기피신청을 당한 법관이 종국판결을 선고 [합헌]

심판대상조항은 뒤늦게 제기되는 기피신청에 대해서는 재판절차의 정지 효과를 제한함으로써 분쟁 미해결 상태 장기화 등을 방지하여 재판의 공정과 신속을 도모하기 위한 것이므로, 사법자원 분배에 관한 입법형성권의 범위 내에 있다(헌재 2024.8.29, 2021헌바146).

> **확인 O X**
>
> 기피신청에 대한 결정이 확정되기 전에 기피신청을 당한 법관으로 하여금 소송절차를 정지하지 않고 종국판결을 선고할 수 있도록 하는 민사소송법 제48조 단서 중 종국판결을 선고하거나에 관한 부분은 공정한 재판을 받을 권리를 침해하지 않는다. (O) 25. 경찰

73 민사소송과 행정소송의 재심기간제한조항이 동일 [합헌]

대립 당사자 간에 발생한 법률적 분쟁에 관하여 사실관계를 확정한 후 법을 해석·적용함으로써 분쟁을 해결한다는 절차적 측면에서 민사소송과 행정소송은 유사하다. 재심기간제한조항이 민사소송과 동일하게 재심제기기간을 30일로 정한 것이 행정소송 당사자의 평등권을 침해하지 않는다(헌재 2023.9.26, 2020헌바258).

> **확인 O X**
>
> 확정판결의 기초가 된 민사나 형사의 판결, 그 밖의 재판 또는 행정처분이 다른 재판이나 행정처분에 따라 바뀌어 당사자가 행정소송의 확정판결에 대하여 재심을 제기하는 경우, 재심제기기간을 30일로 정한 민사소송법을 준용하는 행정소송법 제8조 제2항 중 민사소송법 제456조 제1항 가운데 제451조 제1항 제8호에 관한 부분을 준용하는 부분은 행정소송 당사자의 평등권을 침해한다. (×) 24. 국회직 8급

74 교원소청심사결정에 대한 공공단체(총장)의 행정소송 제소권한 부인 [합헌]

공공단체인 한국과학기술원의 총장 또는 공공단체인 광주과학기술원이 교원소청심사결정에 대하여 행정소송을 제기하지 못하도록 한 것은(2021헌마686, 2021헌마1557), 교원의 인사를 둘러싼 분쟁을 신속하게 해결하고 궁극적으로는 한국과학기술원 또는 광주과학기술원의 설립취지를 효과적으로 실현하기 위한 것이다. 따라서 공법인 형태로 국가의 출연으로 설립된 한국과학기술원이나 광주과학기술원의 경우, 한국과학기술원 총장이나 광주과학기술원에 교원소청심사결정에 대해 행정소송을 제기하지 못하도록 하더라도 재판청구권을 침해하는 것이 아니다(헌재 2022.10.27, 2019헌바117).

> **확인 O X**
>
> 사건의 당사자인 공공단체인 한국과학기술원의 총장 또는 공공단체인 광주과학기술원이 교원소청심사결정에 대하여 행정소송을 제기하지 못하도록 한 것은 재판청구권을 침해하는 것이다. (×)

75 특수임무수행자 재판상 화해 간주 [합헌]

1. 특수임무수행자보상심의위원회는 국방부장관 소속으로, 위원 구성에 있어 제3자성과 독립성이 보장되어 있고, 보상금등 지급 심의절차의 공정성과 신중성이 갖추어져 있다. 보상금 중 기본공로금은 특수임무교육훈련에 관한 정신적 손해배상 또는 보상에 해당하는 금원이 포함된다.
2. 이번 결정은 심판대상조항이 재판청구권과 국가배상청구권을 침해하지 않는다고 본 것으로서, 위 민주화보상법 및 5·18보상법 조항과 달리 '특수임무수행자 보상에 관한 법률'의 보상금 산정 관련 조항에는 정신적 손해배상에 상응하는 항목이 존재한다는 점이 중요하게 고려되었다(헌재 2021.9.30, 2019헌가28).

확인 OX

특수임무수행자는 보상금등 산정과정에서 국가 행위의 불법성이나 구체적 손해 항목 등을 주장·입증할 필요가 없고 특수임무 수행자의 과실이 반영되지도 않으며, 국가배상청구에 상당한 시간과 비용이 소요되는 데 반해 보상금등 지급결정은 비교적 간이·신속한 점까지 고려하면, 특수임무수행자 보상에 관한 법률이 정한 보상금을 지급받는 것이 국가배상을 받는 것에 비해 일률적으로 과소 보상된다고 할 수 없으므로 국가배상청구권 또는 재판청구권을 침해한다고 보기 어렵다.

(O) 22. 순경2차

76 5·18 광주민주화 운동 관련자 보상 [위헌]

정신적 손해를 고려할 수 있는 내용이 포함되지 않아 국가배상청구권을 침해한다(헌재 2021.5.27, 2019헌가17).

확인 OX

5·18 광주민주화 운동 관련자 보상과 관련하여 정신적 손해를 고려할 수 있는 내용이 포함되지 않은 것은 국가배상권을 침해한다.

(O)

77 국가배상법상의 과실입증 [합헌]

헌법재판소는 국가배상책임의 성립요건으로서 공무원의 고의 또는 과실을 규정한 구 국가배상법 제2조 제1항 본문 중 '고의 또는 과실로' 부분은 합헌이라는 결정을 선고하였다(헌재 2020.3.26, 2016헌바55).

> **확인 OX**
>
> 국가배상청구권의 성립요건으로서 공무원의 고의 또는 과실을 규정한 국가배상법 조항은 헌법에서 규정한 국가배상청구권을 침해한다고 보기 어려우니, 인권침해가 극심하게 이루어진 긴급조치 발령과 그 집행과 같이 국가의 의도적·적극적 불법행위에 대하여는 국가배상청구의 요건을 완화하여 공무원의 고의 또는 과실에 대한 예외를 인정하여야 한다.
>
> (×) 21. 법원직 9급

78 형사소송법상 형사비용보상권의 제척기간 [합헌]

소송비용의 범위가 '형사소송비용 등에 관한 법률'에서 정한 증인·감정인·통역인 또는 번역인과 관련된 비용 등으로 제한되어 있고, 법원이 피고인에게 소송비용 부담을 명하는 재판을 할 때에 피고인의 방어권 남용 여부, 경제력 능력 등을 종합적으로 고려하여 소송비용 부담 여부 및 그 정도를 정하므로, 소송비용 부담의 재판이 확정된 이후에 빈곤 외에 다른 사유를 참작할 여지가 크지 않다. 따라서 집행면제신청조항은 피고인의 재판청구권을 침해하지 아니한다(헌재 2021.2.25. 2019헌바64).

79 군사법원법상 비용보상청구권의 제척기간 [위헌]

무죄판결이 확정된 피고인은 국가에 대하여 소송비용 등의 보상을 청구할 수 있는 비용보상청구권을 갖게 되는데, 헌법재판소는 비용보상청구권의 제척기간을 '무죄판결이 확정된 날부터 6개월'로 정한 구 군사법원법 조항이 헌법에 위반된다(헌재 2023.8.31. 2020헌바252). ▷ 다만, 4인은 과잉금지 위반으로 보았으며 4인은 개정된 형사소송법과 비교해서 평등원칙에 위배된다고 보았다.

> **확인 OX**
>
> 군사법원법상 비용보상청구권의 제척기간을 무죄판결이 확정된 날부터 6개월로 규정한 것은 헌법에 위반되지 않는다.
>
> (×)

80 초과 구금에 대한 형사보상을 규정하지 않은 형사보상법 [헌법불합치]

가중처벌규정에 대하여 헌법재판소의 위헌결정이 있었음을 이유로 개시된 재심절차에서, 공소장 변경을 통해 위헌결정된 가중처벌규정보다 법정형이 가벼운 처벌규정으로 적용법조가 변경되어 피고인이 무죄재판을 받지는 않았으나 원판결보다 가벼운 형으로 유죄판결이 확정된 경우, 재심판결에서 선고된 형을 초과하여 집행된 구금에 대하여 보상요건을 전혀 규정하지 아니한 형사보상 및 명예회복에 관한 법률 제26조 제1항이 평등원칙을 위반하여 청구인들의 평등권을 침해한다(헌재 2022.2.24, 2018헌마998).

확인 OX

헌법 제28조는 '불기소처분을 받거나 무죄판결을 받은 때' 구금에 대한 형사보상을 청구할 수 있는 권리를 헌법상 기본권으로 명시하고 있으므로, 외형상 형식상으로 무죄재판이 없었다면 형사사법절차에 내재하는 불가피한 위험으로 인하여 국민의 신체의 자유에 관한 피해가 발생하였다 하더라도 형사보상청구권을 인정할 수 없다. (×) 23. 경찰승진

81 보호처분을 받아 수용되거나 법률상 근거 없이 송환대기실에 수용되었던 외국인에 대하여 보상을 지급하는 법률을 제정하지 아니한 입법부작위에 관한 사건 [각하]

1. 헌법 및 법률의 연혁과 문언의 가능한 해석 범위 등을 고려하면, 형사보상법은 형사사법작용에 의하여 신체의 자유가 침해된 자에 대한 보호를 목적으로 마련된 것으로서 행정작용에 의하여 신체의 자유가 침해된 자에게 그대로 적용될 수 없다.
2. 외국인이 출입국관리법에 의하여 보호처분을 받아 수용되었다가 이후 난민인정을 받은 경우 및 법률상 근거 없이 송환대기실에 수용되었던 경우에 대하여, 헌법에서 명시적으로 보상에 관한 입법의무를 부여하고 있다거나 헌법해석상 국가의 입법의무가 발생하였다고 볼 수 없다.
3. 행정상 구금의 경우까지 보상에 관한 법률을 마련하여야 한다거나 위법한 행정상 구금에 대하여 배상이 아닌 보상에 관한 법률까지 입법하여야 하는 입법의무가 헌법해석상 곧바로 도출된다고 볼 수는 없다(헌재 2024.1.25, 2020헌바475).

82 공무원 유족연금 감액 [기각]

퇴직연금 수급자가 유족연금을 함께 받게 될 경우 그 유족연금액의 2분의 1을 빼고 지급하더라도 인간다운 생활을 할 권리와 재산권 및 평등권을 침해하지 않는다(헌재 2020.6.25, 2018헌마865).

> **확인 O X**

퇴직연금 수급자가 유족연금을 함께 받게 된 경우에 그 유족연금액의 2분의 1을 빼고 지급하도록 하는 것은 입법형성권의 한계를 벗어나 재산권을 침해한다고 볼 수 없다.   (O) 21. 국회직 8급

83 개선입법을 소급적용하지 않도록 규정한 국민연금법 [헌법불합치]

헌법불합치결정에 따라 실질적인 혼인관계가 존재하지 아니한 기간을 제외하고 분할연금을 산정하도록 개정된 국민연금법 제64조 제1항, 제4항을 개정법 시행 후 최초로 분할연금 지급사유가 발생한 경우부터 적용하도록 규정한 국민연금법 부칙 제2조는 헌법에 합치되지 아니한다(헌재 2024.5.30, 2019헌가29).

> **확인 O X**

헌법불합치결정에 따라 실질적인 혼인관계가 존재하지 아니한 기간을 제외하고 분할연금을 산정하도록 개정된 국민연금법 조항을 개정법 시행 후 최초로 분할연금 지급사유가 발생한 경우부터 적용하도록 하는 국민연금법 부칙 제2조가 분할연금 지급 사유 발생시점이 신법 조항 시행일 전·후인지와 같은 우연한 사정을 기준으로 달리 취급하는 것은 합리적인 이유를 찾기 어렵다.   (O) 25. 경찰간부

84 미성년자에 대한 생활자금 대출상환의무 부과 [기각]

1. 생활형편이 어려운 계층에 대한 지원을 무상의 보조금이 아닌 대출형태로 한 것에 대해서는 인간다운 생활을 할 권리라는 기본권이 문제된다.
2. 유자녀에 대하여 적기에 경제적 지원을 하는 동시에 자동차 피해지원사업의 지속가능성을 확보할 필요가 있는 점 등을 고려하여 유자녀 대출 상환의무가 헌법에 위배되지 않는다고 판단하였다(헌재 2024.4.25, 2021헌마473).

> **확인 O X**

자동차사고 피해가족 중 유자녀에 대한 대출을 규정한 구 자동차손해배상 보장법 시행령 제18조 제1항 제2호 중 '유자녀의 경우에는 생계유지 및 학업을 위한 자금의 대출' 부분은 유자녀가 자신에 대한 양육비용을 국가에게 상환할 채무를 부담하기로 약속하고 자금을 지원받는 것이므로 유자녀의 아동으로서의 인간다운 생활을 할 권리를 침해하지 않는다.
                                    (O) 25. 순경1차

85 재요양 당시의 임금을 기준으로 휴업급여를 산정 [합헌]

진폐 근로자라 하더라도 노동능력을 상실한 정도의 장해에 이르지 않는 한 재취업을 할 수 있고, 재취업한 사업장의 임금이 최초 진폐 진단 시의 임금 수준보다 더 높은 경우도 있을 수 있으므로, 재요양 당시의 임금을 기준으로 휴업급여를 산정하도록 한 것이 반드시 진폐 근로자에게 불리하다고 단정할 수 없다. 또한 재요양 당시에 임금이 없는 경우에는 최저임금액 수준으로라도 휴업급여를 지급하도록 하고 있으므로 이러한 규율 내용이 진폐 근로자의 보호에 미흡하다거나 근로자의 통상적인 생활수준을 보장하고자 한 평균임금제도의 취지에 반한다고 보기 어렵다. 따라서 이 사건 휴업급여조항은 진폐 근로자의 인간다운 생활을 할 권리를 침해하지 아니한다(헌재 2024.4.25, 2021헌바316).

> **"확인 OX"**
>
> 재요양을 받는 경우에 재요양 당시의 임금을 기준으로 휴업급여를 산정하도록 한 구 산업재해보상보험법 제56조 제1항과 재요양 당시 임금이 없으면 최저임금액을 기준으로 휴업급여를 지급하도록 한 산업재해보상보험법 제56조 제2항은 근로자의 인간다운 생활을 할 권리를 침해한다.
>
> (×) 25. 순경1차

86 교도소·구치소에 수용 중인 자에 대하여 의료급여 수급 자격을 부여 × [합헌]

다른 법령에 의하여 이러한 생계유지의 보호를 받고 있는 교도소·구치소에 수용 중인 자에 대하여 '국민기초생활 보장법'의 보충급여의 원칙에 따라 중복적인 보장을 피하기 위하여 개별가구에서 제외키로 한 입법자의 판단이, 국가가 최저생활보장에 관한 입법을 전혀 하지 아니하였다든가 그 내용이 현저히 불합리하여 헌법상 용인될 수 있는 재량의 범위를 명백히 일탈한 경우에 해당한다고 볼 수 없으므로, 위 조항이 교도소·구치소에 수용 중인 자들의 인간다운 생활을 할 권리를 침해한다고 볼 수 없다(헌재 2023.8.31, 2021헌마34).

> **"확인 OX"**
>
> 구치소에 수용 중인 자의 경우 수용시설의 예산이 부족하여 적절한 의료적 처우를 받지 못하는 것이 현실이고 경제활동을 할 수 없어 의료비의 자비 부담이 어려움에도 불구하고, 국민기초생활 보장법에 따른 보장의 기본단위인 '개별가구'에서 제외하여 의료급여 수급 자격을 부여하지 않기로 한 입법자의 판단은 구치소에 수용 중인 자들의 인간다운 생활을 할 권리를 침해한다.
>
> (×) 24. 경찰승진

87 공무원의 휴업급여·상병보상연금 미도입 사건 [기각]

1. 2018.3.20. 제정된 '공무원 재해보상법'은 공무원연금법에서 연금과 함께 규율되던 공무원 재해보상제도를 독자적인 법률로 분리하였고, 기존 공무원연금법상 인정되던 재해보상급여보다 급여 범위를 확대(요양급여 중 세부항목으로 간병급여·재활급여 등을 추가)하였으나, 휴업급여·상병보상연금은 도입하지 않았다.
2. 휴업급여제도는 일반 근로자에게 적용되는 산재보험법에 규정되어 있는 것으로서, 근로자가 산재로 요양 중이면 기간 제한 없이 계속 평균임금의 70퍼센트(고령자의 경우 일부 감액)가 지급된다(산재보험법 제52조). 한편, 요양을 시작한지 2년이 경과하여도 부상이나 질병이 치유되지 아니하고, 장해등급이 중한 폐질등급 제1급 내지 제3급에 해당하며, 요양으로 인해 취업하지 못하면 휴업급여를 대신하여 상병보상연금이 지급된다(산재보험법 제66조 및 같은 법 시행령 제65조).
3. 헌법재판소는 공무원 재해보상법에서 공무원에게 휴업급여·상병보상연금 규정을 두고 있지 않다고 하여, 공무원의 인간다운 생활을 할 권리와 평등권을 침해한다고 볼 수 없다고 결정하였다(헌재 2024.2.28, 2020헌마1587).

88 소득월액보험료 체납자에 대한 건강보험급여 제한 [합헌]

직장가입자가 소득월액보험료를 일정 기간 이상 체납한 경우 그 체납한 보험료를 완납할 때까지 국민건강보험공단이 그 가입자 및 피부양자에 대하여 보험급여를 실시하지 아니할 수 있도록 한 구 국민건강보험법 제53조 제3항 제1호는 해당 직장가입자의 인간다운 생활을 할 권리 및 재산권을 침해하지 않는다(헌재 2020.4.23, 2017헌바244). ⇨ 종전에 직장가입자의 보수외소득은 보험료 산정에 반영하지 않았다.

89 국민연금 보험료 미납자에 대한 유족연금 지급 제한 [합헌]

국민연금은 사회부조형 사회보장제도가 아니라, 가입자의 보험료를 재원으로 한다. 따라서 가입기간의 상당 부분을 성실하게 납부한 사람의 유족만을 지급대상에 포함시킨 것은 헌법에 위반되지 아니한다(헌재 2020.5.27, 2018헌바129). ⇨ 3분의 2 이상 내야 지급

90 육아휴직 급여 12개월 이내 청구 [합헌]

심판대상조항은 권리의무관계를 조기에 확정하고 고용보험기금 재정운용의 불안정성을 차단하여 기금재정을 합리적으로 운용하기 위한 것으로서 합리적인 이유가 있다. 육아휴직 수급권자가 육아휴직이 끝난 날 이후 12개월 이내에 급여를 신청하는 데 큰 부담이 있다고 보기 어렵다(헌재 2023.2.23, 2018헌바240).

> **확인 OX**
>
> 육아휴직 급여 12개월 이내 청구하도록 하는 것은 권리의무관계를 조기에 확정하고 고용보험기금 재정운용의 불안정성을 차단하여 기금재정을 합리적으로 운용하기 위한 것으로서 합리적인 이유가 있다. (O)

91 자사고를 후기학교로 규정하고 중복지원을 금지 [위헌]

▶ 주요 쟁점

1. 교육제도 법정주의 위반 여부(소극)
2. 동시선발조항의 사학운영의 자유, 평등권 침해 여부(소극)
3. (진학 대책 없는) 중복지원 금지조항의 평등권 침해 여부(적극)

▶ 결정 요지

1. 심판대상조항은 법률에 위임근거가 있는 것인지 여부, 즉 법률유보가 문제되는 것이고, 포괄위임금지원칙 위반 여부는 문제되지 않는다. 또한 사학운영의 자유와 학교법인의 평등권과 신뢰보호원칙에 위배되는지가 문제되며, 학생 및 학부모의 신뢰행위 자체는 존재하지 않는다.
2. 고등학교별 특성과 필요성에 따라 신입생 선발시기와 지원방법을 대통령령으로 규정한 것 자체가 교육제도 법정주의에 위반된다고 보기는 어렵다.
3. 동시선발조항은 동등하고 공정한 입학전형의 운영을 통해 '우수학생 선점 해소 및 고교서열화를 완화'하고 '고등학교 입시경쟁을 완화'하기 위한 것이다. ⇨ 후기 동시선발조항은 합헌이다.
4. 자사고 불합격자에 대한 평준화지역 후기학교 배정에 어려움이 있다면 이를 해결할 다른 제도를 마련하였어야 함에도, 이 사건 중복지원 금지조항은 중복지원 금지원칙만을 규정하고 자사고 불합격자에 대하여 아무런 고등학교 진학 대책을 마련하지 않았다(헌재 2019.4.11, 2018헌마221). ⇨ 엄격한 심사기준을 적용한다.

> **확인 OX**
>
> 1. 자율형 사립고등학교를 후기학교로 정하여 신입생을 일반고와 동시에 선발하도록 하는 한편, 자율형 사립고등학교를 지원한 학생에게 평준화지역 후기학교에 중복지원 할 수 없도록 한 것은 학교법인의 사학운영의 자유를 침해한다. (X) 20. 국회직 8급
>
> 2. 자율형 사립고등학교를 후기학교로 정하여 신입생을 일반고와 동시에 선발하도록 한 것은 자율형 사립고등학교 법인의 평등권을 침해한다. (X) 20. 입법고시

92 공통 교육과정 [각하]

1. 교사의 학생교육권을 인정하고 보장하는 것은 헌법상 당연히 허용된다 할 것이나, 교사 자신의 인격의 발현 또는 학문과 연구의 자유를 위한 것이라기보다는 교사의 직무에 기초하여 초·중등학교의 교육목표를 실현하기 위한 것이다.
2. 대한민국 건국을 정부 수립으로, 자유민주주의 발전을 민주주의 발전으로 개정한 것은 추상적 수준의 학습목표를 제시하고 있을 뿐 정치적 견해나 특정한 역사관을 강제한다고 보기 어려워 기본권 침해가능성이 인정되지 아니한다(헌재 2021.5.27, 2018헌마1108).

확인 OX

초·중등학교 교사인 청구인들이 교육과정에 따라 학생들을 가르치고 평가하여야 하는 법적인 부담이나 제약을 받는다고 하더라도 이는 헌법상 보장된 기본권에 대한 제한이라고 보기 어렵다. (O) 21. 국가직 7급

93 재외국민 특별전형 중 부모의 해외체류요건 [기각]

전형사항은 재외국민 특별전형의 공정하고 합리적인 운영을 위해 부모의 해외체류요건을 강화한 것으로, 구 고등교육법 제34조의5 제1항(현행 고등교육법 제34조의5 제3항)에 의하여 대학입학전형기본사항은 매년 수립·공표되는 것이 예정되어 있는 점, 이 사건 전형사항은 2014년 공표된 2017학년도 대학입학전형기본사항에서부터 예고된 점, 청구인 최○○의 경우 해외에서 체류하며 수학하기 이전에 이미 이 사건 전형사항의 규정을 예상하고 준비할 시간이 있었던 점을 종합할 때, 이 사건 전형사항이 신뢰보호원칙에 반하여 청구인 최○○의 균등하게 교육받을 권리를 침해한다고 볼 수 없다(헌재 2020.3.26, 2019헌마212).

94 연차 유급휴가 미사용 수당 [합헌]

1. 근로조건인 연차 유급휴가와 관련하여 어떠한 제도를 택할 것인지 등은 입법자가 여러 가지 사회적·경제적 여건 등을 고려하여 정할 것이므로, 심판대상조항이 사용자의 직업수행의 자유를 침해하는지 여부에 대하여는 과잉금지원칙 위반 여부로 심사할 경우에도 그 강도를 완화할 필요가 있다.
2. 근로기준법상 연차 유급휴가 규정은 당해 연도가 아닌 전년도 80%의 출근율을 기준으로 함으로써 근로 보상적 시각에서 제도화되었다.
3. 이 사건에서 헌법재판소는 업무상 재해로 인해 휴업하여 당해 연도에 출근의무가 없는 근로자에게도 유급휴가를 주도록 되어 있는 근로기준법 조항이 과잉금지원칙에 위배되어 사용자의 직업수행의 자유를 침해하지 않는다고 판단하였다(헌재 2020.9.24, 2017헌바433).

> **" 확인 OX "**
>
> 연차유급휴가와 관련하여 어떠한 제도를 택할 것인지에 대한 입법자의 판단은 과잉금지원칙 위반 여부를 심사할 경우에 그 강도를 강화할 필요가 있다. (×)

95 축산업 근로자에 대하여 근로기준법상 근로시간, 휴일 조항의 적용을 제외 [기각]

축산업 근로자의 경우 계절과 기후의 영향을 크게 받는다는 특성이 뚜렷하다. 현재 우리나라 축산업의 상황을 고려할 때, 축산업 근로자들에게 근로기준법을 전면적으로 적용할 경우, 인건비 상승으로 인한 경제적 부작용이 초래될 위험이 있다. 위 점들을 종합하여 볼 때, 심판대상조항이 입법자가 입법재량의 한계를 일탈하여 인간의 존엄을 보장하기 위한 최소한의 근로조건을 마련하지 않은 것이라고 보기 어려우므로, 심판대상조항은 청구인의 근로의 권리를 침해하지 아니한다(헌재 2021.8.31, 2018헌마563).

> **" 확인 OX "**
>
> 축산업 근로자에 대하여 근로기준법상 근로시간, 휴일 조항의 적용을 제외한 것은 근로의 권리를 침해하지 않는다. (○)

96 초단시간근로자 퇴직급여 제한 [합헌]

사용자의 부담이 요구되는 퇴직급여제도를 입법함에 있어 해당 사업 또는 사업장에의 전속성이나 기여도가 낮은 일부 근로자를 한정하여 그 지급대상에서 배제한 것을 두고 입법형성권의 한계를 일탈하여 명백히 불공정하거나 불합리한 판단이라 볼 수는 없다. 소정근로시간이 1주간 15시간 미만인 이른바 '초단시간근로'는 일반적으로 임시적이고 일시적인 근로에 불과하여 초단시간근로자에 대한 퇴직급여 지급이 사용자의 부담을 용인할 수 있을 정도의 기여를 전제로 하는 퇴직급여제도의 본질에 부합한다고 보기 어렵다(헌재 2021.11.25, 2015헌바334).

97 택시운전근로자 최저임금산입 특례조항 [합헌]

택시산업은 대중교통의 한 축을 이루는 공공성이 강한 업종이고, 택시운전근로자의 생활안정이 보장되지 않을 경우 사고의 증가 등 사회적 폐해를 낳을 수 있으며, 사납금제하에서 택시운전근로자의 임금 불안정성이 더욱 크다고 볼 여지가 있으므로, 심판대상조항이 이러한 사정을 두루 고려하여 택시운전근로자들에 관하여만 생활안정을 위한 규율을 둔 것은 차별의 합리적인 이유가 있다(헌재 2023.2.23, 2020헌바11).

98 특수경비원의 일체의 쟁의행위 금지 [기각]

경비업무의 정상적인 운영을 저해하는 특수경비원의 쟁의행위를 금지함으로써, 국가중요시설의 안전을 도모하고 국가중요시설의 정상적인 기능을 유지하여 방호혼란을 방지하려는 것이므로 입법목적의 정당성 및 수단의 적합성이 인정된다. 경비업무의 정상적인 운영을 저해하는 일체의 쟁의행위가 제한되나, 이로써 받는 불이익이 국가나 사회의 중추를 이루는 중요시설 운영에 안정을 기함으로써 얻게 되는 국가안전보장, 질서유지, 공공복리 등의 공익보다 중대한 것이라고 볼 수 없다. 따라서 심판대상조항은 법익의 균형성 요건도 갖추었다(헌재 2023.3.23, 2019헌마937).
⇨ 반대의견은 민간인 신분임에도 전면적으로 쟁의행위를 금지하는 것은 침해의 최소성에 위반된다고 보았다.

확인 OX

특수경비원의 일체의 쟁의행위 금지는 민간인 신분임에도 전면적으로 쟁의행위를 금지하는 것은 침해의 최소성에 위반된다고 보았다. (×)

99 부당노동행위에 대한 형사처벌 [합헌]

1. '지배·개입행위'란 사용자가 노동조합의 조직·운영을 조종하거나 이에 간섭하는 일체의 행위로서 노동조합의 자주성을 저해하거나 저해할 위험성이 있는 행위라고 볼 수 있다.
2. 처벌조항은 사용자가 노동조합의 조직·운영에 지배·개입하거나 노조전임자에 대한 급여지원하는 것을 처벌함으로써 사용자로부터 노동조합의 자주성 및 독립성을 확보하여 궁극적으로 근로3권의 실질적인 행사를 보장하기 위한 것이므로 그 입법목적은 정당하다(헌재 2022.5.26, 2019헌바341).

▶ 비교 판례

일체의 운영비 원조 행위를 금지함으로써 노동조합의 자주성이 저해되거나 저해될 위험이 현저하지 않은 경우까지도 금지하고 있으므로, 그 입법목적 달성을 위해서 필요한 범위를 넘어서 노동조합의 단체교섭권을 과도하게 제한하고 있다(헌재 2018.5.31, 2012헌바90).

100 교섭창구 단일화 사건 [합헌]

하나의 사업 또는 사업장에 복수 노동조합이 존재하는 경우 '교섭대표노동조합'을 정하여 교섭을 요구하도록 하는 제1조항과, 자율적으로 교섭창구를 단일화하지 못하거나 사용자가 단일화 절차를 거치지 아니하기로 동의하지 않은 경우 과반수 노동조합이 '교섭대표노동조합'이 되도록 하는 제2조항이 과잉금지원칙을 위반하여 청구인들의 단체교섭권을 침해하지 아니하며 단체교섭권의 본질적 내용을 침해하지도 아니하고, '교섭대표노동조합'에 의하여 주도되지 아니한 쟁의행위를 금지하는 제3조항이 과잉금지원칙을 위반하여 청구인들의 단체행동권을 침해하지도 아니한다(헌재 2024.6.27, 2020헌마237).

" 확인 OX "

하나의 사업 또는 사업장에 복수 노동조합이 존재하는 경우 교섭대표노동조합을 정하여 교섭을 요구하도록 하는 노동조합법 조항과 자율적으로 교섭창구를 단일화하지 못하거나 사용자가 단일화 절차를 거치지 아니하기로 동의하지 않은 경우 과반수 노동조합이 교섭대표노동조합이 되도록 하는 노동조합법 조항은 단체교섭권을 침해하지 아니한다.

(O) 25. 해경간부

101 최저임금 산입범위 및 취업규칙 변경 [기각]

1. 매월 1회 이상 정기적으로 지급하는 상여금 등 및 복리후생비의 일부를 최저임금에 산입하도록 한 최저임금법 조항은 근로의 권리를 침해하지 않는다.
2. 최저임금 산입을 위하여 임금지급 주기에 관한 취업규칙을 변경하는 경우 노동조합 또는 근로자 과반수의 동의를 받을 필요 없도록 규정한 최저임금법 조항은 근로자의 단체교섭권을 침해하지 않는다(헌재 2021.12.23, 2018헌마629).

102 최저임금 적용을 위한 임금의 시간급 환산방법 [기각]

이 사건 시행령조항은 최저임금 적용을 위한 임금의 시간급 환산시 법정 주휴시간 수를 포함하여 나눈다는 점을 명확히 하여 근로자에게 최저임금을 안정적으로 보장하기 위한 것이다(헌재 2020.6.25, 2019헌마15).

" 확인 OX "

최저임금의 적용을 위해 주 단위로 정해진 근로자의 임금을 시간에 대한 임금으로 환산할 때, 해당 임금을 1주 동안의 소정근로시간 수와 법정 주휴시간 수를 합산한 시간 수로 나누도록 규정한 최저임금법 시행령 조항은 사용자의 직업의 자유를 침해하지 않는다.

(O) 21. 국회직 8급

103 가사사용인에 대한 퇴직급여법 적용 제외 [합헌]

가구 내 고용활동에 대하여 다른 사업장과 동일하게 퇴직급여법을 적용할 경우 이용자 및 이용자 가족의 사생활을 침해할 우려가 있음은 물론 국가의 관리 감독이 제대로 이루어지기도 어렵다(헌재 2022.10.27. 2019헌바454).

확인 OX

근로자퇴직급여 보장법 제3조 단서가 가사사용인을 일반 근로자와 달리 근로자퇴직급여 보장법의 적용범위에서 배제하고 있다 하더라도 합리적 이유가 있는 차별로서 평등원칙에 위배되지 아니한다. (O) 23. 소방간부

104 단체협약 위반행위인 징계의 사유에 관한 사항 위반 [합헌]

심판대상조항은 처벌의 대상이 될 단체협약 위반행위인 '징계의 사유에 관한 사항 위반'을 직접 법률로써 규정하여, 형벌을 통해 금지하고자 하는 행위의 실질을 법률 스스로 직접 규정하고 있다.
심판대상조항의 주된 수범자인 사용자와 근로자는 단체교섭에 참여하고 단체협약의 체결에 관여한 당사자이므로 단체협약의 내용이 된 징계의 사유에 관한 사항이 무엇인지는 충분히 파악할 수 있을 것이다. 또한 심판대상조항은 징계의 사유에 관한 단체협약의 실효성을 확보하기 위한 것으로서, 개별 사건에서 징계의 사유에 관한 사항 위반행위에 해당하는지 여부는 이러한 입법취지 및 해당 단체협약에 대한 해석을 통하여 합리적이고 객관적으로 정해질 것이다. 따라서 심판대상조항은 죄형법정주의에 위배된다고 볼 수 없다(헌재 2022.11.24. 2020헌바235).

확인 OX

노동조합 및 노동관계조정법 제92조 제2호 다목 중 '징계의 사유에 관한사항' 부분은 범죄구성요건을 스스로 정하지 않고 사실상 단체협약에 전부 위임하는 것이므로 주된 수범자인 사용자와 근로자가 단체협약의 내용이 된 징계의 사유에 관한 사항이 무엇인지 충분히 파악할 수 있더라도 죄형법정주의에 위배된다. (X) 23. 비상기획관

105 영화근로자에 대한 근로시간 명시의무 사건 [합헌]

근로기준법은 사용자로 하여금 근로계약을 체결할 때 근로자에게 소정근로시간을 명시할 의무를 부과하고 있다. 전문성과 창의성을 바탕으로 하는 업무의 특수성으로 인하여 종래에는 영화근로자가 근로자에 해당한다는 인식이 충분히 확립되어 있지 않았고, 그 결과는 근로조건 악화로 나타났다. 심판대상조항은 영화근로자를 보호하기 위하여 위와 같은 근로기준법 조항이 영화근로자와 계약을 체결하는 영화업자에게도 적용됨을 분명히 한 것이다(헌재 2022.11.24. 2018헌바514).

106 주 52시간 상한제 사건 [기각]

주 52시간 상한제가 비록 사용자와 근로자가 근로시간에 관하여 자유롭게 계약할 수 있는 자유를 제한하고 사용자의 직업의 자유를 제한하지만, 우리나라의 장시간 노동 문제를 해결하기 위해 이와 같은 조치가 필요하다고 본 입법자의 판단이 합리적이므로, 이는 과잉금지원칙에 반하여 사용자와 근로자의 계약의 자유와 사용자의 직업의 자유를 침해하지 않는다. ⇨ 완화된 심사(헌재 2024.2.28, 2019헌마500).

확인 OX

> 근로기준법상 근로시간에 대한 주 52시간 상한제 조항은 연장근로 시간에 관한 사용자와 근로자 간의 계약 내용을 제한한다는 측면에서는 사용자와 근로자의 계약의 자유를 제한하고, 근로자를 고용하여 재화나 용역을 제공하는 사용자의 활동을 제한한다는 측면에서는 직업의 자유를 제한한다. (O) 24. 국회직 8급

107 국가공무원법상 공무원의 집단행위 금지 [기각]

헌법재판소는 국가공무원법 제66조 제1항 본문 중 '그 밖에 공무 외의 일을 위한 집단행위' 부분은 "법원이 헌법 및 국가공무원법을 고려하여 한정해석하고 있으며 통상적 법해석으로 의미가 보충될 수 있어 명확성원칙에 위반되지 않고, 공무원의 집단행위는 정치적 중립성을 훼손시킬 수 있으므로 이를 제한하는 것은 과잉금지원칙에 위반되지 않는다."라는 취지에서 일부 청구인들의 심판청구를 기각하는 결정을 선고하였다(헌재 2020.4.23, 2018헌마550).

108 특수경비원의 일체의 쟁의행위 금지 [기각]

1. 경비업무의 정상적인 운영을 저해하는 특수경비원의 쟁의행위를 금지함으로써, 국가중요시설의 안전을 도모하고 국가중요시설의 정상적인 기능을 유지하여 방호혼란을 방지하려는 것이므로 입법목적의 정당성 및 수단의 적합성이 인정된다. 경비업무의 정상적인 운영을 저해하는 일체의 쟁의행위가 제한되나, 이로써 받는 불이익이 국가나 사회의 중추를 이루는 중요시설 운영에 안정을 기함으로써 얻게 되는 국가안전보장, 질서유지, 공공복리 등의 공익보다 중대한 것이라고 볼 수 없다. 따라서 심판대상조항은 법익의 균형성 요건도 갖추었다(헌재 2023.3.23, 2019헌마937).
2. 반대의견은 민간인 신분임에도 전면적으로 쟁의행위를 금지하는 것은 침해의 최소성에 위반된다고 보았다.

109 전국교직원노동조합에 대한 법외노조 통보

법외노조 통보는 이미 법률에 의하여 법외노조가 된 것을 사후적으로 고지하거나 확인하는 행위가 아니라 그 통보로써 비로소 법외노조가 되도록 하는 형성적 행정처분이다. 그런데 통보에 대하여 아무런 규정을 두고 있지 않고 시행령에 위임하는 명문의 규정도 두고 있지 않다. 따라서 법률유보원칙에 반한다(대판 2020.9.3, 2016두32992 전원합의체).

확인 OX

법외노조 통보는 이미 판례에 의해 결정된 사안의 결과를 알려주는 것에 불과하여 새롭게 권리를 제한하는 규정이 아니므로 그 근거가 법률에 존재하지 않는다 하여 위법이라 할 수 없다. (×)

110 비사업용자동차의 타인광고 제한 [합헌]

심판대상조항이 비사업용자동차의 타인광고를 제한하는 것은, 자동차 이용 광고물의 난립을 방지하여 도시미관과 도로안전 등을 확보함으로써 국민이 안전하고 쾌적한 환경에서 생활할 수 있도록 하기 위한 것이다(헌재 2022.1.27, 2019헌마327).

확인 OX

비사업용자동차의 타인광고를 제한하는 것은, 자동차 이용 광고물의 난립을 방지하여 도시미관과 도로안전 등을 확보함으로써 국민이 안전하고 쾌적한 환경에서 생활할 수 있도록 하기 위한 것이다. (O) 23. 소방간부

111 학교의 마사토 운동장에 대한 유해중금속 등 유해물질의 유지·관리 기준 부재 [기각]

1. 국가는 국민의 건강하고 쾌적한 환경에서 생활할 권리를 보호할 의무를 진다.
2. 대부분의 지방자치단체에서는 학교 운동장의 유해물질 관리를 위한 조례가 제정 및 시행되어 학교장이나 교육감에게 학교 운동장의 유해물질 관리를 의무화하고 있는 점 등을 고려하여 청구인의 환경권이 침해되지 않는다고 판단하였다(헌재 2024.4.25, 2020헌마107).

> **"확인 OX"**
>
> 학교시설에서의 유해중금속 등 유해물질의 예방 및 관리 기준을 규정한 학교보건법 시행규칙 해당 조항에 마사토 운동장에 대한 규정을 두지 아니한 것은 과잉금지원칙에 위반하여 마사토 운동장이 설치된 고등학교에 재학 중이던 학생인 청구인의 환경권을 침해하지 아니한다. (×) 24. 경찰간부

112 기후위기 대응을 위한 국가 온실가스 감축목표 사건 [헌법불합치]

1. 국가가 온실가스 감축목표를 설정하는 행위인 법령 및 행정계획에 대하여, 헌법재판소는 침해 여부가 문제 되는 주요 기본권이 '환경권'임을 확인하고, 그 침해 여부를 '국가의 기본권 보호의무'에 관한 과소보호금지원칙과 법률유보원칙 등을 기준으로 판단하였다.

2. 과소보호금지원칙의 적용과 관련하여 심판대상이 된 법령과 행정계획이 '기후위기'라는 '위험상황'의 성격에 상응하는 '보호조치'로서 필요한 최소한의 성격을 갖추었는지를 과학적 사실과 국제기준을 고려하여 판단하였다. 법률유보원칙의 적용에 관해서는, 중장기적인 온실가스 감축목표와 감축경로를 계획할 때에는 매우 높은 수준의 사회적 합의가 필요하다는 점, 미래세대는 민주적 정치과정에 참여하는 것이 제약되어 있다는 점과 관련하여 입법자에게 더욱 구체적인 입법의무와 책임이 있음을 고려하였다.

3. 이러한 심사는 헌법 전문에서 '우리들과 우리들의 자손의 안전과 자유와 행복을 영원히 확보할 것을 다짐'하고, 헌법 제35조 제1항에서 '환경권'을 독자적 기본권으로 규정함과 아울러 국가와 국민이 '환경보전'을 위하여 노력할 의무를 규정하였다는 점을 주요 근거로 한다.

4. 중장기적인 온실가스 감축목표와 감축경로를 계획하는 것은 매우 높은 수준의 사회적 합의가 필요하므로, 2031년 이후의 기간에 대해서도 그 대강의 내용은 '법률'에 직접 규정되어야 한다(법률유보 위반). 탄소중립기본법 제8조 제1항에서는 2030년까지의 감축목표 비율만 정하고 2031년부터 2049년까지 19년간의 감축목표에 관해서는 어떤 형태의 정량적인 기준도 제시하지 않았는바, 같은 조 제4항의 온실가스 감축목표 재설정 주기나 범위 등 관련 법령의 체계를 살펴보더라도 2050년 탄소중립의 목표 시점에 이르기까지 점진적이고 지속적인 감축을 실효적으로 담보할 수 있는 장치가 없으므로, 이는 미래에 과중한 부담을 이전하는 방식으로 감축목표를 규율한 것으로, 기후위기라는 위험상황에 상응하는 보호조치로서 필요한 최소한의 성격을 갖추지 못하였다고 할 것이다(헌재 2024.8.29. 2020헌마389).

> **"확인 OX"**
>
> 1. 국가와 국민이 '환경보전'을 위하여 노력할 의무에는 기후변화로 인하여 생활의 기반이 되는 제반 환경이 훼손되고 생명·신체의 안전 등을 위협할 수 있는 위험에 대하여, 기후변화의 원인을 줄여 이를 완화하거나 그 결과에 적응하는 조치를 하는 국가의 기후위기에 대한 대응의 의무도 포함된다. (○) 25. 경찰승진
>
> 2. 기후위기 대응을 위한 탄소중립·녹색성장 기본법 제7조는 정부의 '2050년 탄소중립'을 목표로 하고 있는바, 정부가 '국가 온실가스 배출량을 2030년까지 2018년의 국가 온실가스 배출량 대비 35퍼센트 이상의 범위에서 대통령령으로 정하는 비율만큼 감축하는 것을 중장기 국가 온실가스 감축 목표'로 하도록 규정한 동법 제8조 제1항에서 2031년부터 2049년까지의 감축 목표에 대하여 어떤 형태의 정량적 기준도 제시하지 않았더라도 국민인 청구인의 환경권을 침해한다고 할 수 없다. (×) 25. 경찰승진

3. 기후위기 대응을 위한 탄소중립·녹색성장 기본법 시행령 제3조 제1항은 같은 법 제8조 제1항의 위임을 받아 2030년 중장기 감축목표의 구체적인 비율의 수치를 정한 것으로서, 과소보호금지원칙에 반하여 기본권 보호의무를 위반하였으므로 청구인들의 환경권을 침해하였다. (×) 25. 경찰

4. 기후위기 대응을 위한 탄소중립·녹색성장 기본법 시행령 제3조 제1항이 2031년부터 2049년까지의 국가 온실가스 배출량 감축목표에 관하여 어떤 형태의 정량적 기준을 제시하지 않은 것은 미래 예측이 어려움 때문에 불가피한 사정이 인정되므로 과소보호금지의 원칙에 위배되지 않는다. (×) 25. 입법고시

113 광장 벤치 흡연금지 [합헌]

연면적 1천 제곱미터 이상의 사무용건축물, 공장 및 복합용도의 건축물로서 금연구역으로 지정된 공간은 다수인이 왕래할 가능성이 높고, 이러한 경우 간접흡연으로부터의 보호를 관철할 필요성이 더욱 크다는 점 등을 고려하여 합헌결정을 하였다(헌재 2024.4.25, 2022헌바163).

114 가정폭력 가해자의 증명서 발급 [헌법불합치]

가정폭력 가해자에 대하여 특별한 제한을 두지 아니한 관계로, 가정폭력 가해자인 전 배우자라도 직계혈족으로서 그 자녀의 가족관계증명서와 기본증명서를 사실상 자유롭게 발급받아서 거기에 기재된 가정폭력 피해자인 청구인의 개인정보를 무단으로 취득하게 되는 위헌성을 지적하고 이 사건 법률조항에 대하여 헌법불합치를 선언하였다(헌재 2020.8.28, 2018헌마927).

확인 OX

직계혈족이기만 하면 아무런 제한 없이 자녀의 가족관계증명서 및 기본증명서의 교부를 청구하여 발급받을 수 있도록 규정한 가족관계의 등록 등에 관한 법률 제15조 제1항은 과잉금지원칙을 위반하여 자녀의 개인정보자기결정권을 침해한다. (O) 21. 법무사

115 배우자나 직계혈족에게 가족관계증명서 교부 [합헌]

심판대상조항은 정보주체의 배우자나 직계혈족이 스스로의 정당한 법적 이익을 지키기 위하여 정보주체 본인의 위임 없이도 가족관계 상세증명서를 간편하게 발급받을 수 있게 해 주는 것이므로, 상세증명서 추가 기재 자녀의 입장에서 보아도 자신의 개인정보가 공개되는 것을 중대한 불이익이라고 평가하기는 어렵다. 나아가 가족관계 관련 법령은 가족관계증명서 발급 청구에 관한 부당한 목적을 파악하기 위하여 '청구사유기재'라는 나름의 소명절차를 규정하는 점 등을 아울러 고려하면 심판대상조항은 그 입법목적과 그로 인해 제한되는 개인정보자기결정권 사이에 적절한 균형을 달성한 것으로 평가할 수 있다(헌재 2022.11.24, 2021헌마130).

확인 OX

정보주체의 배우자나 직계혈족이 정보주체의 위임 없이도 정보주체의 가족관계 상세증명서의 교부 청구를 할 수 있도록 하는 가족관계의 등록 등에 관한 법률의 해당 조항은 개인정보자기결정권을 침해하지 않는다. (O) 23. 소방간부

116 혼인무효판결로 정정된 가족관계등록부의 재작성 [기각]

1. 혼인의 당사자 사이에서 형성되는 법률관계에만 관련되는 것이 아니라 제3자에 대한 관계에서도 문제가 되는바, 법률관계를 안정시키고 명확히 하기 위하여 공적 증명이 필요한 경우가 있을 수 있으므로, 과거 형식적으로 성립하였으나 무효가 된 혼인에 관한 등록부 기록사항의 보존은 원칙적으로 필요하다.
2. 정보는 법령에 따른 교부 청구 등이 없는 한 공개되지 아니하므로, 심판대상조항으로 인하여 청구인이 입는 불이익이 중대하다고 보기는 어렵다. 반면, 심판대상조항이 가족관계의 변동에 관한 진실성을 담보하는 공익은 훨씬 중대하다고 할 것이므로 심판대상조항은 법익균형성이 인정된다(헌재 2024.1.25, 2020헌바65).

확인 OX

당사자 사이에 혼인의사의 합의가 없음을 원인으로 하는 혼인무효판결에 의한 가족관계등록부 정정신청으로 해당 가족관계등록부가 정정된 때, '그 혼인무효사유가 한쪽 당사자나 제3자의 범죄행위로 인한 경우'에 한정하여 등록부 재작성 신청권을 부여한 '가족관계등록부의 재작성에 관한 사무처리지침' 조항은 혼인과 가족생활을 스스로 결정하고 형성할 수 있는 자유를 제한한다. (X) 25. 경찰

117 유류분 전반 [합헌, 위헌]

1. 유류분제도란, 피상속인이 증여 또는 유증으로 자유로이 재산을 처분하는 것을 제한하여 법정상속인 중 일정한 범위의 근친자에게 법정상속분의 일부가 귀속되도록 법률상 보장하는 민법상 제도를 말한다.
2. 민법 제1112조가 유류분권리자와 가 유류분을 획일적으로 규정한 것이 매우 불합리하다고 단정하기 어렵다. ⇨ 합헌
3. 피상속인을 장기간 유기하거나 정신적·신체적으로 학대하는 등의 패륜적인 행위를 일삼은 상속인의 유류분을 인정하는 것은 일반 국민의 법감정과 상식에 반한다고 할 것이므로, 민법 제1112조에서 유류분상실사유를 별도로 규정하지 아니한 것은 불합리하다고 아니할 수 없다. ⇨ 위반
4. 피상속인의 형제자매는 상속재산형성에 대한 기여나 상속재산에 대한 기대 등이 거의 인정되지 않음에도 불구하고 유류분권을 부여하는 것은 그 타당한 이유를 찾기 어렵다. ⇨ 위반
5. 당사자 사이에 유류분권리자에 대하여 손해를 가할 의사로 증여가 이루어진 경우에는 그 시기를 불문하고 유류분 산정 기초재산에 산입하도록 한 것은, 그러한 증여는 더 이상 보호할 필요가 없으므로 거래의 안전보다는 유류분권리자를 두텁게 보호하려는 입법자의 의사에 따른 것으로 합리적이다. ⇨ 합헌
6. 민법 제1118조 중 공동상속인 중 특별수익자의 상속분에 관한 제1008조를 준용하는 부분으로 인하여 피상속인의 공동상속인에 대한 특별수익으로서의 증여는 그 시기를 불문하고 모두 유류분 산정 기초재산에 산입된다. ⇨ 합헌
7. 피상속인을 오랜 기간 부양하거나 상속재산형성에 기여한 기여상속인이 그 보답으로 피상속인으로부터 재산의 일부를 증여받더라도, 해당 증여재산은 유류분 산정 기초재산에 산입되므로, 기여상속인은 비기여상속인의 유류분 반환청구에 응하여 위 증여재산을 반환하여야 하는 부당하고 불합리한 상황이 발생하게 된다. ⇨ 위반(특별히 부양하거나 재산증식에 기여)(헌재 2024.4.25. 2020헌가4).

확인 OX

민법 조항에 따른 유류분제도는 피상속인의 증여나 유증에 의한 자유로운 재산처분을 제한하고, 피상속인으로부터 증여나 유증을 받았다는 이유로 유류분반환청구의 상대방이 되는 자의 재산권을 역시 제한한다. (O) 25. 소방간부

118 상속분가액지급청구권에 대한 10년 제척기간 [위헌]

상속개시 후 인지에 의하여 공동상속인이 된 자가 다른 공동상속인에 대해 그 상속분에 상당한 가액의 지급에 관한 청구권(상속분가액지급청구권)을 행사하는 경우에도 상속회복청구권에 관한 10년의 제척기간을 적용하도록 한 민법 조항이 청구인의 재산권과 재판청구권을 침해하여 헌법에 위반된다(헌재 2024.6.27. 2021헌마1588).

> **확인 OX**
>
> 상속개시 후 인지 또는 재판확정에 의하여 공동상속인이 된 자가 다른 공동상속인에 대해 그 상속분에 상당한 가액의 지급에 관한 상속분가액지급청구권을 행사하는 경우에도 상속회복청구권에 관한 10년의 제척기간을 적용하도록 한 민법 제999조 제2항의 '상속권의 침해행위가 있은 날부터 10년' 중 제1014조에 관한 부분은 제척기간을 통한 법적 안정성만을 지나치게 중시한 나머지 권리구제의 실효성을 외면한 것이므로 상속개시 후 인지에 의하여 공동상속인이 된 청구인의 재산권을 침해한다.   (O) 25. 경찰승진

119 미성년 자녀가 있는 성전환자도 성별정정을 허용

1. 인간은 누구나 자신의 성정체성에 따른 인격을 형성하고 삶을 영위할 권리가 있다. 성전환자도 자신의 성정체성을 바탕으로 인격과 개성을 실현하고 우리 사회의 동등한 구성원으로서 타인과 함께 행복을 추구하며 살아갈 수 있어야 한다. 이러한 권리를 온전히 행사하기 위해서 성전환자는 자신의 성정체성에 따른 성을 진정한 성으로 법적으로 확인받을 권리를 가진다. 이는 인간으로서의 존엄과 가치에서 유래하는 근본적인 권리로서 행복추구권의 본질을 이루므로 최대한 보장되어야 한다.
2. 한편 미성년 자녀를 둔 성전환자도 부모로서 자녀를 보호하고 교양하며(민법 제913조), 친권을 행사할 때에도 자녀의 복리를 우선해야 할 의무가 있으므로(민법 제912조), 미성년 자녀가 있는 성전환자의 성별정정 허가 여부를 판단할 때에는 성전환자의 기본권의 보호와 미성년 자녀의 보호 및 복리와의 조화를 이룰 수 있도록 법익의 균형을 위한 여러 사정들을 종합적으로 고려하여 실질적으로 판단하여야 한다. 따라서 위와 같은 사정들을 고려하여 실질적으로 판단하지 아니한 채 단지 성전환자에게 미성년 자녀가 있다는 사정만을 이유로 성별정정을 불허하여서는 아니 된다(대판 2022.11.24, 2020스616).

120 피성년후견인 국가공무원 당연퇴직 사건 [위헌]

1. 당연퇴직은 공무원의 법적 지위가 가장 예민하게 침해받는 경우이므로 공익과 사익 간의 비례성 형량에 있어 더욱 엄격한 기준이 요구된다.
2. 국가공무원의 당연퇴직사유를 임용결격사유와 동일하게 규정하려면 국가공무원이 재직 중 쌓은 지위를 박탈할 정도의 충분한 공익이 인정되어야 하나, 이 조항이 달성하려는 공익은 이에 미치지 못한다.
3. 휴직을 명하고 그 기간이 끝났음에도 불구하고 직무를 감당할 수 없게 된 때에 직권면직을 통하여도 입법목적을 달성할 수 있다. 따라서 침해의 최소성에 반하여 공무담임권을 침해한다(헌재 2022.12.22, 2020헌가8).

> **확인 OX**
>
> 피성년후견인인 국가공무원은 당연퇴직한다고 규정한 국가공무원법 조항은 성년후견이 개시되지는 않았으나 동일한 정도의 정신적 장애가 발생한 국가공무원의 경우와 비교할 때 사익의 제한 정도가 과도하여 과잉금지원칙에 위반되므로 공무담임권을 침해한다.
> (O) 23. 순경1차

121 재혼으로 인한 유족연금수급권 상실 사건 [합헌]

유족연금은 본래 생계를 책임진 자의 사망으로 생활의 곤란을 겪는 가족의 생계보호를 위하여 도입된 것이므로, 배우자의 재혼을 유족연금수급권 상실사유로 규정한 것은 배우자가 재혼을 통하여 새로운 부양관계를 형성함으로써 재혼 상대방 배우자를 통한 사적 부양이 가능해짐에 따라 더 이상 사망한 공무원의 유족으로서의 보호의 필요성이나 중요성을 인정하기 어렵다고 보았기 때문이다(헌재 2022.8.31. 2019헌가31).

> **확인 OX**
>
> 재혼을 유족연금수급권 상실사유로 규정한 구 공무원연금법 조항 중 '유족연금'에 관한 부분은 헌법에 위반되지 아니한다.
> (O) 23. 소방간부

122 안장 대상자 배우자의 국립묘지 합장 [합헌]

안장 대상자가 사망한 뒤 그 배우자가 재혼을 통해 새로운 혼인관계를 형성하고 안장 대상자를 매개로 한 인척관계를 종료하였다면, 그가 국립묘지에 합장될 자격이 있는지는 사망 당시의 배우자를 기준으로 하는 것이 사회통념에 부합한다(헌재 2022.11.24. 2020헌바463).

123 입양신고시 불출석 당사자의 신분증명서 제시 [합헌]

이 사건 법률조항은 입양의 당사자가 출석하지 않아도 입양신고를 하여 가족관계를 형성할 수 있는 자유를 보장하면서도, 출석하지 아니한 당사자의 신분증명서를 제시하도록 하여 입양당사자의 신고의사의 진실성을 담보하기 위한 조항이다(헌재 2022.11.24. 2019헌바108).

124 8촌 이내 혈족 사이의 혼인 금지 및 무효 [헌법불합치]

1. 금혼조항으로 인하여 법률상의 배우자 선택이 제한되는 범위는 친족관계 내에서도 8촌 이내의 혈족으로, 넓다고 보기 어렵다. 그에 비하여 8촌 이내 혈족 사이의 혼인을 금지함으로써 가족질서를 보호하고 유지한다는 공익은 매우 중요하다.
2. 무효조항은 근친혼의 구체적 양상을 살피지 아니한 채 8촌 이내 혈족 사이의 혼인을 일률적·획일적으로 혼인무효 사유로 규정하고, 혼인관계의 형성과 유지를 신뢰한 당사자나 그 자녀의 법적 지위를 보호하기 위한 예외조항을 두고 있지 않으므로, 입법목적 달성에 필요한 범위를 넘는 과도한 제한으로서 침해의 최소성을 충족하지 못한다(헌재 2022.10.27. 2018헌바115).
3. 금지조항은 합헌, 무효조항은 위반

확인 OX

8촌 이내의 혈족 사이에서는 혼인할 수 없도록 하는 민법 조항 및 이를 위반한 혼인을 무효로 하는 민법 조항은 가족질서를 보호하고 유지한다는 공익이 매우 중요하므로 법익균형성에 위반되지 아니하므로 혼인의 자유를 침해하지 않는다.
(×) 23. 소방간부

125 '혼인 중 여자와 남편 아닌 남자 사이에서 출생한 자녀'에 대한 출생신고 사건 [위헌]

1. 태어난 즉시 '출생등록될 권리'가 헌법상 보장되는 기본권으로서, 자유권과 사회권의 성격을 동시에 갖는 독자적 기본권으로 판단하고, 이 사건에서 혼인 외 출생자에 대한 출생신고의무자를 모로 한정하고, 인지의 효력이 있는 생부의 친생자출생신고만을 인정하는 심판대상조항들이 혼인 중인 여자와 남편이 아닌 남자 사이에서 출생한 혼인 외 출생자인 청구인들의 태어난 즉시 '출생등록될 권리'를 침해한다.
2. 다만, 생부는 혈연관계에 대한 확인이 필요할 수도 있고, 출생자의 출생사실을 모를 수도 있어서 모를 중심으로 출생신고를 규정한 것은 평등의 원칙에 위반되지는 않는다(헌재 2023.3.23. 2021헌마975).

확인 OX

1. 현대사회에서 개인이 국가가 운영하는 제도를 이용하려면 주민등록과 같은 사회적 신분을 갖추어야 하고, 사회적 신분의 취득은 개인에 대한 출생신고에서부터 시작한다. 대한민국 국민으로 태어난 아동은 태어난 즉시 '출생등록될 권리'를 가진다. 이러한 권리는 '법 앞에 인간으로 인정받을 권리'로서 모든 기본권 보장의 전제가 되는 기본권이므로 법률로써도 이를 제한하거나 침해할 수 없다.
(○) 20. 법원행시

2. 태어난 즉시 '출생등록될 권리'는 입법자가 출생등록제도를 통하여 형성하고 구체화하여야 할 권리이며, 입법자는 출생등록제도를 형성함에 있어 단지 출생등록의 이론적 가능성을 허용하는 것에 그쳐서는 아니되며, 실효적으로 출생등록될 권리가 보장되도록 하여야 한다.
(○) 23. 법학경채

3. 혼인 중인 여자와 남편 아닌 남자 사이에서 출생한 자녀의 경우에 모와 생부를 차별하여 혼인 외 출생자의 신고의무를 모에게만 부과하고, 남편 아닌 남자인 생부에게 자신의 혼인 외 자녀에 대해서 출생신고를 하도록 규정하지 아니한 것은 합리적인 이유가 없어 생부의 평등권을 침해한다. (×) 23. 법학경채

4. 태어난 즉시 출생등록될 권리는 헌법 제10조뿐만 아니라, 헌법 제34조 제1항의 인간다운 생활을 할 권리, 헌법 제36조 제1항의 가족생활의 보장, 헌법 제34조 제4항의 국가의 청소년 복지향상을 위한 정책실시의무 등에도 근거가 있다. (○) 24. 국회직 5급

126 피상속인의 4촌 이내의 방계혈족을 4순위 법정상속인으로 규정한 민법 [합헌]

심판대상조항은 피상속인의 4촌 이내의 방계혈족을 상속인에 포함시켜 혈족 상속을 최대한 보장하고 상속에 대한 국가의 개입을 최소화하기 위한 것으로도 볼 수 있다. 민법은 제1019조 내지 제1021조에서 상속인으로 하여금 법정의 고려기간 내에 상속을 단순승인 또는 한정승인하거나 상속을 포기할 수 있도록 하는 한편 상속인의 구체적 상황에 따라 고려기간의 기산점을 달리 하거나 특별한정승인을 할 수 있도록 규정함으로써, 상속의 효과를 귀속받을지 여부에 관한 상속인의 선택권을 보장하고 상속인에게 불측의 부담이 부과되는 것을 막는 법적 장치를 마련하고 있다(헌재 2020.2.27, 2018헌가11).

확인 OX

피상속인의 4촌 이내의 방계혈족을 4순위 법정상속인으로 규정한 민법은 헌법에 위반되지 아니한다. (○)

127 사실혼 배우자의 상속권 및 재산분할청구권 [합헌]

1. '일방의 사망으로 사실혼이 종료된 경우 생존 사실혼 배우자에게 재산분할청구권을 부여하는 규정을 두지 않은 부작위'는, 입법자가 애당초 그러한 입법적 규율 자체를 전혀 하지 않은 경우에 해당한다. 즉, 진정입법부작위 ⇨ 제68조 제2항에 의한 헌법소원에서 허용하지 않는다.
2. 상속권조항이 사실혼 배우자에게 상속권을 인정하지 아니하는 것은 상속인에 해당하는지 여부를 객관적인 기준에 의하여 파악할 수 있도록 함으로써 상속을 둘러싼 분쟁을 방지하고, 상속으로 인한 법률관계를 조속히 확정시키며, 거래의 안전을 도모하기 위한 것이다. 사실혼 배우자는 혼인신고를 함으로써 상속권을 가질 수 있고, 증여나 유증을 받는 방법으로 상속에 준하는 효과를 얻을 수 있으며, 근로기준법, 국민연금법 등에 근거한 급여를 받을 권리 등이 인정되므로 상속권을 침해한다고 할 수 없다(헌재 2024.3.28, 2020헌바494).

> **"확인 OX"**
>
> 사실혼 배우자는 혼인신고를 함으로써 상속권을 가질 수 있고, 증여나 유증을 받는 방법으로 상속에 준하는 효과를 얻을 수 있으며, 근로기준법, 국민연금법 등에 근거한 급여를 받을 권리 등이 인정된다는 측면에서 볼 때, 사실혼 배우자에게 상속권을 인정하지 않는 민법 조항이 사실혼 배우자인 청구인의 상속권을 침해하는 것은 아니다. (O) 23. 순경2차

128 이혼한 배우자의 분할연금 수급요건을 16년 이후 이혼한 사람부터 적용 [합헌]

퇴직연금을 지급한 경우나 퇴직연금수급자가 이미 사망하여 퇴직연금이 소멸한 경우 등 과거에 이미 형성된 법률관계에 중대한 영향을 미쳐 법적 안정성이 훼손될 우려가 크다(헌재 2023.3.23. 2022헌바108).

129 가정폭력처벌법상 피해자보호명령 [합헌]

피해자보호명령제도의 특성, 우편을 이용한 접근행위의 성질과 그 피해의 정도 등을 고려할 때, 입법자가 심판대상조항에서 우편을 이용한 접근금지를 피해자보호명령의 종류로 정하지 아니하였다고 하더라도 이것이 입법자의 재량을 벗어난 자의적인 입법으로서 평등원칙에 위반된다고 보기 어렵다(헌재 2023.2.22. 2019헌바43).

130 사회복무요원의 겸직 제한 [기각]

사회복무요원의 겸직행위를 원칙적으로 금지하고 복무기관의 장으로부터 허가를 받은 경우에만 예외적으로 허용하는 것은, 사회복무요원이 자신의 직무에만 전념하도록 함으로써 그의 공정한 직무 수행과 충실한 병역의무 이행을 담보하기 위한 것이다. 이러한 입법목적은 정당하고, 사회복무요원이 복무기관의 장의 허가 없이 겸직행위를 한 경우 경고처분 및 복무기간 연장이라는 불이익을 부과하는 것은 위와 같은 입법목적을 달성하기 위한 적합한 수단이다(헌재 2022.9.29. 2019헌마938).

131 예비역 복무의무자의 범위에서 일반적으로 여성을 제외 [기각]

지원에 의하여 현역 복무를 마친 여성의 경우 예비전력의 자질을 갖춘 것으로 추정할 수 있으나, 전시 요구되는 장교와 병의 비율, 예비역 인력운영의 효율성 등을 고려할 때, 현역복무를 마친 여성에 대한 예비역 복무의무 부과는 합리적 병력충원제도의 설계, 여군의 역할 확대 및 복무 형태의 다양성 요구 충족 등을 복합적으로 고려하여 결정할 사항으로, 현시점에서 이에 대한 입법자의 판단이 현저히 자의적이라고 단정하기 어렵다. 따라서 이 사건 예비역 조항은 청구인의 평등권을 침해하지 아니한다(헌재 2023.10.26, 2018헌마357).

확인 OX

1. 지원에 의하여 현역복무를 마친 여성의 경우 현역복무 과정에서의 훈련과 경험을 통해 예비전력으로서의 자질을 갖추고 있을 것으로 추정할 수 있으므로 지원에 의하여 현역복무를 마친 여성을 예비역 복무의무자의 범위에서 제외한 군인사 조항은 예비역 복무의무자인 남성인 청구인의 평등권을 침해한다. (×) 24. 순경1차

2. 예비역 복무의무자의 범위에서 일반적으로 여성을 제외하는 구병역법 제3조 제1항 중 '예비역 복무'에 관한 부분 및 지원에 의하여 현역복무를 마친 여성을 일반적인 여성의 경우와 동일하게 예비역 복무의무자의 범위에서 제외하는 군인사법 제41조 제4호 및 단서, 제42조는 상근예비역으로 복무 중이던 자의 평등권을 침해한다. (×) 24. 국회직 8급

132 공중보건의사 군사교육소집기간의 복무기간 미산입 [기각]

1. 공중보건의사의 군사교육소집기간을 의무복무기간에 산입한다면, 해당 지역별로 공중보건의사의 소집해제일인 3월경부터 다른 공중보건의사가 통상 배치되는 4월경까지 약 1개월간 필연적으로 의료공백이 발생하게 된다.
2. 같은 병역 유형인 보충역에 속한다고 하더라도 개별 보충역마다 제도 도입 취지, 복무형태, 복무내용, 신분 등이 상이하므로 군사교육소집기간 산입 여부와 같은 병역의무이행의 세부적인 내용이 모두 동일하게 적용되어야 한다고 볼 수는 없다.
3. 심판대상조항이 전문연구요원과 달리 공중보건의사의 군사교육소집기간을 복무기간에 산입하지 않은 데에는 합리적 이유가 있으므로, 청구인들의 평등권을 침해하지 않는다(헌재 2020.9.24, 2019헌마472).

확인 OX

병역법 제34조 제3항이 전문연구요원과 달리 공중보건의사가 군사교육에 소집된 기간을 복무기간에 산입하지 않도록 규정하고 있더라도 이는 합리적인 이유가 있는 차별이므로 공중보건의사의 평등권을 침해하지 않는다. (○) 24. 국회직 5급

133 공중보건의사의 군사교육소집기간 보수 미지급 [기각]

공중보건의사로 편입되어 군사교육 소집된 자를 군인보수법의 적용대상에서 제외하여 군사교육소집기간 동안의 보수를 지급하지 않도록 규정하였다고 하더라도 이는 한정된 국방예산의 범위 내에서 효율적인 병역제도의 형성을 위하여 공중보건의사의 신분, 복무 내용, 복무 환경, 전체 복무기간 동안의 보수 수준 및 처우, 군사교육의 내용 및 기간 등을 종합적으로 고려하여 결정한 것이므로, 청구인의 평등권을 침해한다고 보기 어렵다(헌재 2020.9.24, 2017헌마643).

134 코로나바이러스 백신 미접종자 음성확인 의무화 [각하]

청구인은 변호사를 대리인으로 선임하지 아니한 채 이 사건 심판청구를 하였고, 36일 안에 변호사를 대리인으로 선임하라는 보정명령이 2021.12.23. 송달간주된 이후에도 보정기간 내에 이를 보정하지 아니하였으므로, 이 사건 심판청구는 헌법재판소법 제25조 제3항에 위배되어 부적법하다(헌재 2022.3.31, 2021헌마1380).

135 2021년 검사 신규임용 계획 공고 [기각]

사회복무요원 소집해제예정 변호사에게 병역의무이행시점에 검사 신규임용에 지원할 기회를 부여한다면, 여성과 군면제인 사람보다 유리한 기준을 적용받는 것이 된다(헌재 2021.4.29, 2020헌마999).

136 재외국민 2세의 지위 상실 [기각]

재외국민 2세는 외국에서 출생·성장하여 언어, 교육, 문화적 생활환경 등에 차이가 있어 병역의무의 이행을 강제하기 어렵다는 이유로 상당한 특례를 부여한 것인데, 국내에 3년을 초과하여 체재한 경우 사실상 생활의 근거지가 대한민국에 있다고 볼 수 있으므로, 1993.12.31. 이전에 출생한 재외국민 2세도 생활의 근거지가 대한민국에 있는 것으로 볼 수 있는 요건을 충족한 경우 재외국민 2세의 지위를 상실할 수 있다고 규정한 심판대상조항에는 합리적인 이유가 있다(헌재 2021.5.27, 2019헌마177).

해커스경찰
police.Hackers.com

제3편

통치구조

제3편 | 통치구조

01 공수처법 위헌확인 [기각]

1. 수사처는 대통령을 수반으로 하는 행정부에 소속되고, 그 관할권의 범위가 전국에 미치는 중앙행정기관으로 보는 것이 타당하다.
2. 수사처가 중앙행정기관임에도 기존의 행정조직에 소속되지 않고 대통령과 기존 행정조직으로부터 구체적인 지휘·감독을 받지 않는 형태로 설치된 것은 수사처 업무의 특수성에 기인한 것이다.
3. 수사처의 독립성이 중요한 만큼 수사처는 독립성에 따른 책임 역시 부담하여야 하는데, 수사처의 권한 행사에 대해서는 여러 기관으로부터의 통제가 이루어질 수 있으므로, 수사처가 독립된 형태로 설치되었다는 이유만으로 권력분립원칙에 위반된다고 볼 수 없다.
4. 헌법상 영장신청권자로서의 검사가 검찰청법상 검사로 한정되는 것은 아니라 하더라도, 영장신청권자는 공익의 대표자이자 인권옹호기관으로서 법률전문가의 자격을 갖추어야 한다. 공수처검사는 법률전문가로서 자격을 가지고 있어 영장주의에 위배되지 않는다(헌재 2021.1.28, 2020헌마264).

확인 OX

1. 고위공직자범죄수사처를 독립된 형태로 설치하도록 규정한 것은 고위공직자범죄수사처가 행정부 소속의 중앙행정기관으로서 여러 기관에 의한 통제가 충실히 이루어질 수 있으므로 권력분립의 원칙에 위배되지 않는다. (O) 22. 변호사

2. 전통적으로 권력분립원칙은 입법권·행정권·사법권의 분할과 이들 간의 견제와 균형의 원리이므로, 고위공직자범죄수사처의 설치로 말미암아 고위공직자범죄수사처와 기존의 다른 수사기관과의 관계가 문제된다 하더라도 동일하게 행정부 소속인 고위공직자범죄수사처와 다른 수사기관 사이의 권한 배분의 문제는 헌법상 권력분립원칙의 문제라고 볼 수 없다. (O) 22. 입법고시

02 사개특위(사법개혁특위) 위원 개선 [기각]

국회의장의 위원 개선행위가 국회법 제48조 제6항에 위배되는지 여부를 처음으로 판단하였다. 헌법재판소는 국회법 제48조 제6항 본문 중 '위원을 개선할 때 임시회의 경우에는 회기 중에 개선될 수 없고' 부분은 개선의 대상이 되는 해당 위원이 '위원이 된 임시회의 회기 중'에 개선되는 것을 금지하는 것이므로, 정기회에 선임된 청구인에 대하여는 위 조항이 적용되지 않아 이 사건 개선행위가 국회법 제48조 제6항에 위배되지 않는다고 판단하였다(헌재 2020.5.27, 2019헌라1).

> **확인 OX**
>
> 국회법은 상임위원회의 상임위원을 개선함에 있어 '임시회'의 경우에는 회기 중에 개선할 수 없도록 하고 있는데, 여기에서의 '회기'는 '개선의 대상이 되는 해당 위원이 선임 또는 개선된 임시회의 회기'를 의미하는 것으로 해석된다.
>
> (O) 21. 입법고시

03 법관에 대한 탄핵 [각하]

국회의 탄핵소추의결 이후 헌법재판소의 탄핵심판 중 임기만료로 피청구인이 법관의 직에서 퇴직한 사안에서, 탄핵결정을 선고할 때 피청구인이 해당 공직에 있음을 전제로 헌법재판소는 2021.10.28. 재판관 5인의 각하의견으로, 이미 임기만료로 퇴직한 피청구인에 대해서는 본안판단에 나아가도 파면결정을 선고할 수 없으므로 결국 이 사건 탄핵심판청구는 부적법하다는 결정을 선고하였다(헌재 2021.10.28, 2021헌나1).

04 탄핵소추안 철회 및 재발의 권한쟁의 [각하]

1. 발의된 의안의 철회 동의 여부에 관한 국회의원의 심의·표결권은 일신전속적인 것으로서 국회의원직을 상실한 경우 승계되거나 상속될 수 있는 것이 아니다. 따라서 그에 관련된 이 사건 권한쟁의심판절차 또한 수계될 수 있는 성질의 것이 아니므로 청구인 허○○, 권□□의 이 사건 심판청구는 국회의원직 상실과 동시에 당연히 그 심판절차가 종료되었고, 이를 명확하게 하기 위하여 심판절차종료를 선언한다.
2. 이 사건 탄핵소추안이 발의되었음을 본회의에 보고하였을 뿐 이 사건 탄핵소추안을 의사일정에 기재하고 본회의의 안건으로 상정한 바가 없으므로, 이 사건 탄핵소추안은 국회법 제90조 제2항의 '본회의에서 의제가 된 의안'에 해당하지 아니한다. 이처럼 이 사건 탄핵소추안이 본회의에서 의제가 된 의안에 해당하지 아니하여 이를 발의한 국회의원이 본회의의 동의 없이 이를 철회할 수 있는 이상, 청구인들에게는 이 사건 탄핵소추안 철회 동의 여부에 대해 심의·표결할 권한 자체가 발생하지 아니하고, 그 권한의 발생을 전제로 하는 권한의 침해 가능성도 없다. 따라서 이 사건 수리행위를 다투는 청구는 부적법하다.
3. 청구인들이 이 사건 수리행위로 인한 권한침해를 다툴 수 없게 된 이상, 이 사건 탄핵소추안 철회의 효력은 여전히 유효하다. 그리고 국회법 제92조의 '부결된 안건'에 적법하게 철회된 안건은 포함되지 아니하므로, 이 사건 탄핵소추안과 동일한 내용으로 발의된 재발의 탄핵소추안은 적법하게 발의된 의안으로 일사부재의 원칙에 위배되지 아니한다. 그렇다면 이 사건 가결선포행위로 인하여 청구인들의 심의·표결권 침해가 발생할 가능성은 인정되지 아니하므로, 이 사건 가결선포행위를 다투는 청구 역시 부적법하다(헌재 2024.3.28, 2023헌라9).

05 방송통신위원회 위원장(이진숙) 탄핵 [기각]

핵심은 재적위원 2인에 의한 의결이 적법한가 여부이다. 반대의견인 인용의견은 방통위법이 위원 정수를 상임위원 5인으로 규정하였으니 재적의원 과반수라면 3인 이상의 찬성으로 이루어져야 한다고 보고 있으나, 법정의견인 기각의견은 재적의원은 문제되는 의결 시점에 방통위에 적을 두고 있는 위원을 의미한다고 해석하여 현재 재적하고 있는 2인이 재적의원이니 이들의 의견합치로 의결해도 된다고 보고 있다. 탄핵은 6인 이상이 찬성하여야 하나 찬반은 4:4로 나뉘어 결국 기각되었다(헌재 2025.1.23, 2024헌나1).

06 검사탄핵사건 [기각]

1. 탄핵소추안이 적법하게 철회된 이상 다시 발의되었다는 사정만으로 국회 또는 국회의원이 탄핵소추권을 남용한 것이라고 보기 어렵다.
2. 탄핵심판은 형사절차나 일반 징계절차와는 성격을 달리하므로, 국회가 탄핵소추사유에 대하여 별도의 조사를 하지 않았다거나 수사결과내지 감찰결과를 기다리지 않고 탄핵소추안을 의결하였다고 하여 그것만으로 그 의결이 헌법이나 법률을 위반한 것이라고 볼 수 없다.
3. 헌법 제65조 제1항의 직무집행이라 함은 순수한 직무행위 그 자체만을 뜻하는 것은 아니고 직무행위와 외형을 갖춘 행위까지도 포함되나, 직무집행과 관계가 없는 행위는 탄핵의 사유가 될 수 없다(헌재 2024.8.29, 2023헌나4).

07 법무부장관 탄핵 [기각]

① 대통령의 내란죄에 가담한 행위, ② 국회의 자료제출 요구를 거부한 행위, ③ 국회 본회의장 중도퇴장 행위가 헌법 및 법률을 중대하게 위반하였다는 이유로 국회가 탄핵심판청구를 한 사안에서, 헌법재판소는 2025.4.10. 평의 참여 재판관(8인) 전원의 일치된 의견으로, 이 사건 탄핵심판청구를 기각한다는 결정을 선고하였다(헌재 2025.4.10, 2024헌나6).

08 대통령 탄핵(헌재 2025.4.4, 2024헌나8) [인용]

I. 본안전 요건
① 계엄선포가 고도의 정치적 결단을 요하는 행위라 하더라도 사법심사는 가능합니다.
② 헌법은 국회의 소추 절차를 입법에 맡기고 있고, 국회법은 법사위 조사 여부를 국회의 재량으로 규정하고 있습니다. 따라서 법사위의 조사가 없었다고 하여 탄핵소추 의결이 부적법하다고 볼 수 없습니다.
국회법은 부결된 안건을 같은 회기 중에 다시 발의할 수 없도록 규정하고 있습니다. 피청구인에 대한 1차 탄핵소추안이 제418회 정기회 회기에 투표 불성립되었지만, 이 사건 탄핵소추안은 제419회 임시회 회기 중에 발의되었으므로, 일사부재의 원칙에 위반되지 않습니다.
③ 이 사건 계엄이 해제되었다고 하더라도 이 사건 계엄으로 인하여 이 사건 탄핵 사유는 이미 발생하였으므로 심판의 이익이 부정된다고 볼 수 없습니다.
④ 기본적 사실관계는 동일하게 유지하면서 적용법조문을 철회·변경하는 것은 소추사유의 철회·변경에 해당하지 않으므로, 특별한 절차를 거치지 않더라도 허용됩니다. / 내란죄등 형법 위반행위로 구성하였던 것을 탄핵심판청구 이후에 헌법 위반 행위로 포섭주장
⑤ 이 사건 탄핵소추안의 의결 과정이 적법하고, 피소추자의 헌법 또는 법률 위반이 일정 수준 이상 소명되었으므로, 탄핵소추권이 남용되었다고 볼 수 없습니다.

II. 본인 판단

1. 계엄 선포
① 실체적 요건
㉠ 전시·사변 또는 이에 준하는 국가비상사태로 적과 교전 상태에 있거나 사회질서가 극도로 교란되어 행정 및 사법 기능의 수행이 현저히 곤란한 상황이 현실적으로 발생: 국회의 탄핵소추, 입법, 예산안 심의 등의 권한 행사가 이 사건 계엄 선포 당시 중대한 위기상황을 현실적으로 발생시켰다고 볼 수 없습니다. 부정선거 의혹을 해소하기 위하여 이 사건 계엄을 선포하였다고도 주장합니다. 그러나 어떠한 의혹이 있다는 것만으로 중대한 위기상황이 현실적으로 발생하였다고 볼 수는 없습니다.
㉡ '병력으로써 군사상의 필요에 응하거나 공공의 안녕질서를 유지할 필요와 목적이 있을 것': 피청구인은 계엄 선포에 그치지 아니하고 군경을 동원하여 국회의 권한 행사를 방해하는 등의 헌법 및 법률 위반 행위로 나아갔으므로, 경고성 또는 호소형 계엄이라는 피청구인의 주장을 받아들일 수 없습니다.
② 절차적 요건 위반
피청구인은 계엄사령관 등 이 사건 계엄의 구체적인 내용을 설명하지 않았고 다른 구성원들에게 의견을 진술할 기회를 부여하지 않은 점 등을 고려하면 이 사건 계엄 선포에 관한 심의가 이루어졌다고 보기도 어렵습니다.

2. 국회에 대한 군경 투입
피청구인은 군경을 투입하여 국회의원의 국회 출입을 통제하는 한편 이들을 끌어내라고 지시함으로써 국회의 권한 행사를 방해하였으므로, 국회에 계엄해제요구권을 부여한 헌법 조항을 위반하였고, 국회의원의 심의·표결권, 불체포특권을 침해하였습니다. 또한 각 정당의 대표 등에 대한 위치 확인 시도에 관여함으로써 정당활동의 자유를 침해하였습니다.

3. 포고령 발령
포고령을 통하여 국회, 지방의회, 정당의 활동을 금지함으로써 국회에 계엄해제요구권을 부여한 헌법 조항, 정당제도를 규정한 헌법 조항과 대의민주주의, 권력분립원칙 등을 위반하였습니다.

4. 중앙선관위에 대한 압수·수색
선관위에 대하여 영장 없이 압수·수색을 하도록 하여 영장주의를 위반한 것이자 선관위의 독립성을 침해한 것입니다.

5. 법조인에 대한 위치 확인 시도
　현직 법관들로 하여금 언제든지 행정부에 의한 체포 대상이 될 수 있다는 압력을 받게 하므로, 사법권의 독립을 침해한 것입니다.

Ⅲ. 중대한 법위반 행위
　피청구인은 헌법과 법률을 위반하여 이 사건 계엄을 선포함으로써 국가긴급권 남용의 역사를 재현하여 국민을 충격에 빠트리고, 사회·경제·정치·외교 전 분야에 혼란을 야기하였습니다. 국민 모두의 대통령으로서 자신을 지지하는 국민을 초월하여 사회공동체를 통합시켜야 할 책무를 위반하였습니다. 군경을 동원하여 국회 등 헌법기관의 권한을 훼손하고 국민의 기본적 인권을 침해함으로써 헌법수호의 책무를 저버리고 민주공화국의 주권자인 대한국민의 신임을 중대하게 배반하였습니다.
　결국 피청구인의 위헌·위법행위는 국민의 신임을 배반한 것으로 헌법수호의 관점에서 용납될 수 없는 중대한 법위반행위에 해당합니다.

Ⅳ. 주문
　피청구인 대통령 윤석열을 파면한다.

09 명의신탁이 증여로 의제되는 경우 증여세 신고의무 [합헌]

명의신탁의 당사자라고 하여 일률적으로 신고의무를 부담하는 것이 아니라 조세회피의 목적이 인정되어야 증여의제가 되고 증여의제가 되는 경우에 신고의무를 부담한다는 점에서, 조세회피의 목적이 없는 경우에는 신고의무를 부담하지 아니하므로, 심판대상조항이 명의신탁의 당사자에게 필요 이상의 과도한 제한을 부과하는 것이라고 할 수도 없다(헌재 2022.2.24, 2019헌바225).

10 전기요금약관 [합헌]

전기요금약관에 대한 인가의 구체적인 기준은 전문적·정책적 판단이 가능한 행정부가 수시로 변화하는 상황에 탄력적으로 대응할 수 있도록 하위 법령에 위임할 필요성이 인정되고, 관련 규정을 종합하면 하위 법령에서는 전기의 보편적 공급과 전기사용자의 보호, 물가의 안정이라는 공익을 고려하여 전기요금의 산정 원칙이나 산정 방법 등을 정할 것이라고 충분히 예측할 수 있다. 따라서 심판대상조항은 포괄위임금지원칙에 위반되지 아니한다(헌재 2021.4.29, 2017헌가25).

확인 OX

전기요금약관에 대한 인가의 구체적인 기준은 전문적·정책적 판단이 가능한 행정부가 수시로 변화하는 상황에 탄력적으로 대응할 수 있도록 하위 법령에 위임할 필요성이 크다. (O)

11 종합문화재수리업을 하려는 자에게 요구되는 기술능력의 등록요건을 대통령령에 위임 [합헌]

종합문화재수리업의 기술능력에 관한 구체적인 사항은 문화재수리업의 시장 현실, 문화재수리 기술 및 관련 정책의 변화 등을 고려하여 그때그때의 상황에 맞게 규율하여야 할 필요가 있으므로 위임의 필요성이 인정된다. 또한, 관련조항 등을 종합하여 보면, 대통령령에 규정될 내용은 종합문화재수리업에 필요한 일정한 기술 및 자격을 갖춘 문화재수리기술자·문화재수리기능자 등의 인원수 내지 수준 등에 관한 사항이 될 것임을 충분히 예측할 수 있다. 따라서 심판대상조항은 죄형법정주의 및 포괄위임금지원칙에 위배되지 아니한다(헌재 2023.6.29, 2020헌바109).

확인 OX

종합문화재수리업을 하려는 자에게 요구되는 기술능력의 등록요건을 대통령령에 위임한 심판대상조항은 죄형법정주의 및 포괄위임금지원칙에 위배되지 아니한다. (O)

12 가축사육 제한구역 지정에 관한 위임 법률 [합헌]

1. 사육대상인 축종이나 사육규모 외에 각 지역의 지형, 상주인구 분포, 인구밀집시설의 존부, 지역 내 가축사육농가의 수, 상수원지역에 미치는 영향 등을 고려하여 구체적인 가축사육제한구역이 정해질 수 있다는 점이 충분히 예측 가능하므로, 심판대상조항은 포괄위임금지원칙에 위배되지 아니한다.
2. 일정한 구역에서 가축사육을 제한할 수 있도록 한 것은 환경오염물질의 배출이나 악취의 발생을 사전에 방지하는 데 기여하므로 목적 달성에 적합한 수단이다(헌재 2023.12.21, 2020헌바374).

확인 OX

사육대상인 축종이나 사육규모 외에 각 지역의 지형, 상주인구 분포, 인구밀집시설의 존부, 지역 내 가축사육농가의 수, 상수원지역에 미치는 영향 등을 고려하여 구체적인 가축사육제한구역이 정해질 수 있다는 점이 충분히 예측 가능하므로, 심판대상조항은 포괄위임금지원칙에 위배되지 아니한다. (O)

13 보건의료기관개설자에 대한 대불비용 부담금 부과 [헌법불합치, 합헌]

1. 손해배상금 대불제도는 의료사고로 손해배상책임을 지게 되는 보건의료기관개설자들의 경제적 부담을 덜어 주고 안정적 진료환경 조성에 기여하는바, 이러한 측면에서 보건의료기관개설자는 손해배상금 대불제도를 통해 추구하는 공적 과제와 객관적으로 근접한 집단이고 그 재원 마련을 위한 집단적인 책임이 있다. 의료기관개설자는 대불금의 지급으로 인해 분쟁의 신속한 종결이라는 효용을 얻게 되므로, 공적 과제와 특별히 밀접한 관련성도 인정된다. 따라서 이 사건 부과조항은 과잉금지원칙에 위배되지 않는다. ⇨ 손해배상금 대불제도 자체는 합헌
2. 손해배상금 대불제도의 입법목적 및 관련조항을 종합하면, 대불비용 부담금을 부과하는 산정기준으로 의료행위에 따른 위험성의 정도 차이와 의료기관에서 행해지는 의료행위의 양 등이 주로 고려될 것임을 예측할 수 있고, 시행 초기에 대불비용 부담금이 적립된 후의 추가적인 부담은 대불이 필요한 손해배상금의 총액이 증가하는 정도와 결손이 발생하는 정도를 고려하여 정해질 것임도 충분히 예측할 수 있으므로 심판대상조항은 포괄위임입법금지원칙에 위배되지 아니한다. ⇨ 납부방법 및 관리 부분은 합헌
3. 부담금의 추가징수가 반복되는 상황에서 부담금의 액수를 어떻게 산정하고 이를 어떤 요건하에 추가로 징수하는지에 관하여 대강조차도 정하지 않고 있어 이는 포괄위임금지의 원칙에 위반된다. ⇨ 위임조항 중 그 금액 부분은 헌법불합치
4. 이 사건 징수조항은 국민건강보험공단이 요양기관에 지급하여야 할 요양급여비용의 일부를 조정중재원에 지급하는 방식으로 대불비용 부담금을 징수할 수 있도록 한다. 이는 납입을 확실하게 담보하려는 것으로 적합하다(헌재 2022.7.21. 2018헌바504). ⇨ 징수조항은 합헌

확인 OX

1. 의료사고 피해구제 및 의료분쟁 조정 등에 관한 법률의 해당 조항이 보건의료기관개설자에게 부과하도록 하는 대불비용 부담금은 보건의료기관개설자라는 특정한 집단이 반대급부 없이 납부하는 공과금의 성격을 가지므로 재정조달목적 부담금에 해당한다. (O) 24. 경찰간부

2. 한국의료분쟁조정중재원이 의료사고 피해자에게 대불한 손해배상금 대불비용을 보건의료기관개설자 등이 부담하도록 하면서 그 금액과 납부방법 및 관리 등에 관한 사항을 대통령령에 위임한 법률규정은, 대불 재원의 충당 자체가 변동성을 가지기 때문에 부담금을 추가로 부과·징수하기 위한 구체적인 요건과 범위를 미리 확정하는 것은 적절하다고 볼 수 없다는 점을 고려하면, 부담금 부과·징수의 구체적 요건이나 산정기준, 부담금액의 한도 등을 법률에서 규정하지 않았다고 하더라도 포괄위임금지원칙이 요구하는 위임입법의 구체성과 명확성의 한계를 벗어났다고 볼 수 없다. (×) 24. 법원직 9급

14 대한적십자사 회비모금 목적의 자료제공 [각하, 기각]

1. 지로발송행위는 단순히 착오로 인해 회비를 납부할 가능성이 있다는 사정만으로는 기본권 침해의 가능성 역시 인정되지 아니한다(세금으로 오인가능성).
2. 자료의 범위는 '적십자법 제6조 제4항에서 정한 정보주체들에 대하여 회비모금 등을 위해 필요한 정보'임을 알 수 있고, 회비모금 등을 위해 각 정보주체에 대하여 연락할 수 있는 인적사항이 포함될 것임을 예측할 수 있다. 따라서 이 사건 위임조항이 포괄위임금지원칙에 위반되어 청구인들의 개인정보자기결정권을 침해한다고 볼 수 없다(헌재 2023.2.23, 2019헌마1404).

확인 OX

> 대한적십자사 회비모금 목적의 지로발송행위는 단순히 착오로 인해 회비를 납부할 가능성이 있다는 사정만으로는 기본권 침해가능성 역시 인정되지 아니한다. (O)

15 노인장기요양 급여비용 산정 [합헌]

1. 노인장기요양 급여비용의 구체적인 산정방법 등에 관하여 필요한 사항을 보건복지부령에 정하도록 위임한 노인장기요양보험법 제39조 제3항이 법률유보원칙 및 포괄위임금지원칙에 위배되지 아니하므로 헌법에 위반되지 않는다는 결정을 선고하였다.
2. 급여비용을 정함에 있어서는 요양보험의 재정 수준, 가입자의 보험료 및 본인부담금 등 부담수준, 요양급여의 수요와 요구되는 요양급여의 수준 등을 종합적으로 고려하여 정하여야 할 것이고 이러한 요소들은 사회적·경제적 여건에 따라 변화할 수 있다. 따라서 요양급여비용의 구체적인 산정방법 및 항목 등을 미리 법률에 상세하게 규정하는 것은 입법기술상 매우 어렵다고 할 것이다(헌재 2021.8.31, 2019헌바73).

16 공무원범죄로 퇴직연금 감액시 특별사면 및 복권을 달리 규정하지 아니한 공무원연금법 [합헌]

공무원이 재직 중 사유로 금고 이상의 형을 받은 경우 퇴직급여 및 퇴직수당의 일부를 감액하여 지급함에 있어, 그 이후 형의 선고의 효력을 상실하게 하는 특별사면 및 복권을 받은 경우를 달리 취급하는 규정을 두지 아니한 구 공무원연금법 제64조 제1항 제1호는 헌법에 위반되지 않는다(헌재 2020.4.23, 2018헌바402).

" 확인 OX "

공무원이거나 공무원이었던 사람이 재직 중의 사유로 금고 이상의 형을 받거나 형이 확정된 경우 퇴직급여 및 퇴직수당의 일부를 감액하여 지급함에 있어 그 이후 형의 선고의 효력을 상실하게 하는 특별사면 및 복권을 받은 경우를 달리 취급하는 규정을 두지 아니한 구 공무원연금법 규정은 합리적인 이유가 없다고 할 것이므로 청구인의 재산권 및 인간다운 생활을 할 권리를 침해한다. (×) 22. 경정승진

17 개성공단 전면중단 조치 [기각]

1. 대통령의 고도의 정치적 결단에 따른 조치라도 국민의 기본권 제한과 관련된 이상 헌법소원심판의 대상이 되고 반드시 헌법과 법률에 근거하여야 함을 확인하면서, 개성공단 운영 전면중단 조치는 헌법과 법률에 근거한 조치로 보아야 한다고 판단하였다.
2. 피청구인 대통령이 개성공단의 운영 중단 결정 과정에서 국무회의 심의를 거치지 않았더라도 그 결정에 적법절차원칙에 따라 필수적으로 요구되는 절차를 거치지 않은 흠결이 있다고 할 수 없다. 이 사건 중단조치 과정에서 국회와의 사전 협의를 거쳐야 한다고 볼 만한 아무런 근거가 없고, 조치의 특성, 절차 이행으로 제고될 가치, 국가작용의 효율성 등에 비추어 볼 때, 이해관계자 등의 의견청취절차는 적법절차원칙에 따라 반드시 요구되는 절차라고 보기 어렵다. 따라서 이 사건 중단조치가 적법절차원칙에 위반되어 투자기업인 청구인들의 영업의 자유나 재산권을 침해한 것으로 볼 수 없다.
3. 개성공단에서의 협력사업과 투자자산에 대한 보호는 지역적 특수성과 여건에 따른 한계가 있을 수밖에 없으며, 관련 개성공업지구 지원에 관한 법령은 그러한 특수성 등으로 인해 개성공단 투자기업에게 피해가 발생한 경우 각종 지원을 할 수 있도록 정하고 있다. 이 사건 중단조치는 그러한 법령에 따른 피해지원을 전제로 한 조치였고, 실제 그 예정된 방식에 따라 상당 부분 지원이 이루어졌다.
4. 이 사건은 고도의 정치적 결단에 기초한 정책 결정과 같이 정치적 판단 재량이 인정되는 사안에서 기본권 침해 여부를 심사함에 있어서는, 정책 판단이 명백하게 재량의 한계를 유월하거나 선택된 정책이 현저히 합리성을 결여한 것인지를 살피는 완화된 심사기준을 적용하여야 함을 제시한 점에서 의의가 있다(헌재 2022.1.27, 2016헌마364).

" 확인 OX "

1. 대통령의 개성공단 운영 전면중단 조치는 국가안보와 관련된 대통령의 의사결정을 포함하고, 그러한 의사결정은 고도의 정치적 결단을 요하는 문제이므로 사법심사의 대상이 될 수 없다. (×) 22. 국가직 7급
2. 개성공단의 정상화를 위한 합의서에는 국내법과 동일한 법적 구속력을 인정하기 어렵고, 과거 사례 등에 비추어 개성공단의 중단 가능성은 충분히 예상할 수 있었으므로, 개성공단 전면 중단 조치는 신뢰보호원칙을 위반하여 개성공단 투자기업인 청구인들의 영업의 자유와 재산권을 침해하지 아니한다. (○) 22. 순경2차
3. 대통령이 2016.2.10.경 개성공단의 운영을 즉시 전면 중단하기로 결정하고, 개성공단에 체류 중인 국민들 전원을 대한민국 영토 내로 귀환하도록 한 개성공단 전면중단 조치에 의해 발생한 영업상 손실이나 주식 등 권리의 가치하락은 헌법 제23조의 재산권보장의 범위에 속한다. (×) 25. 경찰간부

18 금융회사 등 임직원의 수재행위 처벌 [합헌]

1. 금융회사 등 임직원이 그 직무에 관하여 금품 등을 수수·요구·약속한 경우 형사처벌하도록 정하고 있는 '특정경제범죄 가중처벌 등에 관한 법률' 제5조 제1항에 대하여 재판관 전원일치 의견으로 헌법에 위반되지 아니한다는 결정을 선고하였다.
2. 수수액이 1억원 이상인 경우 가중처벌하도록 하는 구 '특정경제범죄 가중처벌 등에 관한 법률' 제5조 제4항 제1호에 대하여 재판관 4:5의 의견으로 헌법에 위반되지 아니한다는 결정을 선고하였다. ⇨ 징역 10년 이상이어서 반대의견이 많았다.
3. 수수액의 2배 이상 5배 이하의 벌금을 필요적으로 병과하도록 하는 구 '특정경제범죄 가중처벌 등에 관한 법률'도 헌법에 위반되지 않는다는 결정을 선고하였다(헌재 2020.3.26, 2017헌바129).

> **확인 OX**
>
> 금융회사 등의 임직원이 1억원 이상의 수재행위를 한 경우 10년 이상의 가중처벌을 하는 것은 판례가 변경되어 이제는 위헌이 되었다. (×)

19 주거침입준강제추행 [합헌]

개인의 인격과 불가분적으로 연결되는 주거 등의 공간에서 준강제추행죄가 발생한 경우 그 보호법익이 중대하고 죄질이 불량하여 비난가능성과 불법성이 아주 높고 이를 엄벌할 필요성이 있으므로, 이와 같은 주거침입준강제추행죄에 대하여 주거침입강간죄와 동일하게 '무기징역 또는 5년 이상의 징역'이라는 중한 법정형에 처하도록 한 것은 헌법에 위반되지 아니한다(헌재 2020.9.24, 2018헌바171).

> **확인 OX**
>
> 주거침입준강제추행죄에 대하여 주거침입강간죄와 동일하게 '무기징역 또는 5년 이상의 징역'이라는 중한 법정형에 처하도록 한 것은 헌법에 위반되지 아니한다. (○)

20 성폭법상 주거침입강제추행·준강제추행죄 [위헌]

과거 징역 5년 이상인 경우에는 합헌이었으나, 징역 7년 이상으로 한 현 조항에 대해서 위헌으로 판단하였다. 이는 작량감경의 사유가 있는 경우에도 집행유예를 선고할 수 없어 책임과 형벌 간의 비례원칙에 위반된다(헌재 2023.2.23, 2021헌가9). ⇨ 판례가 변경된 것이 아니라 5년 이상인 경우는 합헌이나, 7년 이상인 경우에는 집행유예를 선고할 수 없어 위헌이다.

"확인 OX"

1. 주거침입죄를 범한 사람이 강제추행죄 또는 준강제추행죄를 범한 경우에 법정형의 하한을 징역 5년으로 정한 구 성폭력범죄의 처벌 등에 관한 특례법(2012.12.28. 법률 제11556호로 전부 개정된 것) 해당 규정은 책임과 형벌 간의 비례원칙에 위반된다. (×) 24. 국회직

2. 주거침입강제추행죄 및 주거침입준강제추행죄에 대하여 무기징역 또는 7년 이상의 징역에 처하도록 한 성폭력범죄의 처벌 등에 관한 특례법상 조항은 비례원칙에 위반된다. (○)

21 야간주거침입절도미수범의 준강제추행죄 [합헌]

평온과 안전이 강하게 요청되는 시간대인 야간에 재물을 절취할 의도로 침입한 사람이 정신적·신체적 사정으로 인하여 자기를 방어할 수 없는 상태에 있는 피해자의 성적 자기결정권을 침해하는 범죄로서, 행위의 불법성이 크고 법익침해가 중대하다(헌재 2023.2.23, 2022헌가2).

22 대마 수입 행위를 처벌하는 마약류관리법 [합헌]

심판대상조항에서 처벌대상으로 규정한 대마의 '수입'은 국외에서 대마를 소지하게 된 경위와 관계없이 국외로부터 국내로 대마를 반입하는 행위를 의미함이 명확하므로, 죄형법정주의 명확성원칙에 반하지 아니한다. 심판대상조항은 법정형의 하한이 5년이어서 죄질이 경미한 경우에는 법률상 감경이나 작량감경을 통한 집행유예도 가능하다. 이상의 점들을 종합하면, 심판대상조항이 규정한 법정형이 지나치게 과중한 형벌로서 책임과 형벌 간의 비례원칙에 위반된다고 볼 수 없다(헌재 2022.3.31, 2019헌바242).

23 주거침입강제추행치상죄 [합헌]

개인의 인격을 훼손하고 사적영역을 침해하는 각 범죄의 특성상 주거에서 성적 자기결정권이 침해당한다면 그로 인한 피해는 보다 심각할 수 있으며, 범행의 형태에 따라서는 가정의 파괴까지도 초래할 수 있다(헌재 2021.5.27, 2018헌바497).

24 금융회사 등 임직원의 금품약속행위 처벌 [합헌]

1. 금융회사 등 임직원이 그 직무에 관하여 5천만원 이상 1억원 미만의 금품 등의 수수를 약속한 경우 가중처벌하는 '특정경제범죄 가중처벌 등에 관한 법률' 제5조 제4항 제2호 중 제1항의 '약속'에 관한 부분에 대하여 헌법에 위반되지 아니한다.
2. 이 사건 법률조항의 보호법익은 금융회사 등 임직원의 청렴성과 그 직무의 불가매수성이므로 금융회사 등 임직원이 금품 등을 '약속'한 경우가 현실적으로 금품 등을 '수수'한 경우에 비해 언제나 불법의 크기나 책임이 작다고 볼 수도 없다는 취지의 판례이다(헌재 2020.10.29, 2019헌가15).

확인 OX

금융회사 등 임직원이 그 직무에 관하여 5천만원 이상 금품 수수를 현실적으로 한 것이 아니라 약속한 것에 불과한 경우에 이를 7년 이상 가중처벌한 것은 과잉규제로 헌법에 위반된다. (×)

25 대량의 마약 소지 가중처벌 [합헌]

대량의 마약류 소지는 마약류시장의 특성상 다시 유통행위로 이어질 가능성이 농후하고, 설령 애초의 목적이 단순 소비만을 위한 것이라 하더라도 언제든지 집단투약의 양상으로 이어질 수도 있다(헌재 2021.4.29, 2019헌바83).

확인 OX

대량의 마약류 소지의 경우 단순 소지와 비교할 때 가중처벌하는 것은 헌법에 위반되지 않는다. (○)

26 공갈죄의 이득액에 따른 가중처벌 [합헌]

사람을 공갈하여 재물을 교부받거나 재산상 이익을 취득하여 그 이득액이 5억원 이상인 경우 가중처벌하는 것은 헌법에 위반되지 않는다(헌재 2021.2.25, 2019헌바128).

27 법관의 명예퇴직수당 정년잔여기간 산정방식 [기각]

1. 정년퇴직일 전에 임기만료일이 먼저 도래하는 법관의 경우 임기만료일을 기준으로 명예퇴직수당 정년잔여기간을 산정하도록 정한 구 '법관 및 법원공무원 명예퇴직수당 등 지급규칙' 제3조 제5항 본문이 청구인의 평등권을 침해하지 않는다.
2. 법적으로 확보된 근속가능기간 측면에서 10년마다 연임절차를 거쳐야 정년까지 근무할 수 있는 법관과 그러한 절차 없이도 정년까지 근무할 수 있는 다른 경력직공무원은 동일하다고 보기 어려운 점 등을 감안한 규정으로 볼 수 있는바, 그 합리성을 인정할 수 있다(헌재 2020.4.23, 2017헌마321).

28 분묘기지권 시효취득 [합헌]

1. 분묘기지권에 관한 관습법 중 "타인 소유의 토지에 소유자의 승낙 없이 분묘를 설치한 경우에는 20년간 평온·공연하게 그 분묘의 기지를 점유하면 지상권과 유사한 관습상의 물권인 분묘기지권을 시효로 취득하고, 이를 등기 없이 제3자에게 대항할 수 있다."라는 부분 및 "분묘기지권의 존속기간에 관하여 당사자 사이에 약정이 있는 등 특별한 사정이 없는 경우에는 권리자가 분묘의 수호와 봉사를 계속하는 한 그 분묘가 존속하고 있는 동안은 분묘기지권은 존속한다."라는 부분은 모두 헌법에 위반되지 않는다(헌재 2020.10.29, 2017헌바208). ⇨ 완화된 심사기준 적용
2. 반대의견은 관습법은 위헌법률심판의 대상이 되지 않는다고 하였다.

29 대한민국과 미합중국 간의 상호방위조약 [각하]

법원이 당해사건에 적용되는 재판규범 중 위헌제청신청대상이 아닌 관련 법률에서 규정한 소송요건을 구비하지 못하였기 때문에 부적법하다는 이유로 소각하 판결을 선고하고 그 판결이 확정된 경우에는 당해사건에 관한 재판의 전제성 요건이 흠결되어 헌법재판소법 제68조 제2항의 헌법소원심판청구가 부적법하다(헌재 2023.5.25, 2022헌바36).

30 정부의 가상통화 거래 실명제 [각하]

금융기관의 입장에서는 비실명가상계좌가 남용됨에 따른 위험요인, 특히 자금세탁 등에 악용될 가능성과 그에 따른 해당 금융기관의 손실발생 가능성을 심각하게 고려하지 않을 수 없다. 이는 일종의 가이드라인에 불과하고 금융기관들이 자발적으로 허용을 유인하는 정도다. 그러므로 이 사건 조치는 당국의 우월적인 지위에 따라 일방적으로 강제된 것으로 볼 수 없고, 나아가 헌법소원의 대상이 되는 공권력의 행사에 해당된다고 볼 수 없으므로, 이 사건 심판청구는 모두 부적법하다(헌재 2021.11.25, 2017헌마1384).

31 재판취소 사건 [인용(취소)]

1. 법률에 대한 위헌 결정은 법원을 포함한 모든 국가기관과 지방자치단체를 기속한다.
2. 한정위헌결정도 일부위헌결정으로 위헌결정에 해당한다.
3. "형법 제129조 제1항의 '공무원'에 구 '제주특별자치도 설치 및 국제자유도시 조성을 위한 특별법' 제299조 제2항의 제주특별자치도통합영향평가심의위원회 심의위원 중 위촉위원이 포함되는 것으로 해석하는 한 헌법에 위반된다."라는 한정위헌결정을 하였다. 그런데 이 사건 재심기각결정들은 이 사건 한정위헌결정의 기속력을 부인하여 헌법재판소법에 따른 청구인들의 재심청구를 기각하였다. 따라서 이 사건 재심기각결정들은 모두 '법률에 대한 위헌결정의 기속력에 반하는 재판'으로 이에 대한 헌법소원은 허용되고 청구인들의 헌법상 보장된 재판청구권을 침해하였으므로, 법 제75조 제3항에 따라 취소되어야 한다.
4. 헌법재판소법 제68조 제1항 본문의 '법원의 재판' 중 '헌법재판소가 위헌으로 결정한 법령을 적용함으로써 국민의 기본권을 침해한 재판' 부분에 대하여 위헌결정을 한 바 있으나, 위 결정의 효력은 위 주문에 표시된 부분에 국한되므로, 재판소원금지조항의 적용 영역에서 '법률에 대한 위헌결정의 기속력에 반하는 재판' 부분을 모두 제외하기 위해 헌법재판소법 제68조 제1항 본문 중 '법원의 재판' 가운데 '법률에 대한 위헌결정의 기속력에 반하는 재판' 부분은 헌법에 위반된다는 결정을 한 것이다.
5. 법률에 대한 위헌결정인 이 사건 한정위헌결정 이전에 확정된 청구인들에 대한 유죄판결은 법률에 대한 위헌결정의 기속력에 반하는 재판에 해당하지 않으므로 그에 대한 심판청구는 부적법하다고 판단하였다(헌재 2022.6.30, 2014헌마760).

32 조세감면 규제법 재판취소 사건 [인용]

1. (구) 조세감면규제법 부칙이 실효되지 않은 것으로 해석하는 것은 헌법에 위반된다.
2. 한정위헌결정에 대해서 법원은 기속력을 부인하여 기각하였다.
3. 위헌결정의 기속력에 반하는 재심청구를 기각한 판결은 재판청구권을 침해한다.
4. 다만, 대상으로 삼았던 법원의 재판은 재심기각판결로 재심대상판결은 헌법소원의 대상이 되는 법원의 재판에 해당하지 않는다. 따라서 원행정처분에 해당하는 과세처분에 대한 심판청구는 부적법하다(헌재 2022.7.21, 2013헌마242).

33 일제의 강제동원으로 인한 피해 부분 [각하]

국제전범재판으로 인한 처벌로 인한 피해 부분은 이 사건 협정과 무관하므로 피청구인에게 이 사건 협정 제3조에 따른 분쟁해결절차에 나아가야 할 구체적 작위의무가 인정된다고 보기 어렵다. 또한 일제의 강제동원으로 인한 피해 부분과 관련하여, 한국과 일본 사이에 이 사건 협정의 해석에 관한 분쟁이 성숙하여 현실적으로 존재한다고 보기 어려우므로 피청구인에게 이 사건 협정 제3조에 따른 분쟁해결절차로 나아갈 작위의무가 있다고 보기 어렵고, 설령 한국과 일본 사이에 이 사건 협정 해석상의 분쟁이 존재한다고 하여도 피청구인은 지속적인 외교적 조치를 통하여 그 작위의무를 이행하였다고 볼 수 있다. 따라서 이 사건 심판청구는 모두 부적법하므로 각하하는 것이 타당하다(헌재 2021.8.31, 2014헌마888).

34 과거사정리법에 따른 진실규명사건의 피해자, 가족 및 유족에 대한 피해의 배상·보상, 명예회복 및 가해자와의 화해를 위한 적절한 조치 이행의무 [각하]

1. 진실규명사건의 피해자 및 그 가족인 청구인들의 피해를 회복하기 위해 국가배상법에 의한 배상이나 형사보상법에 의한 보상과는 별개로 금전적 배상·보상이나 위로금을 지급해야 하는 작위의무는 도출되지 않는다.
2. 진실규명사건 피해자의 명예를 회복하고 피해자와 가해자 간의 화해를 적극 권유하여야 할 작위의무를 부담한다.
3. 다만, 재심으로 무죄판결을 받았고, 형사보상금이 지급되었으며, 결정이 관보에 게재되어 적절한 조치를 이행하였음이 인정된다.
4. 4인이 각하의견을 4인이 위헌의견을 제시한 경우 어느 것도 과반수에 이르지 못한 경우 심판청구는 각하된다(헌재 2021.9.30, 2016헌마1034).

확인 OX

국가는 진실화해를 위한 과거사 정리 기본법에 따른 진실규명사건의 피해자의 명예를 회복하고 피해자와 가해자 간의 화해를 적극 권유하여야 할 작위의무를 부담한다. (O)

35 검사 징계위원회의 위원 구성 조항 [각하]

심판대상조항은 국가기관인 징계위원회의 구성에 관한 사항을 규정한 조직규범에 해당한다. 청구인이 주장하는 기본권침해는 심판대상조항 자체에 의하여 직접 발생하는 것이 아니라, 심판대상조항에 의하여 구성된 징계위원회가 청구인에 대한 징계의결을 현실적으로 행하고 이에 따른 구체적인 집행행위, 즉 법무부장관의 제청으로 대통령이 행하는 해임, 면직, 정직 등의 징계처분이 있을 때 비로소 발생하는 것이다. 따라서 이 사건 심판청구는 직접성을 갖추지 못하였다(헌재 2021.6.24, 2020헌마1614).

36 양육비 대지급제 [각하]

양육비 지급확보에 관한 기존의 여러 입법 이외에 양육비 대지급제 등과 같은 구체적·개별적 사항에 대한 입법의무가 헌법해석상 새롭게 발생한다고 볼 수 없다(헌재 2021.12.23, 2019헌마168).

> **확인 OX**
>
> 헌법 제36조 제1항은 양육비 채권의 집행권원을 얻었음에도 양육비 채무자가 이를 이행하지 아니하는 경우 그 이행을 용이하게 확보하도록 하는 내용의 구체적이고 명시적인 입법의무를 부여하였다고 볼 수 없다. (O) 25. 소방간부

37 헌법재판소법 장래효조항과 재심사유조항 [합헌]

1. 입법자가 '구체적 타당성 내지 정의의 요청'과 '법적 안정성 내지 신뢰보호의 요청'을 종합적으로 고려하여 양자를 조화시키기 위해 입법형성권을 행사한 결과라고 볼 수 있으므로, 이를 준용하는 장래효조항이 입법형성권의 한계를 일탈하였다고 보기 어렵다.
2. 비형벌법규에 대한 위헌결정의 경우에는 장래효를 원칙으로 하되 당해 소송사건에 한해서 재심을 허용함으로써, 법적 안정성과 구체적 정의의 실현을 조화시키고 있으므로, 재심사유조항 역시 입법형성권의 한계를 일탈한 것으로 보기 어렵다(헌재 2021.11.25, 2020헌바401).

38 국회의장의 무제한토론 거부행위와 공직선거법 본회의 수정안의 가결선포행위에 관한 권한쟁의 [기각]

1. 정당은 특별한 사정이 없는 한 권한쟁의심판절차의 당사자가 될 수는 없다.
2. 국회법 제33조 제1항 본문은 정당이 교섭단체가 될 수 있다고 규정하고 있다. 그러나 헌법은 권한쟁의심판청구의 당사자로 국회의원들의 모임인 교섭단체에 대해서 규정하고 있지 않다. 또한 교섭단체의 권한 침해는 교섭단체에 속한 국회의원 개개인의 심의·표결권 등 권한 침해로 이어질 가능성이 높은바, 교섭단체와 국회의장 등 사이에 쟁의가 발생하더라도 국회의원과 국회의장 등 사이의 권한쟁의심판으로 해결할 수 있어, 위와 같은 쟁의를 해결할 적당한 기관이나 방법이 없다고 할 수 없다. 이러한 점을 종합하면, 교섭단체는 그 권한침해를 이유로 권한쟁의심판을 청구할 수 없다.
3. 국회가 이 사건 공직선거법을 개정한 행위는 국회 입법으로서 헌법재판소법 제61조 제2항의 처분에 해당하고, 따라서 권한쟁의심판의 대상이 될 수 있다.
4. 국회가 집회할 때마다 '해당 회기결정의 건'에 대하여 무제한토론이 개시되어 헌법 제47조 제2항에 따라 폐회될 때까지 무제한토론이 실시되면, 국회는 다른 안건은 전혀 심의·표결할 수 없게 되므로, 의정활동이 사실상 마비된다. 이와 같은 결과를 피하기 위해서는 국회가 매 회기에 회기를 정하는 것을 포기할 수밖에 없다. 회기를 정하지 못한 채 국회가 비정상적으로 운영되도록 하는 것이 의회정치의 정상화를 도모하고자 도입된 무제한토론제도가 의도한 바라고 볼 수는 없다. 그렇다면, '회기결정의 건'은 그 본질상 국회법 제106조의2에 따른 무제한토론의 대상이 되지 않는다고 보는 것이 타당하다.

5. 위원회의 심사를 거쳐 본회의에 부의된 법률안의 취지 및 내용과 직접 관련이 있는지 여부는 '원안에서 개정하고자 하는 조문에 관한 추가, 삭제 또는 변경으로서, 원안에 대한 위원회의 심사절차에서 수정안의 내용까지 심사할 수 있었는지 여부'를 기준으로 판단하는 것이 타당하다(헌재 2020.5.27, 2019헌라6).

확인 OX

1. 국회의원은 국회를 피청구인으로 하여 법률의 제·개정행위를 다툴 수 있다. (○) 21. 변호사

2. 일반 정당과 달리 국회 내에서 교섭단체를 구성하고 있는 정당은 헌법 제111조 제1항 제4호 및 헌법재판소법 제62조 제1항 제1호의 국가기관에 해당한다고 볼 수 있으므로, 권한쟁의심판의 당사자능력이 인정된다. (×) 22. 경정승진

3. 교섭단체가 갖는 권한은 원활한 국회 의사진행을 위하여 헌법이 인정하는 권한이므로, 교섭단체는 그 권한침해를 이유로 권한쟁의심판의 당사자가 될 수 있다. (×) 21. 5급 공채

39 국회 정개특위 안건조정위원회 활동기간 관련 권한쟁의 [각하, 기각]

1. 안건조정위원회의 위원장은 헌법에 의하여 설치된 국가기관에 해당하지 않아 권한쟁의심판의 당사자가 될 수 없다.
2. 국회법상 안건조정위원회의 활동기한은 그 활동할 수 있는 기간의 상한을 의미한다고 보는 것이 타당하고, 안건조정위원회의 활동기한이 만료되기 전이라고 하더라도 안건조정위원회가 안건에 대한 조정 심사를 마치면 조정안을 의결할 수 있다. 따라서, 조정위원장의 가결선포행위는 위법하지 않다(헌재 2020.5.27, 2019헌라5).

40 국회 행안위 제천화재관련평가소위원회 위원장과 국회 행안위 위원장 간의 권한쟁의 [각하]

헌법 제62조는 '국회의 위원회'를 명시하고 있으나 '국회의 소위원회'는 명시하지 않고 있어 권한쟁의 청구인능력이 인정되지 아니한다(헌재 2020.5.27, 2019헌라4).

확인 OX

국회 소위원회 위원장은 권한쟁의심판의 당사자능력이 인정된다. (×) 21. 변호사

41 신속처리대상안건 지정(패스트트랙) [기각]

1. 전산정보시스템인 국회 입안지원시스템을 통한 의원 입법의 발의를 접수한 것이 국회규칙 및 내규에 근거한 것으로 국회법 제79조 제2항을 위반한 것이 아니다.
2. 신속처리안건 지정동의안의 표결 전에 국회법상 질의나 토론이 필요하다는 규정은 없다.
3. 사개특위 위원장이 안건에 대한 의결정족수 충족을 인정하여 신속처리안건 지정동의안에 대하여 가결을 선포한 행위에는 절차적 위법 사유가 인정되지 않으므로, 사개특위 위원인 청구인들의 법률안 심의·표결권도 침해되지 않았다(헌재 2020.5.27, 2019헌라3).

확인 OX

법률안 수리행위에 대한 권한쟁의심판청구가 법률안에 대한 위원회 회부나 안건 상정, 본회의 부의 등과는 별도로 오로지 전자정보시스템으로 제출된 법률안을 접수하는 수리행위만을 대상으로 하는 한, 사법개혁특별위원회 및 정치개혁특별위원회 위원인 청구인들의 법률안 심의·표결권이 침해될 가능성이나 위험성이 없으므로 권한쟁의심판청구는 부적법하다.

(O) 22. 입법고시

42 공유수면 매립지에 관한 권한쟁의 [각하]

개정 지방자치법은, 매립지의 관할에 대하여는 행정안전부장관의 결정에 의하여 비로소 관할 지방자치단체가 정해지며, 그 전까지 해당 매립지는 어느 지방자치단체에도 속하지 않는다는 의미로 해석함이 타당하다. 공유수면의 경계를 그대로 매립지의 '종전' 경계로 인정하기는 어렵다(헌재 2020.7.16, 2015헌라3).

확인 OX

공유수면의 관할 귀속과 매립지의 관할 귀속은 그 성질상 달리 보아야 하므로 매립공사를 거쳐 종전에 존재하지 않았던 토지가 새로이 생겨난 경우, 공유수면의 관할권을 가지고 있던 지방자치단체이든 그 외의 경쟁 지방자치단체이든 새로 생긴 매립지에 대하여는 중립적이고 동등한 지위에 있다.

(O) 22. 변호사

43 경상남도와 전라남도 사이의 해상경계 획정 [기각]

1. 2010헌라2 결정은 국가기본도에 표시된 해상경계선을 그 자체로 불문법상 해상경계선으로 인정하지 않는다는 것일 뿐, 관할 행정청이 국가기본도에 표시된 해상경계선을 기준으로 하여 과거부터 현재에 이르기까지 반복적으로 처분을 내리고, 지방자치단체가 허가, 면허 및 단속 등의 업무를 지속적으로 수행하여 왔다면 국가기본도상의 해상경계선은 여전히 지방자치단체 관할 경계에 관하여 불문법으로서 그 기준이 될 수 있다.
2. 이러한 점들을 종합해 볼 때, 이 사건 쟁송해역이 피청구인들의 관할구역에 속한다는 점을 전제로 장기간 반복된 관행이 존재하는 것으로 보이고, 그에 대한 각 지방자치단체와 주민들의 법적 확신이 존재한다는 점 역시 인정된다 (헌재 2021.2.25, 2015헌라7).

확인 OX

1. 공유수면에 대한 명시적인 법령상의 규정이나 불문법상 해상경계선이 존재하지 않는다면, 주민·구역·자치권을 구성요소로 하는 지방자치단체의 본질에 비추어 지방자치단체의 관할구역에 경계가 없는 부분이 있다는 것은 상정할 수 없으므로, 헌법재판소가 권한쟁의심판을 통하여 형평의 원칙에 따라 합리적이고 공평하게 해상경계선을 획정하여야 한다. (O) 22. 변호사

2. 관할 행정청이 국가기본도에 표시된 해상경계선을 기준으로 하여 과거부터 현재에 이르기까지 반복적으로 처분을 내리고, 지방자치단체가 허가, 면허 및 단속 등의 업무를 지속적으로 수행하여 왔다고 하더라도 국가기본도상의 해상경계선은 지방자치단체 관할 경계에 관하여 불문법으로서 그 기준이 될 수 없다. (×) 22. 변호사

44 남양주시와 경기도 간의 권한쟁의 [인용]

1. 연간 감사계획에 포함되지 아니하고 사전조사가 수행되지 아니한 감사의 경우 지방자치법에 따른 감사의 절차와 방법 등에 관한 사항을 규정하는 '지방자치단체에 대한 행정감사규정' 등 관련 법령에서 감사대상이나 내용을 통보할 것을 요구하는 명시적인 규정이 없다.
2. 원칙적으로 감사 과정에서 사전에 감사대상으로 특정되지 아니한 사항에 관하여 위법사실이 발견되었다고 하더라도 감사대상을 확장하거나 추가하는 것은 허용되지 않는다. 다만, 자치사무의 합법성 통제라는 감사의 목적이나 감사의 효율성 측면을 고려할 때, 당초 특정된 감사대상과 관련성이 인정되는 것으로서 당해 절차에서 함께 감사를 진행하더라도 감사대상 지방자치단체가 절차적인 불이익을 받을 우려가 없고, 해당 감사대상을 적발하기 위한 목적으로 감사가 진행된 것으로 볼 수 없는 사항에 대하여는 감사대상의 확장 내지 추가가 허용된다.
3. 같은 목록 순번 9 내지 14 기재 각 항목에 대한 감사는 감사대상이 특정되지 않거나 당초 특정된 감사대상과의 관련성이 인정되지 않아 감사의 개시요건을 갖추지 못하였다(헌재 2023.3.23, 2020헌라5).

확인 OX

1. 중앙행정기관이나 광역지방자치단체가 지방자치단체의 자치사무에 대한 감사에 착수하기 위해서는 감사대상이 사전에 특정되어야 하고, 연간감사계획에 포함되지 아니한 감사라 하더라도 감사대상 지방자치단체에게 특정된 감사대상을 사전에 통보하는 것이 감사의 개시요건이라 할 것이므로, 그러한 절차를 거치지 않았다면 해당 감사착수는 적법하다고 볼 수 없다. (×) 23. 법무사

2. 연간 감사계획에 포함되지 아니하고 사전조사가 수행되지 아니한 감사의 경우 지방자치법에 따른 감사의 절차와 방법 등에 관한 관련 법령에서 감사대상이나 내용을 통보할 것을 요구하는 명시적인 규정이 없어, 광역지방자치단체가 기초지방자치단체의 자치사무에 대한 감사에 착수하기 위해서는 감사대상을 특정하여야 하나, 특정된 감사대상을 사전에 통보할 것까지 요구된다고 볼 수는 없다. (○) 23. 국가직 7급

3. 감사 과정에서 사전에 감사대상으로 특정되지 아니한 사항에 관하여 위법사실이 발견된 경우, 당초 특정된 감사대상과 관련성이 인정되는 것으로서 당해 절차에서 함께 감사를 진행하더라도 감사대상 지방자치단체가 절차적인 불이익을 받을 우려가 없고, 해당 감사대상을 적발하기 위한 목적으로 감사가 진행된 것으로 볼 수 없는 사항이라 하더라도, 감사대상을 확장하거나 추가하는 것은 허용되지 않는다. (×) 23. 국가직 7급

45 남양주시 특별조정교부금 배분에 관한 권한쟁의 사건 [기각]

지방재정법 관련 규정의 문언과 특별조정교부금 제도의 취지를 고려할 때, 청구인이 특별조정교부금을 신청하였다고 하여 피청구인이 이를 반드시 배분하여야 한다고 해석할 수 없고, 피청구인이 광역행정 정책인 '경기도형 재난기본소득 사업'에 동참하지 않은 청구인에게 이 사건 특별조정교부금을 지급하지 않았다고 하여 곧바로 청구인의 자치재정권에 대한 침해가 있었다고 단정할 수 없다. 피청구인이 지역화폐의 경기부양 효과 등을 고려하여 지역화폐 형태의 재난기본소득 지급을 유도하기 위하여 이를 특별조정교부금 우선 배분의 기준으로 정한 것이 객관적으로 명백히 부당하거나 현저하게 자의적이라고 볼 수 없다(헌재 2022.12.22, 2020헌라3).

46 검사의 수사권을 제한하는 검찰청법 등 개정과 관련된 권한쟁의 사건 [인용]

법사위 위원장이 조정위원회의 의결정족수를 충족시킬 의도로 민주당을 탈당한 민형배 위원을 그 사정을 알면서도 비교섭단체 몫의 조정위원으로 선임하여 조정위원회에서 실질적인 조정심사 없이 조정안이 가결되도록 하였음에도 법사위 전체회의에서 청구인들의 침해된 법률안 심의·표결권을 회복시키려는 노력 대신 오히려 토론의 기회를 제공하지 않고 그대로 표결에 부쳐 가결선포한 행위가 관련 국회법 규정을 위반하였을 뿐만 아니라 헌법상 다수결원칙 등을 위반한 것임을 인정하고, 국회의원인 청구인들의 법률안 심의·표결권 침해를 인정하였다(헌재 2023.3.23, 2022헌라2).

47 검사의 수사권 축소 등에 관한 권한쟁의 사건 [각하]

국회의 입법행위에 대하여 국회 밖의 국가기관인 법무부장관과 검찰청법상 검사가 권한 침해 및 그 행위의 무효확인을 구한 사건으로서, 심판청구가 각하되었다. 법무부장관은 청구인적격을 부정하였고, 검사에 대해서는 권한 침해가능성을 부정하였다(헌재 2023.3.23. 2022헌라4).

48 행정안전부장관의 소속청장 지휘에 관한 규칙 권한쟁의 사건 [각하]

국가경찰위원회가 행정안전부장관을 상대로 제기한 '행정안전부장관의 소속청장 지휘에 관한 규칙인 행정안전부령 제348호의 제정행위가 국가경찰위원회의 권한을 침해한다'라는 취지의 권한쟁의심판청구에 대하여, 국가경찰위원회는 법률에 의하여 설치된 국가기관으로서 권한쟁의심판을 청구할 당사자능력이 없다는 이유로 심판청구를 각하한다는 결정을 선고하였다(헌재 2022.12.22. 2022헌라5).

확인 OX

'행정안전부장관의 소속청장 지휘에 관한 규칙인 행정안전부령 제348호의 제정행위가 국가경찰위원회의 권한을 침해한다'라는 취지의 권한쟁의심판청구에서 국가경찰위원회는 권한쟁의심판을 청구할 당사자능력이 있다. (×) 23. 소방간부

49 남해군과 통영시 사이의 해상경계 권한쟁의 [헌법불합치]

지방자치단체의 구역은 주민·자치권과 함께 지방자치단체의 구성요소이며 그 자치권이 미치는 관할구역의 범위에는 육지는 물론 바다도 포함되므로 공유수면에 대해서도 지방자치단체의 자치권한이 존재하는바, 지방자치단체의 공유수면 관할구역 경계에 관한 명시적 법령상 규정이 존재하지 않는다면 불문법상 경계에 따라야 하고, 이마저도 존재하지 않는다면 헌법재판소가 형평의 원칙에 따라 합리적이고 공평하게 해상경계선을 획정할 수밖에 없다(헌재 2024.8.29. 2022헌라1).

50 법사위 위원장은 중립위반 [인용]

피청구인 법사위 위원장은 위와 같이 회의의 주재자로서의 중립적인 지위에서 벗어나 그 위원회 활동의 일부인 조정위원회에 관하여 미리 가결의 조건을 만들어 두었고, 조정위원회에서 축조심사 및 질의·토론이 모두 생략되어 실질적인 조정심사 없이 의결된 조정안에 대하여, 법사위 전체회의에서도 심사보고나 실질적인 토론의 기회를 부여하지 않은 채 그 조정안의 내용 그대로 이 사건 개정법률안의 가결을 선포한 것은 청구인들의 법률안 심의·표결권을 침해한 것이다(헌재 2023.3.23, 2022헌라2).

51 검사의 수사권 및 소추권을 조정·배분 [기각]

1. 법무부장관은 헌법상 소관 사무에 관하여 부령을 발할 수 있고 정부조직법상 법무에 관한 사무를 관장하지만, 이 사건 법률개정행위는 이와 같은 법무부장관의 권한을 제한하지 아니한다. 물론 법무부장관은 일반적으로 검사를 지휘·감독하고 구체적 사건에 대하여는 검찰총장만을 지휘·감독할 권한이 있으나, 이 사건 법률개정행위가 이와 같은 법무부장관의 지휘·감독 권한을 제한하는 것은 아니다. 따라서 법무부장관은 이 사건 법률개정행위에 대해 권한쟁의심판을 청구할 적절한 관련성이 인정되지 아니하므로, 청구인적격이 인정되지 아니한다.
2. 국가기관의 '헌법상 권한'은 국회의 입법행위를 비롯한 다양한 국가기관의 행위로 침해될 수 있다. 그러나 국가기관의 '법률상 권한'은, 다른 국가기관의 행위로 침해될 수 있음은 별론으로 하고, 국회의 입법행위로는 침해될 수 없다. 국가기관의 '법률상 권한'은 국회의 입법행위에 의해 비로소 형성·부여된 권한일 뿐, 역으로 국회의 입법행위를 구속하는 기준이 될 수 없기 때문이다. 따라서 문제 된 침해의 원인이 '국회의 입법행위'인 경우에는 '법률상 권한'을 침해의 대상으로 삼는 심판청구는 권한침해가능성을 인정할 수 없다(헌재 2023.3.23, 2022헌라4). / 수사 및 소추는 행정부에 수여된 헌법상 권한으로 이를 조정하고 배분하는 것은 입법사안이다.

52 본회의 부의 요구행위는 법률안 심의·표결권을 침해하지 않는다.

법제사법위원회의 체계·자구 심사권한을 벗어나는 내용에 대한 정책적 심사를 하면서 60일의 심사기간을 도과한 것으로 보이므로, 과방위원장의 본회의 부의 요구행위는 청구인들의 법률안 심의·표결권을 침해하지 아니한다(헌재 2023.10.26, 2023헌라2).

53 임기만료로 인한 심판절차 종료 사건

청구인은 제21대 국회의원의 자격에서, 국회의장의 청구인에 대한 징계안 가결선포행위로 인하여 자신의 국회의원으로서의 권한이 침해되었다고 주장하며 이 사건 권한쟁의심판을 청구하였다. 그런데 제21대 국회의원의 임기는 이 사건 권한쟁의심판절차 계속 중 만료되었는바, 이 사건 권한쟁의심판청구는 국회의원 임기만료와 동시에 당연히 그 심판절차가 종료되었다(헌재 2024.6.27. 2022헌라3).

54 송파구와 문화재청 간의 권한쟁의 [각하]

문화재청 및 문화재청장은 정부조직법 제36조 제3항, 제4항에 의하여 행정각부 장의 하나인 문화체육관광부장관 소속으로 설치된 기관 및 기관장으로서, 오로지 법률에 그 설치 근거를 두고 있으며 그 결과 국회의 입법행위에 의하여 그 존폐 및 권한범위가 결정된다. 따라서 이 사건 피청구인인 문화재청장은 '헌법에 의하여 설치되고 헌법과 법률에 의하여 독자적인 권한을 부여받은 국가기관'이라고 할 수 없다. 결국, 법률에 의하여 설치된 피청구인에게는 권한쟁의 심판의 당사자능력이 인정되지 아니한다(헌재 2023.12.21. 2023헌라1).

55 대통령 권한대행 국무총리 탄핵소추안 의결에 관한 권한쟁의 [각하]

청구인들은 피청구인이 권한 없이 '일반 의결정족수'를 임의로 적용함으로써 청구인들의 심의·표결권이 침해되었다고도 주장한다. 대통령 권한대행 국무총리에 대한 탄핵소추 의결정족수는 어디까지나 헌법 제65조 제2항의 해석에 관한 문제여서 국회의 심의·표결로 결정할 사안이 아닌바, 최종 판단은 헌법재판소에 달려 있음은 별론으로 하고, 그에 관한 확립된 해석이 없는 상황에서 피청구인이 일정한 의견수렴을 거쳐 '일반 의결정족수'를 적용한 것을 두고 헌법이나 법률을 명백히 위반한 흠이 있다거나 그로 인해 청구인들의 심의·표결권이 침해될 가능성이 있다고까지 단정하기는 어렵다(헌재 2025.4.10. 2024헌라8).

2026 대비 최신개정판

해커스경찰
박철한
경찰헌법

최신 5개년 판례집

개정 4판 1쇄 발행 2025년 7월 4일

지은이	박철한 편저
펴낸곳	해커스패스
펴낸이	해커스경찰 출판팀

주소	서울특별시 강남구 강남대로 428 해커스경찰
고객센터	1588-4055
교재 관련 문의	gosi@hackerspass.com
	해커스경찰 사이트(police.Hackers.com) 교재 Q&A 게시판
	카카오톡 플러스 친구 [해커스경찰]
학원 강의 및 동영상강의	police.Hackers.com

ISBN	979-11-7404-275-0 (13360)
Serial Number	04-01-01

저작권자 ⓒ 2025, 박철한
이 책의 모든 내용, 이미지, 디자인, 편집 형태는 저작권법에 의해 보호받고 있습니다.
서면에 의한 저자와 출판사의 허락 없이 내용의 일부 혹은 전부를 인용, 발췌하거나 복제, 배포할 수 없습니다.

경찰공무원 1위,
해커스경찰 police.Hackers.com

해커스경찰

· 정확한 성적 분석으로 약점 극복이 가능한 **경찰 합격예측 온라인 모의고사** (교재 내 응시권 및 해설강의 수강권 수록)
· 해커스 스타강사의 **경찰헌법 무료 특강**
· **해커스경찰 학원 및 인강** (교재 내 인강 할인쿠폰 수록)

한경비즈니스 선정 2024 한국품질만족도 교육(온·오프라인 경찰학원) 부문 1위

해커스경찰 전 강좌
수강료 100% 환급+평생패스

형사법/경찰학/헌법 전 강좌
합격할 때까지 평생 무제한 연장!

[100% 환급] 최초 수강기간 내 최종 합격 시, 교재비 환급대상 제외, 제세공과금 본인 부담 / [평생] 매년 불합격 인증시 1년씩 연장(시험 응시 필수)

| 범죄학 노신 | 경찰헌법 황남기 | 경찰헌법 박철한 | 경찰학 김민철 | 경찰학 서정표 | 범죄학 이언담 |
| 경찰헌법 신동욱 | 형사법 김대환 | 경찰학 조현 | 경찰학 김재규 |

| 전 강사&전 강좌 무제한 수강 | 검정제/가산점 강의 무료 제공 | 합격 시 수강료 전액환급* |

*증빙 서류 제출 및 조건 달성 시
*제세공과금 제외

해커스경찰 police.Hackers.com   문의 1588-4055